Michael Schmidt-Salomon & Lea Salomon

Leibniz war kein Butterkeks

Piper München Zürich

Mehr über unsere Autoren und Bücher:
www.piper.de

Von Michael Schmidt-Salomon liegen vor:
Jenseits von Gut und Böse
Leibniz war kein Butterkeks (mit Lea Salomon)
Keine Macht den Doofen

MIX
Papier aus verantwor-
tungsvollen Quellen
FSC   FSC® C014496
www.fsc.org

Ungekürzte Taschenbuchausgabe
Dezember 2012
© 2011 Michael Schmidt-Salomon, Lea Salomon
© 2011 Piper Verlag GmbH, München,
erschienen im Verlagsprogramm Pendo
Umschlaggestaltung: semper smile, München
Umschlagabbildung: Shutterstock
Autorenfoto S. 288: Jörg Salomon
Satz: psb, Berlin
Gesetzt aus der Scala
Papier: Munken Print von Arctic Paper Munkedals AB, Schweden
Druck und Bindung: GGP Media GmbH, Pößneck
Printed in Germany   ISBN 978-3-492-30182-4

Inhalt

Wie die Idee zu diesem Buch entstand

*Wie gut, wenn man Kinder hat, die einen auf ganzer Linie ent-
täuschen!* Ansonsten würden wir uns nämlich noch viel
häufiger etwas vormachen. Ich beispielsweise würde noch immer glauben, dass meine Bücher – im Unterschied zu vielen
anderen – *für jeden verständlich* geschrieben seien. Glücklicherweise belehrte mich meine Tochter eines Besseren...

»Mann, Papa!«, sagte Lea, als sie mein Büro betrat.

»Was ist?«, fragte ich.

»Dein neues Buch...« Sie stöhnte. »Willst du denn nicht
mal zur Abwechslung etwas schreiben, das man auf Anhieb
kapiert? Ich meine, ohne dass man zusätzlich noch einen Sta-
pel Lexika braucht?!«

»Hey, ich kann doch nichts dafür, dass du in der Schule so
wenig mitbekommen hast«, versuchte ich zu witzeln, was allerdings nicht ganz so humorvoll ankam, wie es gemeint war.

»Du hältst mich wohl für blöde?!«, schoss es mir entgegen.

»Nein, bestimmt nicht! Aber bei solchen Büchern muss
man halt ein gewisses Vorwissen mitbringen. Außerdem:
Wenn du *meine* Bücher schon als schwierig empfindest, dann
lies erst mal Hegel, Heidegger oder Habermas! Du würdest
dich wundern!«

»Warum sollte ich die denn lesen, wenn sie noch unver-
ständlicher sind? Ihr Philosophen seid wirklich komische
Typen...«

»Wieso?«, fragte ich.

»Wenn ein Getränkehersteller herausfindet, dass seine Limonade bei den Leuten nicht ankommt, dann heißt es nicht: ›Die doofen Konsumenten haben mal wieder voll versagt. Egal, wir bleiben bei unserem Rezept!‹ Nee, ein solcher Getränkehersteller würde so lange neue Geschmacksrichtungen ausprobieren, bis er die Leute endlich erreicht.« Lea grinste. »Jeder weiß, dass das vernünftig ist. Nur ihr Philosophen habt das offenbar nicht begriffen. Kein Wunder, dass sich kaum jemand für euch interessiert.«

Das saß! Leider musste ich eingestehen, dass Lea in gewisser Weise recht hatte. Doch ganz geschlagen geben wollte ich mich noch nicht. »Vielleicht ist es ja ein Problem der Zielgruppe«, sagte ich. »Ob Getränkehersteller oder Philosoph: Man kann mit seinen Produkten niemals alle erreichen…«

»Du meinst, ich gehöre nicht zu deiner Zielgruppe? Wie kommst du denn darauf?! Du beschäftigst dich doch mit den großen Fragen des Lebens: Wer wir sind, woher wir kommen, wie wir zu einem guten Leben finden und so weiter. Diese Themen gehen ja wohl *alle* Menschen an, oder? Warum also, frage ich dich, schreibst du deine Bücher nicht so, dass sie auch von *allen* verstanden werden können?«

»Also, ich bemühe mich schon, möglichst verständlich zu schreiben«, versuchte ich mich zu verteidigen.

Lea lächelte spöttisch: »Du weißt ja, was es bedeutet, wenn in einem Arbeitszeugnis steht: ›Er hat sich redlich *bemüht*…‹ Das heißt, dass man es eben nicht hingekriegt hat, dass man im Grunde 'ne ziemliche Niete ist!«

»Okay, möglicherweise trifft das ja den Punkt«, sagte ich. »Ich bin 'ne Niete, die es einfach nicht besser hinkriegt!«

»Unsinn«, entgegnete sie. »Ich weiß doch, dass du das kannst! Wenn ich mit dir über philosophische Themen rede, kapiere ich sofort, worum es geht. Lese ich aber deine Bücher, verstehe ich oft nur Bahnhof! Ich frage dich: *Warum machst du nicht einmal ein Buch, in dem du genauso einfach und verständlich schreibst, wie du mit mir sprichst?«*

Im ersten Moment war ich über diesen Vorschlag so überrascht, dass ich nicht wusste, was ich antworten sollte. Im Grunde war das gar keine schlechte Idee! Und je mehr ich darüber nachdachte, desto besser gefiel sie mir. »Würdest du mir denn helfen, ein solches Buch zu schreiben?«, fragte ich nach einer Weile.

»Wer? Ich? Wie soll ich dir denn helfen? Ich habe doch überhaupt keine Ahnung von Philosophie!«

»Eben drum! Dir wird es im Unterschied zu mir sofort auffallen, wenn irgendetwas nicht verständlich oder staubtrockenlangweilig ist.«

»Ich soll also die Stellvertreterin für all die Dummies da draußen spielen? Für die Masse der philosophisch Zurückgebliebenen, die von Tuten und Blasen keine Ahnung haben? Die kein Philosophiebuch je freiwillig anfassen würden aus Angst, sich dabei zu Tode zu langweilen?« Lea lachte. »Ja, ich glaube, das könnte ich ganz gut hinkriegen! Aber: Wenn ich dir helfe, was springt denn für mich dabei heraus?«

»Du meinst, außer der Gelegenheit, mit deinem Alten zu quatschen und tiefere Einsichten zu gewinnen über das Leben, das Universum und den ganzen Rest? Na ja, du würdest einen Teil der Bucheinnahmen bekommen.«

»Wirklich? Wird dann auch mein Name neben deinem auf dem Cover des Buchs stehen?«

»Klar«, antwortete ich.

»Cool!« Sie streckte mir die Hand entgegen: »Ich bin dabei!«

»Abgemacht«, sagte ich und schlug ein.

So entstand die Idee zu diesem Buch. Es ist gedacht für diejenigen, die sich scheuen, lange philosophische Abhandlungen zu lesen. Für alle, die im Alltag keine Zeit finden, sich mit Philosophie zu beschäftigen, jedoch zwischendurch etwas Gehalt-volles und Unterhaltsames lesen wollen. Letztlich sollte das Buch aber auch philosophisch Versierten gefallen, sofern sie Spaß daran haben, abstrakte Konzepte auf knappe, prägnante Formulierungen herunterzubrechen. Kurzum: Das Buch sollte für alle geeignet sein, die sich hin und wieder den Luxus er-lauben, über den Sinn und Unsinn des Lebens auf diesem Staubkorn im Weltall nachzudenken.

Im Grunde tut dies jeder von uns auf die eine oder andere Weise. Denn: Haben wir uns nicht alle schon einmal gefragt, was das Ganze eigentlich soll? Wofür sich all der Aufwand lohnt, der mit dem Leben Tag für Tag verbunden ist? Bei ge-nauerer Betrachtung zeigt sich, dass wir allesamt »geborene Philosophen« sind, verurteilt dazu, unsere eigenen, kleinen Antworten auf die großen Fragen des Lebens zu finden.

»Berufsphilosophen« wie ich unterscheiden sich von »ge-borenen Philosophen« nur darin, dass wir das Privileg genie-ßen, etwas systematischer über diese Fragen nachdenken zu dürfen – und damit sogar unseren Lebensunterhalt zu ver-dienen. Ich meine, dass wir Berufsphilosophen als Ausgleich für dieses Privileg unsere Denkergebnisse in möglichst ein-facher, verständlicher Form präsentieren sollten, statt die Öffentlichkeit mit überkomplexen Formulierungen zu ver-schrecken.

Glücklicherweise entdeckten die alten Griechen schon vor 2500 Jahren eine Methode, mit der sich philosophische Ein-sichten leicht vermitteln lassen: Sie verpackten ihre Philo-sophie in interessante Gespräche, statt die Leser mit langen, komplizierten Abhandlungen zu traktieren. Obwohl ich diese antiken, philosophischen Dialoge seit langem wertschätze, kam ich seltsamerweise nie auf den Gedanken, es selbst ein-mal auf diese Weise zu versuchen. Dazu bedurfte es offensicht-lich jener Standpauke, die mir Lea freundlicherweise ange-deihen ließ. Durch sie habe ich ohnehin viel gelernt, was mir vorher einigermaßen unklar war. Vor allem machte sie mir die

Probleme bewusst, vor denen »ganz normale Leute« (Lea meint, ich sei nicht »normal«) stehen, wenn sie mit der »Geheimsprache der Philosophen« konfrontiert werden.

Wir beide hoffen, dass dieses Buch ein wenig dazu beitragen kann, die Lust am wilden, ungehemmten Philosophieren zu fördern. Schließlich ist die Aufforderung »Habe Mut, dich deines eigenen Verstandes zu bedienen!«, die der Königsberger Philosoph Immanuel Kant im 18. Jahrhundert formulierte, noch immer brennend aktuell. Wir sollten es keinesfalls »den Experten« überlassen, über den Sinn und Unsinn des Lebens zu richten. Machen wir uns selber einen Reim auf die Welt! Das mag vielleicht anstrengender sein, als althergebrachten Glaubensrezepten blind zu vertrauen, aber eine solche Anstrengung lohnt sich in jeder Hinsicht: Denn Nach*denken* ist nicht nur *vernünftiger* als Nach*beten*, es macht auch *viel mehr Spaß*!

Lea Salomon & Michael Schmidt-Salomon

1

Über das Leben, das Universum und den ganzen Rest

»*Mich erstaunen Leute, die das Universum begreifen wollen, wo es schwierig genug ist, in Chinatown zurechtzukommen.*«

WOODY ALLEN (*1935)
Amerikanischer Schauspieler, Autor und Regisseur

»*Es gibt eine Theorie, die besagt, wenn jemals irgendwer genau herausfindet, wozu das Universum da ist und warum es da ist, dann verschwindet es auf der Stelle und wird durch etwas noch Bizarreres und Unbegreiflicheres ersetzt. Es gibt eine andere Theorie, nach der das schon passiert ist.*«

DOUGLAS ADAMS (1952–2001)
Britischer Schriftsteller

Gibt es einen Grund dafür, dass wir existieren?

Michael: Aller Anfang ist schwer, heißt es. Das gilt auch für philosophische Diskussionen. Hast du eine Idee, mit welchem Thema wir loslegen sollen? Gibt es eine Frage, die dich besonders interessiert?

Lea: Ja. Eigentlich sind es sogar zwei Fragen: Gibt es einen Grund dafür, dass wir existieren? Und: Warum gibt es überhaupt irgendetwas – und nicht einfach nichts?

Alle Achtung, du gehst ja gleich in die Vollen! Das sind wahrscheinlich die beiden dunkelsten aller dunklen Fragen. Willst du wirklich, dass wir zu Beginn solch schwere Themen behandeln?

Unbedingt!

Also gut, fangen wir an: Den Grund dafür, dass *du* existierst, den kennst du doch, oder?

Klar! Mama und du, ihr habt in der ersten Euphorie des Mauerfalls die Verhütungsmittel vergessen – neun Monate später war ich da.

Äh, ja ... So wollte ich es eigentlich nicht formulieren, aber es stimmt: Du wurdest in diesen abenteuerlichen Novembertagen 1989 gezeugt, als uns irgendwie alles möglich erschien.

Das ist eine schöne Geschichte, aber sie liefert natürlich überhaupt keine Antwort auf meine Frage! Ich hab dich ja nicht gefragt, warum *ich* existiere, sondern warum *überhaupt irgendetwas* existiert. Glaub nicht, dass du mich mit so einfachen Antworten abspeisen kannst!

Okay, dann hole ich etwas weiter aus: Soweit wir wissen, entstand die uns bekannte Materie vor 13,7 Milliarden Jahren im Zuge einer gigantischen Raumexplosion, des sogenannten Urknalls. Aus den riesigen Gas- und Staubwolken des Urknalls bildeten sich vor etwa 12 Milliarden Jahren die ersten Sterne...

Stopp! Auch diese Geschichte kenne ich: Vor 4,5 Milliarden Jahren begann der Lebenszyklus unserer Sonne. Dank der Energie, mit der die Sonne die Erde versorgt, entwickelten sich hier die ersten primitiven Lebensformen. Aus diesen gingen im Verlauf der Evolution unzählige Arten hervor, unter anderem der heutige Mensch.

Richtig.

Du willst also sagen: Dass es überhaupt irgendetwas gibt, haben wir dem Urknall zu verdanken? Ganz so einfach ist das ja wohl nicht! Die entscheidende Frage ist doch: Wer oder was hat den Urknall ausgelöst?

Tja, wenn ich das wüsste, wäre mir der Physik-Nobelpreis sicher! Wir haben bislang keine Ahnung, was *vor* dem Urknall war oder ob *überhaupt irgendetwas vor ihm war*. Manche meinen, der Urknall sei tatsächlich der absolute Beginn von allem gewesen, andere halten den Urknall für die Folge des Zusammenbruchs eines vorherigen Universums. Wieder andere sind davon überzeugt, dass dem Urknall ein statischer Zustand, ein »ewiges Vakuum«, vorangegangen ist. Es gibt da verschiedene Modelle.

Also, wenn wir das alles nicht wissen, dann könnte der Urknall doch auch von einem Gott ausgelöst worden sein, oder?

Denkbar ist vieles. Es könnte ein Gott gewesen sein – oder auch ein Team verrückter Computerprogrammierer aus einer anderen Dimension, die sich mit der Erschaffung unseres Universums bloß einen dummen Scherz erlaubt haben.

Du meinst, wir sind Teil eines riesigen Computerprogramms? Wie im Film »Matrix«?

Ich sage nur, dass das *denkbar* wäre. Ebenso gut könnte unser gesamter Kosmos ein winziges Atom in einem gigantischen Organismus sein, dessen Ausmaß jenseits unserer Vorstellungskraft liegt. Vielleicht leben wir ja im Verdauungstrakt eines unsichtbaren Kobolds namens Gaga Gurgelhurz – und der Urknall war bloß die für uns wahrnehmbare Wirkung einer gigantischen, kosmischen Blähung...

Jetzt nimmst du mich auf den Arm!

Zugegeben. Vor allem aber geht es mir darum zu zeigen, dass solche Spekulationen beliebig sind und uns kein bisschen weiterhelfen. Denn selbst wenn wir wüssten, dass der Urknall tatsächlich von einem scherzenden Programmierer, einem furzenden Kobold oder einem liebevollen Schöpfergott ausgelöst wurde, so müssten wir ja weiterfragen: Wodurch sind Programmierer, Kobold oder Gott entstanden?

Na ja, ein Gott könnte doch schon immer existiert haben oder plötzlich aus dem Nichts aufgetaucht sein.

Einverstanden. Aber das könnte doch genauso gut auf das Universum zutreffen, oder? Es könnte, wenn auch in anderer Form, schon immer existiert haben oder irgendwann aus dem Nichts entstanden sein.

Hmm, stimmt! Wenn ich mir das so recht überlege: Im Grunde verlagert man mit der Einführung eines Gottes das Problem nur eine Stufe weiter nach hinten. Man führt eine Erklärung ein, die man selbst nicht erklären kann.

Genauso ist es. Auf diese Weise löst man das Rätsel der Entstehung des Universums nicht. Man schafft stattdessen nur ein noch viel größeres Rätsel.

Dennoch, ich weiß nicht... Irgendwie ist das doch alles komisch! Die Welt, die uns umgibt, scheint ziemlich perfekt auf unsere Bedürfnisse abgestimmt zu sein. Wir haben genau die Luft, die wir zum Atmen brauchen. Wir verfügen über Wasser, mit dem wir unseren Durst stillen können, und sind umgeben von Pflanzen und Tieren, die uns Nahrung bieten. Wirkt das nicht so, als sei das alles speziell für uns geschaffen worden?

Eine Gegenfrage: Was wäre denn, wenn wir keine Luft zum Atmen hätten, kein Wasser und keine Nahrung?

Na, dann würde es uns nicht geben.

Und was heißt das bezogen auf deine Frage?

Keine Ahnung.

Wenn wir nicht existieren würden, so würde doch niemand die Frage stellen, ob diese Welt nicht geradezu perfekt für uns geschaffen wurde, oder?

Logisch, aber ich verstehe immer noch nicht, worauf du hinauswillst.

Überleg doch mal: Du kannst diese Frage nur *deshalb* stellen, *weil* die Bedingungen auf der Erde Leben ermöglichen. *Ohne* diese Bedingungen *gäbe* es keine Frage.

Ach so: Du meinst, man muss sich eigentlich gar nicht darüber wundern, dass die Bedingungen für unser Leben gegeben sind. Denn wären sie nicht gegeben, dann wäre auch niemand da, der sich wundern könnte! Habe ich das richtig verstanden?

Absolut perfekt! Lass uns nun noch einen Schritt weiter gehen: Wir wissen also, dass wir nur deshalb existieren, *weil* entsprechende Bedingungen auf der Erde vorherrschen. Das heißt aber nicht zwangsläufig, dass diese Bedingungen deshalb vorherrschen, *damit* wir existieren können.

Warte mal: Wo liegt der Unterschied?

Nun, im ersten Fall stellen wir bloß fest, dass es Ursachen gibt, die unsere Existenz bedingen. Hätte es diese Ursachen nicht gegeben, würden wir nicht existieren.

Korrekt.

Im zweiten Fall stellen wir aber nicht bloß etwas *fest*, wir *unterstellen* vielmehr etwas, und zwar etwas, das nicht notwendigerweise zutreffen muss!

Wieso das?

Wir behaupten, dass die *Ursachen*, denen wir unsere Existenz verdanken, aus einem bestimmten *Grund* vorliegen, weil irgendetwas oder irgendjemand damit einen *Zweck* verfolgt.

Alles klar. Das Problem ist also, dass manche Ursachen Wirkungen haben, die gar nicht bezweckt sind, oder?

Genau.

Bei genauerer Betrachtung bin ich ja selbst ein lebendes Beispiel für eine solche unbeabsichtigte Wirkung. Die Menschen, die 1989 in Leipzig und Berlin auf die Straße gingen, hatten dafür bestimmt gute Gründe, aber sie hatten ganz gewiss nicht im Sinn, ein junges Paar in Trier dazu zu bringen, auf Verhütungsmittel zu verzichten und eine Tochter namens Lea in die Welt zu setzen.

Haha! Ja, das ist ein schönes Beispiel. Wenn du erlaubst, möchte ich es noch ein Stückchen weiterspinnen: Du weißt doch, dass sich deine Urgroßeltern in den Wirren des 2. Weltkriegs kennengelernt haben. Sie stammten aus unterschiedlichen Teilen Deutschlands und auch aus ziemlich unterschiedlichen gesellschaftlichen Schichten. Ohne die Turbulenzen, die der Krieg damals auslöste, hätten sich die beiden niemals getroffen. In diesem Fall wäre deine Oma nie geboren worden und somit würde es auch uns beide nicht geben.

Willst du damit sagen, dass nicht nur der Berliner Mauerfall, sondern auch der 2. Weltkrieg eine notwendige Ursache für meine Existenz war?!

Jawohl, daran gibt es überhaupt keinen Zweifel. Aber das heißt natürlich nicht, dass Hitler mit seinem Angriffskrieg in irgendeiner Weise *bezweckte*, dass du geboren würdest und nun mit mir über solch seltsame Dinge diskutieren kannst.

Krasses Beispiel! Aber ich glaube, ich verstehe jetzt, worauf du hinauswillst: Dieser Massenmörder Hitler schuf indirekt Voraussetzungen dafür, dass es mich heute gibt, aber er hat meine Existenz natürlich niemals bezweckt. Und so könnte es auch sein, dass niemand die Existenz des Universums oder der Menschheit in irgendeiner Weise gewollt hat, oder?

Richtig. Es gibt zwar unzählige Ursachen dafür, dass wir

heute existieren, aber es muss nicht sein, dass irgendjemand je unsere Existenz im Sinn hatte. Und damit können wir auch auf deine Ausgangsfrage zurückkommen: Es könnte sein – und ich halte das sogar für äußerst wahrscheinlich –, dass es überhaupt keinen *Grund* für unsere Existenz gibt, sondern bloß *Ursachen*.

Wenn ich dich richtig verstanden habe, sind Gründe auf Zwecke ausgerichtet, bloße Ursachen aber nicht. Stimmt das?

Ja. Wenn du dir nach dem Duschen die Haare föhnst, dann hast du einen *Grund* dafür, denn du verfolgst einen *Zweck*: Du stylst dich, um gut auszusehen. Der Föhn in deiner Hand trocknet deine Haare jedoch nicht, weil er damit irgendetwas *bezweckt*, sondern weil er nun einmal so konstruiert wurde, dass er heiße Luft erzeugt, wenn man ihn an eine Stromquelle anschließt.

Verstehe. Die Konstruktion des Föhns ist die Ursache dafür, dass er heiß wird. Er selbst kennt jedoch keine Gründe, da er keine Zwecke verfolgt. Er sagt sich nicht: »Mann, heute hätte ich aber wirklich große Lust, heiß zu werden!« Er tut einfach das, wozu er bestimmt ist. Basta! Das ist ein wesentlicher Unterschied zwischen mir und dem Föhn.

In der Tat.

Dennoch gibt es gute Gründe dafür, dass der Föhn genau so konstruiert wurde und nicht anders.

Klar. Denn die Menschen, die den Föhn konstruierten, verfolgten damit einen Zweck.

Das heißt also, es gibt einen Grund für die Existenz dieses dämlichen Föhns, aber keinen Grund für die Existenz der Menschheit?!! Das klingt ganz schön schräg!

Ja, wenn man das so ausdrückt! Man kann es aber auch anders formulieren: Der Föhn unterliegt einem *fremdbestimmten Zweck*, da er von uns Menschen zur Erfüllung einer Aufgabe konstruiert wurde. Da wir selbst aber von niemandem konstruiert wurden, können wir über den Zweck, den Sinn unseres Daseins, *selbst bestimmen*. Wir Menschen sind also im Unterschied zum Föhn keinen fremden Zwecken unterworfen.

Gut, ich gebe zu, dass das angenehmer klingt. Aber: Woher willst du denn so genau wissen, dass wir im Unterschied zum Föhn von niemandem konstruiert wurden und somit auch keinem fremden Zweck unterliegen?

Ich will gar nicht behaupten, dass ich das so genau weiß. Aber es sprechen sehr viele Indizien für diese Annahme.

Und welche Indizien sind das deiner Meinung nach?

Wenn etwas zu einem bestimmten Zweck geschaffen wurde, dann weist es Eigenschaften auf, die diesen Zweck in irgendeiner Weise widerspiegeln. Der Föhn zum Beispiel besitzt exakt die Eigenschaften, die seiner vorgegebenen Funktion entsprechen. Aber gilt dies auch für das Universum oder für uns? Besitzen wir Eigenschaften, die die Annahme rechtfertigen, dass wir von irgendjemandem aus irgendeinem Grund erschaffen wurden? Ich meine: Nein! Doch um das zu erklären, müssten wir einen genaueren Blick auf die Natur der Dinge werfen.

Klingt interessant. Aber lass uns dieses Thema auf morgen verschieben. Das war, wie ich finde, schon genug Input fürs Erste...

● ● »Warum ist überhaupt Seiendes und nicht vielmehr Nichts?« Mit dieser Frage (die Lea, ohne es zu wissen, fast wörtlich zitierte) eröffnete der deutsche Philosoph **Martin Heidegger** (1889–1976) seine berühmte Vorlesung »Einführung in die Metaphysik«. Heidegger war natürlich nicht der einzige Philosoph, der sich mit dem Problem des Seins und des Nichts beschäftigte. Zwei Jahrhunderte vor ihm hatte bereits ein anderer Denker, den viele heute wohl nur noch mit einem Butterkeks in Verbindung bringen, mit dieser dunklen Frage gerungen: **Gottfried Wilhelm Leibniz** (1646–1716). Für den christlichen Universalgelehrten Leibniz war klar, dass nur »Gott« der Ur-Grund sein könne, dem wir unser aller Existenz zu verdanken haben.

Ähnlich dachte auch der einflussreiche englische Theologe **William Paley** (1743–1805), der die sogenannte *Uhrmacher-Analogie* populär machte. Sein zentrales Argument war recht einfach gestrickt, klang aber überzeugend: Wenn wir eine funktionstüchtige Uhr im Wald finden, meinte Paley, so gehen wir ganz selbstverständlich davon aus, dass diese nicht zufällig entstanden ist, sondern von einem planvoll vorgehenden Uhrmacher hergestellt wurde. Nun ist eine Uhr weit weniger komplex als beispielsweise ein menschliches Auge. Müssten wir also, fragte Paley, angesichts der vielen komplexen Organismen in der Natur nicht ebenso selbstverständlich unterstellen, dass hier ein intelligenter Planer (nämlich »Gott«!) im Spiel war? Erst mit dem Buch »Über die Entstehung der Arten«, mit dem **Charles Darwin** (1809–1882) die moderne Evolutionstheorie begründete, wurde es möglich, das Uhrmacher-Argument wirksam zu entkräften. Wir werden später noch darauf zurückkommen.

Die Herkunft unserer Spezies war *vor* Darwins bahnbrechenden Erkenntnissen rational kaum zu erklären. Und so ist es nicht verwunderlich, dass die Menschen allerlei Schöpfungsmythen erfanden, um eine halbwegs plausible Antwort auf das Rätsel ihrer Existenz zu finden. Der Phantasie waren dabei keine Grenzen gesetzt: In der chinesischen Mythologie beispielsweise ging man davon aus, dass die Urmaterie die Gestalt eines Hühnereies hatte, das sich später in Himmel und Erde teilte. Die nordischen Völker hingegen erzählten sich die wundersame Geschichte des Urriesen Ymir, aus dessen grausig zerstückelten Körperteilen die Welt entstand. Juden, Christen und Muslime wiederum glaub(t)en (zum Teil bis zum heutigen Tag) an ein allmächtiges Wesen namens Jahwe, Gott oder Allah, das die Welt in sechs Tagen erschuf.

Wo der Mythos blüht, ist allerdings auch die Parodie nicht weit! Die vielleicht schönste Schöpfungs-Parodie stammt von dem britischen Schriftsteller **Douglas Adams** (1952–2001). In seiner satirischen Science-Fiction-Reihe »Per Anhalter durch die Galaxis« berichtete er von der außerirdischen Spezies der Jatravartiden – kleiner, blauer Lebewesen mit mehr als 50 Armen, die schon allein deshalb außergewöhnlich sind, weil sie als einzige Spezies im gesamten Universum das Deospray vor dem Rad erfunden haben. Douglas Adams zufolge glauben die Jatravartiden, dass ein Wesen namens »Großer Grüner Arkelanfall« das Universum einst ausgeniest hat, weshalb sie in ständiger Furcht vor einem Tag leben, den sie als die »Ankunft des Großen Weißen Taschentuchs« bezeichnen. Glücklicherweise soll die Schöpfungslehre der Jatravartiden außerhalb ihrer Heimatwelt nicht sonderlich stark verbreitet sein...

● ● ●

Sind die Dinge so, wie sie uns erscheinen?

Du hast gestern gemeint, dass die Eigenschaften des Universums nicht darauf hindeuten, dass sich dahinter irgendein Plan verbirgt. Das mag ja stimmen, aber bevor wir darüber sinnvoll reden können, müssten wir doch erst einmal wissen, ob das Universum wirklich so ist, wie wir es wahrnehmen, oder? Es könnte doch alles ganz anders sein! Nehmen wir zum Beispiel dieses Sofa: Ist es tatsächlich rot oder kommt es uns bloß so vor?

Du willst also wissen, ob die Dinge tatsächlich so sind, wie sie uns erscheinen?

Ja. Das ist doch eine interessante Frage.

Dem stimme ich zu. Um deine Frage beantworten zu können, müssen wir uns zunächst bewusst machen, dass wir über das »Ding an sich« keine vernünftigen Aussagen machen können, sondern bloß über das »Ding für uns«.

Hä? [Das ist die in unserer Region gebräuchliche Abkürzung für »Entschuldigung, das habe ich gerade nicht richtig verstanden. Könntest du das bitte noch einmal erklären?«, die Lea gerne mal verwendet.]

Also, das »Ding an sich« ist das Ding in seinem absoluten, reinen Zustand – so wie es möglicherweise *unabhängig von unserer Wahrnehmung* existiert. Nehmen wir unser Sofa als Beispiel: Über die Eigenschaften, die das Sofa »an sich« hat, können wir nichts Vernünftiges aussagen. Schließlich nehmen wir es nicht »an sich« wahr, sondern nur in *Bezug zu uns.* So wird aus dem »Sofa an sich« ein »Sofa für uns«, nämlich ein Möbelstück, das wir mit unseren Augen sehen und mit unserem Tastsinn erspüren können.

Moment mal: Willst du damit sagen, dass das Sofa in Wirklichkeit gar nicht da ist, sondern bloß in unserer Vorstellung existiert?

Nein, sonst würden wir hier bestimmt nicht so bequem sitzen. Dieses Sofa existiert mit an Sicherheit grenzender Wahrscheinlichkeit *tatsächlich* – also auch unabhängig von unserer Wahrnehmung. Dennoch können wir es *losgelöst von unserer Wahrnehmung* nicht wahrnehmen.

Okay, ich sehe ein, dass ich das Sofa nicht unabhängig von meiner Wahrnehmung wahrnehmen kann. Aber ist das nicht eine total überflüssige Haarspalterei? Was bringt es uns denn, zwischen dem »Ding an sich« und dem »Ding für uns« zu unterscheiden?

Nun, wir kommen damit einer Antwort auf deine Frage durchaus näher – und die lautet: Du nimmst dieses Sofa zwar als rot wahr, »an sich« aber besitzt es diese Eigenschaft wohl nicht!

Was? Das rote Sofa ist in Wirklichkeit gar nicht rot?

Sagen wir es mal so: Die Röte, die du wahrnimmst, ist keine Eigenschaft des Sofas, sondern eine Konstruktionsleistung deines Gehirns.

Und wie kommt es dann, dass ich rot sehe – ich meine, in Bezug auf das Sofa?

Nehmen wir an, Sonnenlicht fällt auf unser Sofa. Physikalisch bedeutet das, dass eine elektromagnetische Strahlung auf das Oberflächenmaterial des Sofas trifft. Dieses Oberflächenmaterial ist so strukturiert, dass es einen Teil des Wellenlängenspektrums des Lichts reflektiert, sagen wir: eine Wellenlänge von 630 Nanometern.

Was geschieht mit dem Rest?

Die restlichen Wellenlängen werden absorbiert, gewissermaßen vom Oberflächenmaterial des Sofas geschluckt. Du musst wissen, dass die darin enthaltenen Atome und Moleküle nur auf die Lichtenergie in einem bestimmten Wellenlängenbereich reagieren können. Was sie nicht aufnehmen, wird wieder abgegeben.

Und das sehen wir dann?

Ja, die Wellenlängen, die die Atome des Sofabezugs nicht verarbeiten können, treffen auf die Farbrezeptoren unserer Netzhaut, die sogenannten L-, M- und S-Zapfen.

Wie bei T-Shirt-Größen? L für Large, M für Medium, S für Small?

So ähnlich. Die L-Zapfen reagieren auf lange Wellenlängen, die M-Zapfen auf mittlere, die S-Zapfen auf kurze. Bei der Rotwahrnehmung sind vor allem die L-Zapfen aktiv, da wir die Farbe »Rot« mit langwelligem Licht zwischen 600 und 750 Nanometern verknüpfen.

Das heißt also, unser rotes Sofa ist in Wirklichkeit gar nicht rot, es absorbiert und reflektiert bloß bestimmte Lichtenergien?

Exakt.

Und dieser Vorgang wird dann von unserem Auge als Rotfärbung interpretiert?

Nun, genau genommen erfolgt diese Interpretation nicht im Auge, sondern im Gehirn. Dort werden die elektrischen Signale, die der Sehnerv übermittelt, auf komplexe Weise weiterverarbeitet. So wird aus der biochemischen Messung von Wellenlängen die subjektive Empfindung »Rot« hervorgezaubert. Unser Gehirn gleicht dabei die neu ankommenden Reize mit bereits gespeicherten Informationen ab und unterlegt das Ganze mit entsprechenden Empfindungen. So erleben wir »Rot«, die Farbe des Feuers, als »warm« und »Blau«, die Farbe des Wassers, als »kalt«, was zur Folge hat, dass wir in blau angestrichenen Räumen eher frieren als in Räumen, die rot oder orange gestrichen sind.

Ja, das habe ich auch schon mal gehört! Allerdings interessiert mich im Moment eine ganz andere Frage. Ich weiß aber nicht so recht, ob das hierhin passt...

Nur keine Hemmungen!

Also, im Physikunterricht haben wir gelernt, dass die Welt aus Atomen, Elektronen, Protonen und vielen anderen winzigen Teilchen besteht, deren Namen ich längst schon wieder vergessen habe. Egal! Diese Teilchen schwirren also auf ihren Bahnen herum und zwischen ihnen ist nichts als gähnende Leere. Dennoch erleben wir die Dinge, die aus diesen Teilchen und dieser Leere gebildet werden, zum Beispiel dieses Sofa, als feste Körper. Das scheint mir doch eine ziemlich ähnliche Illusion zu sein wie die Sache mit der Farbwahrnehmung, oder? Und das bringt mich auf eine Idee: Könnte man nicht sagen, dass das »Sofa an sich« dieses komische »Klitzekleine-Teilchen-schwirren-auf-ihren-Bahnen-wild-herum-Ding« ist, das die Physiker erforschen, während das »Sofa für uns« das feste, gemütliche Möbelstück ist, auf dem wir gerade sitzen?

Interessante Frage. Es gibt eine Menge Naturwissenschaftler, die dir wohl zustimmen würden. Bei genauerer Betrachtung müssen wir aber einräumen, dass auch die Teilchen-Welt eine *von uns* (wenn auch über sehr komplexe Apparaturen) *wahrgenommene* Welt ist – sie ist also nicht die »Welt an sich«! Deshalb kann man eigentlich nicht davon sprechen, dass das »Klitzekleine-Teilchen-schwirren-auf-ihren-Bahnen-wild-herum-Sofa« das »Sofa an sich« ist.

Schade! Das hatte für mich irgendwie logisch geklungen.

Zumindest hast du mit deiner Frage auf etwas sehr Wichtiges hingewiesen: Denn ohne Zweifel ist unser Bild von der Welt durch die Erkenntnisse der modernen Wissenschaften sehr viel differenzierter geworden. Wir haben Einblicke in die Natur gewonnen, die die Grenzen unserer ursprünglichen ökologischen Nische weit überschreiten.

Oha! Was soll denn das schon wieder heißen?

Entschuldige, ich bin da wohl etwas vorangeeilt. Vielleicht kommen wir über einen Umweg besser zum Ziel: Was meinst du, warum Geparden so unglaublich schnell sind?

Geparden? Nun, die haben sehr lange Beine, starke Beinmuskeln und riesige Lungen.

Klar, aber warum ist das so?

Geparden sind Raubtiere, die sehr flinke Beutetiere jagen. Wären sie nicht so schnell, wären sie längst ausgestorben.

Richtig. Und warum haben Giraffen so lange Hälse?

Weil sie darauf spezialisiert sind, sich von den Blättern der Baumkronen zu ernähren. Das verschafft ihnen einen Vorteil, da sie nicht mit kleineren Tieren um Nahrung konkurrieren müssen.

Okay, und was heißt das nun für uns Menschen? Warum sehen wir die Röte reifer Himbeeren? Weshalb riechen und schmecken wir es, wenn eine Nahrung für uns verdorben ist? Und warum ist unser Gehirn so eifrig bemüht, Zusammenhänge zwischen Ursachen und Wirkungen zu erkennen?

Weil unsere Vorfahren dadurch ebenfalls Überlebensvorteile besaßen?

Genauso ist es! Unser Wahrnehmungs- und Erkenntnisapparat ist im Überlebenswettbewerb der Evolution entstanden wie der lange Hals der Giraffe oder die flinken Beine des Geparden. Und er ist ebenso gut angepasst an eine spezifische *ökologische Nische*, nämlich unseren Lebensraum als Menschen. Deshalb können wir Phänomene, die in unserer Nische ursprünglich nicht vorkamen, etwa Geschwindigkeiten über 100 Stundenkilometern, auch heute noch ganz schlecht abschätzen.

Ja, das sage ich den Jungs auch immer, wenn sie hinter dem Lenker den »großen Macker« spielen wollen...

Nun, die besondere Risikobereitschaft junger Männer ist auch so ein Erbe der Evolution – *ich* war da natürlich *ganz* anders!

Ha! Ob ich das glauben soll? Da werde ich wohl Oma fragen müssen, hehe... Aber du wolltest doch eigentlich etwas ganz anderes sagen, oder?

Stimmt! Worauf ich hinauswollte, war Folgendes: Wir haben gesehen, dass unser Erkenntnisapparat – wie der Hals der Giraffe – ein Produkt der natürlichen Evolution ist. Von daher ist er selbstverständlich gar nicht darauf ausgerichtet, die »Welt an sich« zu erfassen, er hat eine ganz andere Funktion...

...nämlich unser Überleben zu sichern!

Korrekt!

Und bei diesem Ziel hätte es unseren Vorfahren sicherlich wenig geholfen, wenn sie statt einer Antilope einen »Klitzekleine-Teilchen-schwirren-auf-ihren-Bahnen-wild-herum-Tierkomplex« gesehen hätten, oder?

Ja, ich vermute, das hätte Homo erectus doch ziemlich verwirrt.

Ich hab noch eine Frage: Wenn unsere Sicht auf die Welt in der Evolution entstanden ist, so heißt das doch, dass andere Lebewesen die Welt möglicherweise auch ganz anders wahrnehmen, oder? Ist für eine Katze wie Charly das Sofa vielleicht gar nicht rot?

Nun, für Charly dürfte das Sofa tatsächlich keine rote, sondern eine gelbe Farbe haben. Katzen besitzen nämlich nur zwei Zapfentypen, die langwelliges, rotes Licht nicht verarbeiten können. Das ist für sie als nachtaktive Räuber auch nicht von Bedeutung. Sie brauchen keine gute Farbwahrnehmung, sondern müssen im Dunkeln gut sehen können, um ihre Beute zu erjagen. Und auf diesem Gebiet sind sie uns tatsächlich haushoch überlegen.

Aber es gibt doch auch Tiere, die Farben sehen, die wir gar nicht wahrnehmen können, oder täusche ich mich da?

Nein, du hast recht: Viele Insekten, Vögel und Fische können im Unterschied zu uns ultraviolette Strahlung wahrnehmen. Daher sieht eine Blumenwiese für Bienen ganz anders aus als für uns. Außerdem verfügen manche Tiere über Sinne, die uns völlig fremd sind: Zugvögel beispielsweise orientieren sich am Magnetfeld der Erde, Fledermäuse können in völliger Dunkelheit fliegen, da sie Ultraschallwellen senden und empfangen. Sie »sehen« gewissermaßen mit ihren Ohren.

Dazu habe ich mal eine spannende Doku gesehen! Ich frage mich, wie das wohl ist, eine Fledermaus zu sein? Können wir uns das überhaupt vorstellen?

Interessant, dass du das fragst! Denn genau dazu hat der amerikanische Philosoph Thomas Nagel in den 1970er-Jahren einen sehr einflussreichen Artikel geschrieben. Nagel meinte, dass wir, selbst wenn wir alles über Fledermäuse wissen sollten, immer noch nicht wüssten, wie es sich anfühlt, die Welt mit den Sinnen einer Fledermaus wahrzunehmen. Zwischen unserer Außenwahrnehmung und der Innenwahrnehmung eines Lebewesens besteht eine große Kluft.

Das klingt für mich logisch, aber gilt das denn nur für unser Verhältnis zu Fledermäusen? Es ist doch unter uns Menschen gar nicht so viel anders, oder? Ich meine: Ich sehe dich, ich rede mit dir, und wenn ich eine Hirnforscherin wäre, dann könnte ich vielleicht auch noch erkennen, was während des Gesprächs in deinem Gehirn abläuft. Aber: Ich würde doch trotzdem niemals wissen, wie es sich anfühlt, du zu sein. Ebenso wenig, wie du wissen kannst, wie es sich anfühlt, ich zu sein.

Richtig. Die Qualität unseres eigenen, inneren Erlebens – die Philosophen sprechen hier von »Qualia« – ist nur uns selbst zugänglich. Wenn wir mit anderen Menschen mitleiden oder uns mit ihnen mitfreuen, so beruht dies auf einer – zweifellos nützlichen – Projektion: Wir stellen uns vor, wie *wir* uns fühlen würden, wenn *wir* uns in ihrer Lage befänden. Damit werden wir wahrscheinlich nicht völlig danebenliegen, da wir derselben Spezies angehören. Dennoch können wir niemals erfahren, wie es sich wirklich anfühlt, jemand anderes zu sein, als der, der wir sind.

Aus unserer eigenen Haut kommen wir einfach nicht heraus!

Ja, hier stoßen wir auf eine *Grenze der Erkenntnis*, die wir wohl nie überwinden werden ...

● ● Ob die Dinge wirklich so sind, wie sie uns erscheinen? Das interessierte den griechischen Philosophen **Platon** (427–347) schon vor rund 2500 Jahren. In seinem berühmten » Höhlengleichnis«, das noch heute gerne als Beispiel in der Schule herangezogen wird, beschrieb er eine Gruppe von gefesselten Menschen, die nur die Schatten sehen können, die von Gegenständen hinter ihrem Rücken auf die Höhlenwand geworfen werden. Da sie keine anderen Erfahrungen machen können, betrachten sie die Schatten der Dinge ganz selbstverständlich als die realen Dinge. Platon fragte, was geschehen würde, wenn einer der Gefangenen befreit würde, die Höhle verlassen könnte und die Dinge so sähe, wie sie wirklich sind: Würden die anderen Gefangenen seinen phantastischen Erzählungen Glauben schenken? Wohl kaum! Dennoch hätte der Außenseiter eine »höhere« Form der Erkenntnis gewonnen.

Das Höhlengleichnis lässt sich auf verschiedene Weise deuten (was wohl der Grund dafür ist, warum Lehrer es immer wieder aus der Tasche ziehen). Platon selbst wollte damit demonstrieren, dass der Mensch seinen Sinneseindrücken misstrauen und nach »höherem Geistigem« streben sollte. Nur so könne er entdecken, was sich hinter der erfahrbaren Welt verberge: Für Platon war dieser »Ursprung aller Dinge« das »Reich der Ideen«, andere nannten es »Gott«.

Das Christentum, das von der Antike ansonsten herzlich wenig wissen wollte, adoptierte den Philosophen Platon wie kaum einen anderen vorchristlichen Denker. Das lag nicht nur daran, dass Platon der Namenspatron der sogenannten *platonischen Liebe* ist (einer rein »geistigen Liebe«, unbefleckt von »sexueller Begierde«). Wichtiger noch war, dass sich sein Gedankengebäude wunderbar ins religiöse Weltbild einfügen ließ. Schließlich geht auch das Christentum davon aus, dass sich hinter den profanen, sinnlich wahrnehmbaren Dingen eine »höhere geistige Quelle« (nämlich »Gott«) verbirgt.

Skeptiker wie der englische Philosoph **David Hume** (1711 bis 1776) lehnten derartige Vorstellungen ab. Für Hume war es offensichtlich, dass sich *alle* Ideen (selbst die erhabensten Ideen Platons) letztlich aus einfachen *Sinneseindrücken* speisten (etwa der Wahrnehmung von heiß und kalt). Die Sinne waren für ihn die einzige Quelle unseres Wissens über die Welt. Unabhängig von sinn*lichen* Eindrücken, meinte er, könne man gar nicht sinn*voll* über die Wirklichkeit sprechen.

Humes bodenständige Philosophie war so revolutionär, dass sie nicht nur auf dem Index der verbotenen Bücher der katholischen Kirche landete, sondern einem bedeutenden deutschen Kollegen regelrecht die Sprache verschlug: Erst nach 11-jährigem öffentlichen Schweigen brachte **Immanuel Kant** (1724–1804) seine berühmte Antwort auf Hume, die »Kritik der reinen Vernunft«, heraus – ein Buch, das so unverschämt gut war, dass es ebenfalls auf den Index der verbotenen Schriften gesetzt wurde. In der »Kritik der reinen Vernunft« machte der Königsberger Philosoph unmissverständlich klar, dass wir das »Ding an sich« niemals erkennen können, sondern bloß dessen Erscheinung, das »Ding für uns«. Warum? Weil Erkenntnis für Kant (wie für Hume) stets abhängig vom Subjekt ist! Allerdings spielen dabei nicht nur sinnliche Erfahrungen eine Rolle, sondern auch Denkmuster, über die wir schon *vor* aller Erfahrung verfügen (Kant sprach hier von einem Wissen »a priori« = lat. »vom Früheren her«).

Tatsächlich ist uns eine gewisse Vorstellung von Raum und Zeit, Ursache und Wirkung angeboren, weshalb schon Babys recht verdutzt aus der Wäsche schauen, wenn ein Ball auf einer schiefen Ebene nach oben statt nach unten rollt. Wie diese Vorannahmen entstanden sind, konnte erst die *evolutionäre Erkenntnistheorie* im 20. Jahrhundert erhellen: Forscher wie **Konrad Lorenz** (1903–1989), **Rupert Riedl** (1925–2005) und **Gerhard Vollmer** (*1943) zeigten auf, dass unsere Weise, die Welt zu betrachten, ein Produkt der Evolution ist wie unser Geruchssinn oder die Funktionsweise unseres Verdauungstraktes.

Immanuel Kant traf also voll ins Schwarze, als er den Begriff »a priori« (»vom Früheren her«) für die Vorannahmen der Erkenntnis verwendete. Selbstverständlich war ihm (rund 70 Jahre vor Darwins Buch »Über die Entstehung der Arten«) nicht bewusst, *wie* früh sich dieses »Frühere« bereits in der Natur zu entwickeln begann. Aber vielleicht war das auch gut so, denn hätte Kant neben seiner skandalösen Religions- und Ideologiekritik auch noch eine Evolutionstheorie entworfen, wäre der Königsberger Philosoph wohl zu Königsberger Klopsen verarbeitet worden...   • • •

Was können wir wissen?

Also, ich finde das alles ziemlich verwirrend: Ich sitze hier auf einem Sofa, das auf mich »rot« und auf Charly wohl »gelb« wirkt und von dem ich nicht weiß, welche Eigenschaften es »an sich« hat. Wir wissen auch nicht, wie andere Tiere die Welt wirklich wahrnehmen. Ja, wir wissen nicht einmal, wie es ist, ein anderer Mensch zu sein. Da fragt man sich doch: Was können wir denn überhaupt wissen?

Nun ja, wenn man bedenkt, dass wir Menschen die Höhlen erst vor einigen Tausend Jahren verlassen haben, dann ist es doch ziemlich beeindruckend, was wir in der Zwischenzeit herausgefunden haben, oder? Wir wissen heute zweifellos mehr als die Menschen früherer Generationen.

Okay, aber ist dieses Wissen denn wirklich sicher?

Was meinst du damit?

Wir hatten doch festgestellt, dass wir gar nicht wissen können, wie die »Welt an sich« ist. Wenn das aber so ist: Woher wollen wir dann wissen, ob irgendeine Aussage über die Welt wahr oder falsch ist?

»*An sich*« können wir das nicht wissen, »*für uns*« aber sehr wohl! Zwar wird es den Mond auch losgelöst von unserer Wahrnehmung geben (und dieser »Mond an sich« wird Ebbe und Flut auslösen), aber wir können halt nur über den »von uns wahrgenommenen Mond« reden. In diesem Zusammenhang fällt mir der berühmte Satz des österreichischen Philosophen Ludwig Wittgenstein ein: »Wovon man nicht sprechen kann, darüber muss man schweigen.«

Oha! Und was soll das bedeuten?

Wir sollten uns nicht anmaßen, Aussagen über Dinge zu machen, über die wir vernünftigerweise gar nicht sprechen können! Wer behauptet, einen privilegierten Zugang zur »Welt an sich« zu besitzen, und von irgendeiner »höheren Wahrheit« berichtet, die »jenseits« unserer menschlichen Erfahrung liegt, dem sollten wir mit einer gehörigen Portion Misstrauen begegnen. Sehr wahrscheinlich handelt es sich nämlich um einen Scharlatan, der uns für dumm verkaufen möchte, oder um einen Menschen, der tragischerweise in seinen eigenen Wahnvorstellungen gefangen ist.

Weshalb bist du dir da so sicher?

Weil uns der Zugang zur Welt, wie sie »an sich« sein mag, prinzipiell verschlossen ist. *Jenseits der menschlichen Wahrnehmung gibt es nun einmal keine menschliche Wahrnehmung!* Und das gilt selbstverständlich auch für all die »Propheten«, die in der Menschheitsgeschichte aufgetreten sind! Auch sie besaßen nur eine menschlich beschränkte Perspektive, wussten also über die »Welt an sich« ebenso wenig wie du und ich.

Verstehe! Du schlägst also vor, dass wir diese jenseitige »Welt an sich« vergessen und uns stattdessen auf die »von uns Menschen wahrnehmbare Welt« konzentrieren sollten?

Ja, zumal das für uns mit großen Vorteilen verbunden ist: Denn wenn wir unseren Erkenntnisanspruch auf die »Welt des Menschen« beschränken, fällt es uns viel leichter, zwischen wahren und falschen Aussagen zu unterscheiden.

Warum?

Weil diesseitige, menschliche Aussagen auch mit diesseitigen, menschlichen Methoden überprüft werden können! Mit dem »Jenseits« hingegen lässt sich jede Lüge im Diesseits rechtfertigen. Das wusste schon Friedrich Nietzsche.

Okay. Konzentrieren wir uns also auf die »Welt des Menschen«.

Wie sehen denn die Methoden aus, mit deren Hilfe wir unterscheiden können, ob eine Aussage wahr oder falsch ist?

Erinnerst du dich? Ich hatte eben einigermaßen keck behauptet, dass ich in meiner Jugend im Unterschied zu anderen niemals den »großen Macker« gespielt habe. Du hattest mir das aus nachvollziehbaren Gründen nicht abgekauft. Und: Du hast eine Methode angegeben, mit der du den Wahrheitsgehalt meiner Aussage überprüfen könntest.

Ich hatte gesagt, dass ich, bevor ich dir das glaube, erst mal bei Oma nachfragen müsste...

Richtig. Auf diese Weise könntest du *empirisch* überprüfen, ob meine Aussage wahr oder falsch ist.

Halt mal. Was bedeutet denn der Begriff »empirisch«?

»Empirisch« bzw. »Empirie« stammt vom griechischen Wort »empireia«, das »Erfahrung« oder »Erfahrungswissen« meint. Und du wolltest ja in *Erfahrung* bringen, welche *Erfahrungen* Oma mit ihrem pubertären Sohn gemacht hat. Das ist durchaus eine empirische Methode – und nicht einmal die schlechteste.

Besser wäre es aber noch, wenn ich neben Oma deine ehemaligen Schulkameraden, Freunde und vor allem deine früheren Freundinnen interviewen würde. Oma hat ja bestimmt nicht alles mitbekommen, was du so getrieben hast!

Glücklicherweise...

Kann ich mir denken!

Nun, ich will das hier nicht weiter vertiefen... Kommen wir lieber auf unser Thema zurück: Wenn du sehr viele Leute interviewen würdest, so ergäbe das sicherlich ein genaueres Bild meiner damaligen Aktivitäten.

Doch so richtig verlässlich wäre auch das nicht! Im besten Fall würde ich herausfinden, was all die Leute heute über dein damaliges Ich denken. Dummerweise kann ich aber weder deine noch ihre Aussagen mit deinem damaligen Ich direkt vergleichen.

Stimmt! Deshalb helfen uns Befragungen auch nur bei bestimmten Problemen weiter. Empirische Sozialwissenschaftler können mit Befragungen zwar herausfinden, was eine Gruppe von Menschen denkt, beispielsweise ob sie eher der Evolutionstheorie oder der Schöpfungslehre zustimmt. Aber selbst, wenn man weiß, was die Mehrheit der Menschen für *wahr hält*, weiß man noch lange nicht, ob es auch tatsächlich *wahr ist*.

Klar, denn auch Mehrheiten können sich irren. Befragungen sind da sinnlos, aber es gibt doch sicher auch noch andere Möglichkeiten, Aussagen empirisch zu überprüfen?

Selbstverständlich. Nehmen wir an, wir wollten den Wahrheitsgehalt der folgenden Aussage ermitteln: »Mensch und Schimpanse sind eng miteinander verwandt und stammen von einem gemeinsamen Vorfahren ab, der vor etwa sechs Millionen Jahren lebte.« Wie du weißt, wird diese Aussage noch immer von vielen Gläubigen weltweit bestritten. Mit Umfragen kommen wir hier nicht weiter, wir müssen vielmehr nach harten, empirischen Belegen suchen, die unsere These entweder stützen oder entkräften.

Und wie stellen wir das an?

Nun, zunächst einmal können wir die Eigenschaften, also zum Beispiel die Anatomie oder das Verhalten von Menschen und Schimpansen systematisch beobachten und sie mit den Eigenschaften anderer Lebewesen vergleichen. Zudem können wir Knochen und Fossilien aus früheren Epochen untersuchen und versuchen, mit ihrer Hilfe die Abstammungslinien beider Spezies zu rekonstruieren. Die beste Methode, ihren Verwandtschaftsgrad herauszufinden, besteht allerdings darin, ihren Erbcode, die DNA, zu analysieren und dem genetischen Code anderer heute lebender oder bereits ausgestorbener Arten gegenüberzustellen. Dabei zeigt sich, dass Schimpanse und Mensch enger miteinander verwandt sind als Schimpanse und Gorilla. Nach heutigem Kenntnisstand verließ der Vorfahre des heutigen Gorillas unsere gemeinsame Abstammungslinie vor etwa sieben Millionen Jahren, während Menschen und Schimpansen erst seit rund sechs Millionen Jahren getrennte Wege gehen.

Echt? Im ersten Moment würde man eher vermuten, dass Gorilla und Schimpanse enger miteinander verwandt sind.

Dieses Beispiel zeigt uns, dass wir mit reinem Nachdenken alleine kaum herausfinden können, ob eine Aussage wahr oder falsch ist. Dazu bedarf es empirischer Methoden, vor allem genauer, systematischer Beobachtungen und klug aufgebauter Experimente.

Gut, ich sehe ein, dass empirische Überprüfungen wichtig sind. Gibt es denn noch andere Methoden, die Wahrheit herauszufinden?

Ja, die gibt es. Du schaust doch hin und wieder amerikanische Gerichtsserien, oder? Da nehmen die Anwälte ihre Zeugen manchmal ziemlich hart ins Kreuzverhör. Warum tun sie das wohl?

Ich denke, sie wollen die Zeugen in Widersprüche verwickeln, um herauszufinden, was wirklich geschehen ist.

Richtig. Und damit sind wir auch schon bei dem zweiten wichtigen Verfahren, das wir kennen, um den Wahrheitsgehalt von Aussagen zu überprüfen: Bei diesem Verfahren versucht man herauszufinden, ob einzelne Aussagen *logisch* miteinander übereinstimmen oder ob es zwischen ihnen Widersprüche, also *logische Unvereinbarkeiten*, gibt. Wenn beispielsweise ein Zeuge einräumt, er habe sich auf dem Oktoberfest in München besinnungslos besoffen, dann kann er nicht zum gleichen Zeitpunkt seine Erbtante in Hamburg gepflegt haben.

Das ist einleuchtend.

Und genau darum geht es in der Logik. Es geht um *Evidenz*, also um Zusammenhänge, die unmittelbar, ohne empirische Überprüfung, *einleuchtend* sind. Um zu wissen, dass ein Mensch nicht *gleichzeitig* in München und Hamburg sein kann, musst du keineswegs Forschungsteams in beide Städte aussenden, die das empirisch untersuchen. Es reicht völlig aus, zu erkennen, dass die Aussagen logisch nicht miteinander in Einklang zu bringen sind. Manchmal ist es allerdings gar nicht so einfach, solche logischen Unvereinbarkeiten zu erkennen. Und so begehen wir immer wieder Fehler, wenn wir unsere Schlüsse ziehen.

Was für Fehler zum Beispiel?

Es gibt verschiedene Formen von logischen Fehlschlüssen. Wir neigen unter anderem zu Übergeneralisierungen, also dazu, Einzelerfahrungen unzulässig zu verallgemeinern.

Wenn ich von einem kleinen, weißen Hund gebissen wurde und daraus ableite, dass alle kleinen, weißen Hunde beißen?

Ja, das wäre so ein Fall. Mithilfe der Logik, also der Lehre des korrekten Schlussfolgerns, können wir versuchen, derartige Denkfehler zu entdecken und zu beseitigen.

Was ist denn wichtiger: Logik oder Empirie?

Das lässt sich nicht gegeneinander verrechnen. Wir brauchen beides.

Okay. Nehmen wir nun an, dass wir eine bestimmte Aussage logisch und empirisch auf Herz und Nieren überprüft haben. Können wir dann hundertprozentig sicher sein, dass diese Aussage wahr ist?

Nein. Wir können nur sagen, dass sie uns *auf der Basis unseres heutigen Kenntnisstands als wahr erscheint*. Aber dabei können wir uns natürlich irren. Vielleicht haben wir ja bei unseren Beobachtungen etwas Bedeutsames übersehen oder einige wichtige Aspekte eines Problems in unseren Schlussfolgerungen nicht hinreichend berücksichtigt? Ein hundertprozentig sicheres Wissen gibt es nicht, aber wir können durchaus lernen, unsere Erkenntnisse stückchenweise zu verbessern. Und in dieser Hinsicht haben wir in den letzten Jahrzehnten ja tatsächlich riesige Fortschritte gemacht, wie man unter anderem an der sprunghaften Entwicklung der Technik und der Medizin ersehen kann. Dennoch: Trotz all dieser Erfolge bleibt es letztlich bei der Erkenntnis, die der griechische Philosoph Xenophanes schon vor 2500 Jahren formulierte: »Selbst wenn es einem einst glückt, die vollkommenste Wahrheit zu künden, wissen kann er sie nie; es ist alles durchwebt von Vermutung.«

Also kann auch ein Wissenschaftler am Ende nur »glauben«?

Ja, wenn du unter dem Wort »glauben« verstehst, dass wir etwas nur »vermuten« können, es also nicht mit hundertprozentiger Sicherheit wissen. Dummerweise wird das Wort »glauben« aber auch für das genaue Gegenteil verwendet, nämlich für das »unbedingte Fürwahrhalten-Wollen einer Aussage«. Denk nur an die vielen Gläubigen, die entgegen allen Belegen an ihrer Überzeugung festhalten, dass die Erde vor gerade einmal 6000 Jahren entstand – also zu einem Zeitpunkt, als die Babylonier schon das erste Bier brauten.

Schön blöd!

Gewiss! Dennoch sollten wir nicht übersehen, dass es viele kluge Menschen gibt, die an derartigem Unsinn festhalten.

Wie kann das sein?

Es gibt da offensichtlich eine psychische Barriere in den Köpfen: Im Alltag agieren diese Menschen absolut vernünftig, doch sobald es um Fragen der Religion geht, setzt bei ihnen irgendwie der Verstand aus. Wie sonst soll man erklären, dass es Frauenärzte gibt, die sechs Tage die Woche einen tollen Job machen, aber am siebten Tag an die »jungfräuliche Geburt« glauben?

Wir Menschen sind schon eine ziemlich bekloppte Spezies...

Ja. Offensichtlich ist keine Idee absurd genug, als dass sich nicht doch noch Menschen finden lassen, die felsenfest an sie glauben. Dabei scheint es solche »Gläubigen« überhaupt nicht zu stören, dass sämtliche empirische Belege und logische Evidenzen gegen ihre Überzeugungen sprechen! Lieber opfern sie die Prinzipien der Vernunft, als dass sie ihre Glaubensdogmen auch nur ansatzweise hinterfragen würden.

Das ist ja irgendwie auch logisch, oder? Wenn man glaubt, Gott auf seiner Seite zu haben, dann können Gegenargumente doch nur vom Teufel kommen!

Ja, tragischerweise hat dieser Wahnsinn System! Deshalb ist es auch so unglaublich schwer, gegenüber einem Fundamentalisten zu argumentieren, ohne dabei den Verstand zu verlieren.

Kann ich mir denken! Aber gibt es denn nicht auch Wissenschaftler, die genauso uneinsichtig sind und dogmatisch an ihren Überzeugungen festhalten?

Klar, schließlich sind Wissenschaftler auch nur Menschen! Und so kommt es, dass im Sozialsystem der Wissenschaft vieles passiert, was im Widerspruch zur wissenschaftlichen Methode steht. Im Idealfall aber sollten Wissenschaftlerinnen und Wissenschaftler *undogmatisch* sein und *ergebnisoffen* forschen. Zwar verlangt die wissenschaftliche Methode, dass sie für ihre Überzeugungen eintreten – aber nur so lange, bis diese widerlegt sind!

Wissenschaftliche Wahrheit ist also nur eine »Wahrheit auf Zeit«?

Ja, so könnte man es formulieren. Aus gutem Grund verkünden Wissenschaftler keine »absoluten Wahrheiten«, an die man »unbedingt« glauben muss. Sie akzeptieren, dass alle menschlichen Überzeugungen fehleranfällig sind und deshalb immer wieder aufs Neue überprüft und verbessert werden müssen. Gerade in dieser Bescheidenheit des wissenschaftlichen Denkens liegt seine größte Stärke.

Wie meinst du das?

Ein Wissenschaftler *weiß*, dass er nur etwas *glaubt*, was ihm heute gültig erscheint, vielleicht aber schon morgen widerlegt ist. Ein Gläubiger hingegen *glaubt*, dass er tatsächlich etwas *weiß*, was noch übermorgen gültig sein wird, obwohl es in der Regel schon heute widerlegt ist. Das sind zwei sehr unterschiedliche Herangehensweisen an die Wirklichkeit.

Warte mal: Der Wissenschaftler weiß, dass er etwas glaubt, während der Gläubige glaubt, dass er etwas weiß? Mannomann, darüber muss ich jetzt erst mal in aller Ruhe nachdenken. Lass uns morgen weitermachen! Einverstanden?

Aber sicher, du bist der Chef ...

● ● ● »Ich weiß, dass ich nichts weiß!« Dieses geflügelte Wort wird dem griechischen Philosophen **Sokrates** (469–399) zugeschrieben. Wer war Sokrates? Nach einem Spruch des »Orakels von Delphi« galt er als der »weiseste Mensch« seiner Zeit. Er selbst führte das darauf zurück, dass er zwar eigentlich nicht besonders weise sei, aber immerhin *wisse*, dass er es nicht sei, während andere sich für weise hielten, obwohl sie es ebenso wenig seien wie er.

Sokrates hinterließ keine schriftlichen Werke, war aber ein Meister des Dialogs. Davon zeugen die Gespräche, die Sokrates' Schüler (vor allem Platon und Xenophon) aufzeichneten. In ihnen hinterfragte Sokrates auf scheinbar naive Weise das vermeintliche Wissen seiner Gesprächspartner. Er verlangte Belege für Sachverhalte, die sie für völlig selbstverständlich hielten, und erschütterte so ihre Überzeugungen, die, wie Sokrates in den Gesprächen mit feiner Ironie herausarbeitete, eben nicht auf guten Argumenten, sondern auf bloßem Scheinwissen gründeten. Mit dieser Strategie erwies sich Sokrates zwar als wahrer *Philosoph*, also als ein Mensch, der die Weisheit liebt (»philosophia« = »Liebe zur Weisheit«), aber er verschaffte sich damit nicht nur Freunde. Und so kam es am Ende, wie es wohl kommen musste: Im Jahr 399 vor unserer Zeitrechnung wurde Sokrates, der »weiseste Mensch seiner Zeit«, als »Atheist« und »Verderber der Jugend« angeklagt und zum Tode verurteilt.

Fast zweieinhalb Jahrtausende später setzte der nach England emigrierte, österreichische Philosoph **Karl Popper** (1902–1994) an dem Punkt an, an dem Sokrates aufgehört hatte: bei der Erkenntnis des »Nicht-Wissens«. In seiner Jugend hatte sich Popper in der sozialistischen Bewegung engagiert, sich aber wieder davon distanziert, als ihm der dogmatische Charakter des Kommunismus bewusst wurde. Ähnlich erging es ihm mit dem sogenannten »Wiener Kreis«, einer Gruppe von Gelehrten um **Moritz Schlick** (1882–1936), **Rudolf Carnap** (1891–1970) und **Otto Neurath** (1882–1945). Während die Vertreter des Wiener Kreises meinten, dass man bei Berücksichtigung logischer und empirischer Prinzipien zwischen wahren und falschen Aussagen *positiv* unterscheiden könne (»Positivismus«), vertrat Popper die Auffassung, dass wir »die Wahrheit« niemals als solche erkennen, sondern bloß mehr oder weniger vernünftige Vermutungen über sie anstellen können (»Kritischer Rationalismus«). Fortschritte in der Erkenntnis sind nach Popper nur möglich, indem wir falsche Vermutungen widerlegen (»falsifizieren«). Deshalb sollte ein guter Forscher nicht danach streben, »die Wahrheit« seiner Forschungsergebnisse zu beweisen (»verifizieren«), sondern vielmehr nach den Fehlern und Lücken in den eigenen Theorien suchen.

Poppers »Falsifikationsprinzip« (Verbesserung unserer Vermutungen durch Widerlegung der in ihnen enthaltenen Fehler) konnte sich in der Wissenschaftstheorie mehr und mehr durchsetzen, was den Meister zweifellos erfreute. Weniger amüsiert war er allerdings, als sein Schüler **Paul Feyerabend** (1924–1994) versuchte, den Kritischen Rationalismus selbst zu widerlegen. Feyerabend meinte, dass man von »Erkenntnisfortschritten« nur dann reden könne, wenn man die »Glaubensüberzeugungen« des wissenschaftlichen Denkens teile. Losgelöst von solchen Überzeugungen könne man gar nicht beurteilen, ob Wettervorhersagen wirklich besser seien als Regentänze. Und so sei es auch nur ein Aberglaube, dass man vorurteilsfrei zwischen Wissenschaft und Aberglaube unterscheiden könne. Im Grunde sei es beliebig, ob man wissenschaftliche Werke studiere oder aus dem Kaffeesatz lese.

Über so viel »Mut zur Unwissenheit« hätte wohl selbst Sokrates gestaunt. Und wahrscheinlich hätte er seinen Schülern empfohlen, Feyerabends Erkenntniszweifel stark anzuzweifeln. Denn so wenig wir über die Welt »an sich« wissen mögen: Dass es in den letzten Jahrzehnten einen beachtlichen Zuwachs an Wissen »für uns« gegeben hat, lässt sich ernsthaft kaum bestreiten. Aus diesem Wissenszuwachs resultierten nicht nur technische Errungenschaften, auf die nur die wenigsten gerne verzichten würden, sondern auch so mancher gesellschaftliche Fortschritt. Sokrates zumindest hätte sicher liebend gern mit Karl Popper getauscht, denn der wurde für sein Lebenswerk nicht zum Tode verurteilt, sondern zum Ritter geschlagen. Wenn das für »Weisheitsliebende« (Philosophen) kein Fortschritt ist, was dann? • •

Gibt es einen Gott?

Wir haben gestern über die Unterschiede zwischen wissenschaftlichem Denken und religiösem Glauben gesprochen. Ich denke, an dieser Stelle sollten wir jetzt weitermachen. Was meinst du?
    Einverstanden.
Ich habe da eine Frage, von der ich mir zwar denken kann, wie du sie beantwortest, ich will sie aber trotzdem stellen.
    Nur raus damit!
Ich möchte aber nicht, dass du mich auslachst!
    Hey, warum sollte ich dich denn auslachen?
Na, weil die Frage irgendwie bescheuert naiv klingt.
    Aha! Wie lautet deine Frage denn?
Versprich mir erst, dass du nicht lachen wirst!
    Gut, ich verspreche es!
Also: Meine Frage lautet... [Pause]
    Ja? Du machst es aber wirklich spannend...
Sie lautet: Gibt es einen Gott?
    Hahaha! Entschuldige, dass ich jetzt doch lachen muss! Das liegt nicht an deiner Frage, sondern daran, dass du dich so furchtbar windest, mir diese Frage zu stellen.
Bitte bleib ernst! Also: Wie lautet deine Antwort? Gibt es einen Gott?
    Es wird dich vielleicht wundern, aber ich habe absolut keine Ahnung, ob es einen »Gott« gibt oder nicht! Ich weiß noch nicht einmal, was deine Frage bedeuten soll.
Was?! In den Medien wirst du als »Deutschlands Chef-Atheist«

bezeichnet und jetzt antwortest du mir, dass du gar keine Ahnung hast, ob ein Gott existiert oder nicht? Wie passt denn das zusammen?

Das erkläre ich dir gerne! Lass mich dir aber zuerst eine Gegenfrage stellen: Was würdest du mir antworten, wenn ich dich frage, ob es einen quasiolytischen Phraseometer gibt oder nicht?

Was für ein Ding?

Ein quasiolytischer Phraseometer. Gibt es den oder gibt es den nicht?

Keine Ahnung. Ich weiß ja nicht einmal, was mit dem Wort »quasiolytischer Phraseometer« gemeint ist!

Siehst du, genauso geht es mir mit dem Begriff »Gott«! Mir ist völlig unklar, was sich hinter diesem Wort verbirgt. Deshalb habe ich auch Probleme mit dem Wort »Atheismus«, also mit der prinzipiellen Leugnung der Existenz Gottes. Denn man kann ja vernünftigerweise nur etwas bestreiten, was einigermaßen klar definiert ist. Das ist aber beim Begriff »Gott« nicht der Fall.

Weil jeder seine eigene Gottesvorstellung hat?

Ja. Ich habe schon Leute getroffen, die sagten, »Gott ist die Liebe« oder »Gott ist die Summe allen Seins im Universum«. Da ich weder an der Existenz des Universums noch an der Möglichkeit von Liebe zweifle, bestreite ich nicht, was sie unter »Gott« verstehen. Allerdings würde ich es doch sehr vorziehen, die Liebe als »Liebe« und das Universum als »Universum« zu bezeichnen – statt als »Gott«. Unklare Begriffsverwendungen schaffen nur Verwirrung.

Okay, das verstehe ich. Allerdings meinte ich mit »Gott« nicht bloß ein anderes Wort für »Liebe«, sondern ein »höheres Wesen«, das jenseits unserer Vorstellung real existiert. Kann es einen solchen »Gott« geben?

Natürlich kann es einen »unvorstellbaren Gott« geben.

Wie bitte?!

Es kann sogar ein ganzes Heer von »unvorstellbaren Göttern

und Göttinnen« geben. Oder aber gar nichts dergleichen. Über »Unvorstellbares« kann man logischerweise keine Aussagen machen! Denn das Unvorstellbare liegt per definitionem jenseits unserer Vorstellung.

Du weigerst dich also Aussagen über »Gott« zu machen, weil »Gott« so eine Art »Ding an sich« ist?

Ja, vielleicht ist er das. Möglicherweise ist »Gott« aber auch ein »Unding an sich« – etwas, das »an sich« gar nicht existiert, sondern bloß als fixe Idee in den Köpfen von Menschen herumspukt. Wer will sich anmaßen, darüber zu urteilen? Es wäre absurd, die Existenz eines »unvorstellbaren Gottes« zu bestreiten oder zu behaupten!

Es geht dir in deiner Kritik also gar nicht um den »unvorstellbaren Gott«, sondern bloß um die Vorstellungen, die sich Menschen von »Gott« bzw. von den »Göttern« gemacht haben?

Genau! Ich bestreite nicht die Existenz »unvorstellbarer Götter«, da ich darüber nichts aussagen kann, wohl aber bestreite ich die Existenz der Götter, die sich Menschen gemeinhin vorstellen oder vorgestellt haben.

Aha! Und warum kritisierst du diese Vorstellungen?

Weil den »Göttern« Eigenschaften zugeschrieben wurden, die nicht in Einklang mit dem gebracht werden können, was wir über die Welt wissen.

Kannst du dafür ein Beispiel geben?

Nehmen wir das christliche Standardmodell: Christen glauben an einen allmächtigen, allwissenden, allgütigen Gott. Wenn ein solcher Gott die Welt erschaffen haben soll, dann muss man sich doch fragen, warum es so viel Leid und Ungerechtigkeit auf unserem Planeten gibt. Will der Christengott dieses Leid? Dann ist er nicht allgütig, sondern ein Sadist. Will er das Leid nicht, dann ist er nicht allmächtig, da er das Leid nicht beseitigen kann. Auf das sogenannte »Theodizee-Problem«, also die Frage der Rechtfertigung des gütigen Gottes angesichts der Übel in der Welt, haben die Theologen bislang keine befriedigende Antwort gefunden. Das ist selbst dem großen Universalgelehrten Gottfried Wilhelm Leibniz nicht geglückt, der das Theodizee-Problem in seiner modernen Fassung aufgeworfen hat. Allerdings muss man zugeben, dass Leibniz' Lösungsversuch zumindest originell war.

Wieso?

Nun, um den »lieben Gott« zu entschuldigen, versuchte Leibniz Argumente dafür zu finden, dass alle Übel bloß Teil eines umfassenden Guten seien. Davon ausgehend meinte Leibniz, dass wir in der »besten aller möglichen Welten« leben würden.

Wie bitte? Ich hab ja mittlerweile kapiert, dass Leibniz kein Butterkeks war, aber »einen an der Waffel« hatte der doch schon, oder? Angesichts der vielen schrecklichen Dinge, die Menschen und Tieren passieren, kann man doch nicht ernsthaft behaupten, dass wir in der »besten aller möglichen Welten« leben!

Das sah der französische Aufklärungsphilosoph Voltaire ganz ähnlich wie du. In dem satirischen Roman »Candide« ließ Voltaire seinen naiven Titelhelden von einer Katastrophe in die nächste schlittern, wobei dieser stets unverbesserlich daran festhielt, dass er in der »besten aller möglichen Welten« lebe. Über diese Leibniz-Parodie lachte im 18. Jahrhundert halb Europa. Wenig später hat Arthur Schopenhauer, der Meister des philosophischen Pessimismus, noch eins draufgesetzt und behauptet, wir lebten in der »schlechtesten aller möglichen Welten«. Wäre unsere Welt auch nur einen Hauch schlechter, meinte Schopenhauer, könne sie gar nicht mehr existieren.

Na, das scheint mir aber ebenfalls übertrieben zu sein! Ich kann mir sowohl eine Welt vorstellen, die besser ist, als auch eine Welt, die schlechter ist als die, in der wir leben. Doch mal was anderes: Sagen die heutigen Theologen nicht, dass all das Leid, das es auf der Erde gibt, gar nicht von Gott verursacht wurde, sondern von Menschen, die mit dem freien Willen nicht umgehen können? Demnach wäre nicht Gott schuld an dem ganzen Elend, sondern wir Menschen wären verantwortlich.

Ja, es gibt tatsächlich Theologen, die so argumentieren. Doch das Argument ist nicht stichhaltig. Denn wie will man es beispielsweise auf menschliche Willensakte zurückführen, dass ein kleines Kind an Leukämie erkrankt oder eine junge Mutter an Brustkrebs stirbt? Welche menschlichen Willensakte sollen dafür verantwortlich sein, dass ein Erdbeben ausbricht, das Tausende von Menschen unter sich begräbt? Und wie, um alles in der Welt, sollten wir uns das entsetzliche Leid erklären, das in der Natur schon vorherrschte, lange bevor unsere stolze Spezies auf diesem Planeten auftauchte? Denk nur an das Massenaussterben der Dinosaurier vor 65 Millionen Jahren! Was hatten sie verbrochen, dass sie in so kurzer Zeit ausgelöscht wurden? Denk an all die Tiere, die im Lauf der Evolution gefressen wurden, die verhungerten, verdursteten, erstickten, ertranken, verbrannten, innerlich verfaulten! Das Leid der Lebewesen schreit seit Jahrmillionen zum Himmel, aber es gibt keinerlei Anzeichen dafür, dass je irgendein »Gott« eingriff, um dieses Leid zu mindern.

Na ja, nach christlichem Verständnis hat »Gott« zumindest eine gewisse Form von Anteilnahme gezeigt...

Du meinst, weil er angeblich die Gestalt eines Menschen annahm, der vor 2000 Jahren gekreuzigt wurde?

Ich persönlich glaube das ja nicht, wie du weißt. Aber es ist doch nur fair, wenn wir diese uralte religiöse Vorstellung berücksichtigen. Christen glauben schließlich nicht nur, dass Gott die Welt inklusive aller Schmerzen erschaffen hat, sondern auch, dass er sich selbst diesen Schmerzen ausgesetzt hat.

Stimmt! Aber ändert das irgendetwas an dem Leid in der Welt? Fällt es leichter, zuzusehen, wie das eigene Kind qualvoll stirbt, wenn man überzeugt ist, dass »Gottes eingeborener Sohn« ebenfalls fürchterlich leiden musste? Sollte man von einem allmächtigen, allwissenden, allgütigen Gott nicht eine bessere Lösung erwarten dürfen? Ich zumindest finde es ziemlich absurd, an einen Gott zu glauben, der seine Schöpfung zuerst hoffnungslos verpfuscht und dann, gewissermaßen als Ausgleich für den verursachten Schaden, einen Teil seiner selbst ans Kreuz nageln lässt.

Ein Theologe würde jetzt wohl sagen, dass man Gottes Handlungen nicht mit menschlichen Maßstäben bewerten darf...

Richtig. Mit diesem Argument kann man sich ganz wunderbar aus der Affäre ziehen. Jede noch so verrückte Vorstellung lässt sich so verteidigen. Aber das sollten wir nicht zulassen! Denn wir haben ja keine andere Möglichkeit, als Behauptungen mit menschlichen Maßstäben zu bewerten, etwas anderes steht uns nicht zur Verfügung.

Weil wir die Welt nicht wahrnehmen können, wie sie losgelöst von unserer Wahrnehmung existiert.

So ist es. Deshalb können wir, wie wir festgestellt haben, auch nur über die »Welt für uns« sprechen. Und innerhalb dieser beschränkten Nische ist es auch durchaus möglich, zwischen sinnvollen und unsinnigen Aussagen zu unterscheiden.

Nämlich mithilfe von Logik und Empirie.

Exakt! Logik und Empirie haben sich als Instrumente der Wahrheitsfindung bestens bewährt und es gibt keinen vernünftigen Grund, warum wir plötzlich auf sie verzichten sollten, nur weil es um religiöse Fragestellungen geht!

Nun ja, viele Menschen glauben wohl, dass uns die Religionen »höhere Wahrheiten« bieten, die wir weder mit der Wissenschaft noch mit der Philosophie erfassen können.

Ich weiß, aber das verwundert mich immer wieder! Immerhin lagen die Religionen ja nachweislich bei vielen »einfachen Wahrheiten«, etwa der Frage nach dem Alter der Erde, ihrer Stellung im Sonnensystem oder der Entstehung des Menschen, kolossal daneben. Warum sollten sie ausgerechnet im Falle »höherer Wahrheiten« recht behalten? Wenn man weiß, dass nahezu alle Häuser, die ein Architekt erbaut hat, in sich zusammengebrochen sind, dann wird man doch nicht ausgerechnet *ihm* den Großauftrag zur Erbauung einer ganzen Siedlung anvertrauen, oder?

Bestimmt nicht. Aber so genau sind die meisten Menschen doch gar nicht informiert! Wer weiß denn schon darüber Bescheid, welchen Irrtümern die Religionen früher aufgesessen sind? Allerdings frage ich mich, ob das wirklich so wichtig ist. Denn die Vergangenheit ist ja vergangen, was für uns zählt, sind Gegenwart und Zukunft. Und da sieht es doch so aus, als ob die meisten Vertreter der Religionen aus ihren Fehlern gelernt haben, oder? Hat nicht selbst die katholische Kirche die Evolutionstheorie mittlerweile anerkannt?

Ja, so stand es in den Zeitungen, bei genauerer Betrachtung ist das aber nur die halbe Wahrheit!

Du willst mir doch nicht etwa erzählen, dass der Papst noch immer glaubt, dass die Erde vor ein paar Tausend Jahren entstanden ist, wie es in der Bibel steht!

Nein, die katholische Kirche erkennt heute offiziell an, dass es eine Jahrmillionen dauernde Evolution gab, die die heute lebenden Arten hervorbrachte. Außerdem akzeptiert die Kirche, dass Mensch und Schimpanse einen gemeinsamen Vorfahren haben, der vor etwa 6 Millionen Jahren lebte.

Na, dann ist doch alles gut!

Eben nicht! Denn die Kirche lehrt zudem, dass der Mensch nur »*körperlich*« aus der Evolution hervorgegangen sei. Seine »Seele« habe Gott jedoch separat dazu erschaffen. Und deshalb könne man die »höheren geistigen Fähigkeiten« des Menschen, unser psychisches Erleben, unsere Art zu denken, evolutionär auch gar nicht erklären.

Wie bitte? Das menschliche Gehirn ist aus der Evolution entstanden, aber nicht die Weise, wie wir denken und empfinden? Wie passt denn das zusammen?

Das müsstest du den Papst fragen! Nach allem, was wir wissen, ist es gar nicht möglich, Körper und Geist getrennt voneinander zu betrachten. Eine interessante Frage ist in diesem Zusammenhang übrigens, wann und wo der »liebe Gott« damit begann, Menschen eine separate Seele hinzuzufügen. Machte er das schon bei unserem frühen Vorfahren Australopithecus afarensis vor 4 Millionen Jahren oder erst bei Homo erectus vor 2 Millionen Jahren? Besaßen die Neandertaler schon »Seelen«? Und falls nicht: Was war mit den Kindern, die aus sexuellen Verbindungen von Homo neanderthalensis und Homo sapiens hervorgingen? Hatten die bloß »halbe Seelen«? Fragen über Fragen, auf die es keine vernünftigen Antworten gibt, da der gesamte Denkansatz absurd ist!

Aber das müssten die Leute im Vatikan doch auch wissen! Die sind doch nicht auf den Kopf gefallen! Warum bestehen sie darauf, dass Gott die »Seele« des Menschen separat von seinem Körper erschafft?

Weil sich das christliche Menschenbild nur auf diese Weise retten lässt. Es beruht schließlich auf der Annahme, dass wir Menschen »nicht nur von dieser Welt« sind, sondern einen »göttlichen Funken« in uns tragen, den das gemeine Trüffelschwein nicht besitzt.

Wir wollen halt etwas Besseres sein! Ist doch verständlich, oder? Ich glaube nicht, dass sich irgendjemand darüber wundert, dass Jesus nicht als Trüffelschwein geboren wurde, sondern als Angehöriger unserer Art.

Genau das ist aber das Problem: Wir nehmen uns als Spezies viel zu wichtig! Und das äußert sich in fast allen Religionen, die wir Menschen hervorgebracht haben. Sie sind bei genauerer Betrachtung Manifestationen eines kaum noch steigerungsfähigen *Größenwahns*. Wir mühsam aufrecht gehenden Affen bilden uns doch allen Ernstes ein, dass es im gesamten Kosmos letztlich *um uns* geht! Das ist so lächerlich, dass es mir schwerfällt, dafür auch nur halbwegs angemessene Worte zu finden.

Wie meinst du das?

Wie du weißt, gehen Christen, Juden und Muslime davon

aus, dass die Welt speziell für uns Menschen geschaffen wurde. Angeblich waren wir von Anfang an im »Schöpfungsplan« vorgesehen, da »Gott« uns »gewollt« hat. Das hat auch der aktuelle Papst mehrfach bekräftigt. Warte mal, irgendwo habe ich dazu ein Zitat… Ja, hier ist es: »Wir sind nicht das zufällige und sinnlose Produkt der Evolution. Jeder von uns ist Frucht eines Gedankens Gottes. Jeder ist gewollt, jeder ist geliebt, jeder ist gebraucht.« Das hat Benedikt XVI. an sehr prominenter Stelle gesagt, nämlich in seiner Predigt zur Amtseinführung als Papst.

Gut, und was stört dich daran?

Findest du nicht, dass sich in diesem Satz eine grandiose Selbstüberschätzung unserer Spezies ausdrückt? Stell dir nur mal die gigantischen Dimensionen des Universums vor! Die Sonne, um die wir uns drehen und ohne die es uns gar nicht gäbe, ist nur ein unauffälliger, mittelgroßer Stern am Rande der Milchstraße. Allein unsere Heimatgalaxie umfasst zwischen hundert und zweihundert Milliarden anderer Sterne. Daneben gibt es etwa hundert Milliarden weitere Galaxien, von denen jede viele Milliarden Sterne beheimatet. Und da bilden wir uns auf unserem klitzekleinen, blauen Planetchen ein, dass das alles nur *für uns* geschaffen wurde?!

Stimmt, das wäre schon eine ziemliche Platzverschwendung!

In der Tat! Wenn es im Universum tatsächlich *um uns* gehen sollte, dann hätte es völlig genügt, wenn der »liebe Gott« eine kleine Scheibe mit darüber gewölbtem Firmament erschaffen hätte – so wie sich die Verfasser des biblischen Schöpfungsberichts die Welt einst vorstellten.

Nun, man könnte sich ja vorstellen, dass »Gott« eine Vorliebe für die »größeren Dinge« hat und sich im Schaffensrausch mit einer kleinen, popeligen Heimatwelt für Menschen, Pflanzen und Tiere nicht zufriedengeben wollte. Ich gebe zwar zu, dass es schwerfällt, sich einzureden, dass ein »Gott« dieses gigantische Universum *für uns* geschaffen haben soll, aber 100-prozentig überzeugend finde ich dein Argument nicht!

Okay, vielleicht ist das folgende Argument einleuchtender (es ist eines meiner Lieblingsargumente gegen den Schöpfungsglauben): Wenn wir spaßeshalber dem Papst folgen und unterstellen, dass »Gott« den Menschen tatsächlich von Anfang an »gewollt« hat, so sehen wir uns unweigerlich mit der Frage konfrontiert, warum der »Allmächtige« zur Erreichung seines Ziels so viele seltsame Umwege eingeschlagen hat! Warum, bitte schön, erschuf er zunächst a) eine riesige Vielfalt von Dinosauriern, die über Jahrmillionen die Erde beherrschten, dann b) einen 10 Kilometer großen Asteroiden, den er auf deren Heimatplaneten einschlagen ließ, damit c) die Dinosaurier wieder aussterben, um so d) Platz zu schaffen für ein paar rattengroße Säugetiere, aus denen sich e) viele Millionen Jahre später die angebliche »Krone« seiner »Schöpfung« Homo sapiens entwickelte? Ich frage dich: Wie »intelligent« kann ein »Schöpfer« sein, der eine solch groteske Arbeitsweise an den Tag legt?! Keine noch so chaotische Grafikagentur, kein Fahrzeughersteller, keine Modefirma würde einen Designer mit einer derart verheerenden Kosten-Nutzen-Bilanz einstellen!

Das klingt wirklich absurd! Ein solches Vorgehen erinnert eher an Mr. Bean als an »Gott, den Allmächtigen«.

Das meine ich auch! Hätte »Gott« einen solch konfusen Schöpfungsplan verfolgt, wäre er kein Wesen, dem wir Allmacht und Allwissenheit zuschreiben würden, sondern ein unfreiwillig-komisches Beispiel für blinde Konzeptionslosigkeit. Doch wer mag schon an einen hochgradig verwirrten Schöpfergott glauben?

Der Papst sicherlich nicht! Obwohl ein hochgradig verwirrter Schöpfergott, wie ich finde, so einiges erklären würde, was auf der Erde geschieht...

Ja, vielleicht. Jedenfalls ist die Welt, in der wir leben, so unintelligent designed, so voller Pleiten, Pech und Pannen, dass sich der Glaube an einen intelligent vorgehenden Schöpfergott von selbst erübrigt.

Aber an einen hochgradig verwirrten, unintelligent vorgehenden Schöpfergott magst du doch sicherlich auch nicht glauben, oder? Nein, ich bin Naturalist. Das heißt: Ich unterstelle, dass es im Universum mit »rechten Dingen« zugeht, dass also weder »Götter« noch »Kobolde«, »Hexen«, »Elfen« oder »Dämonen« in die Naturgesetze eingreifen.

Das klingt vernünftig. Aber handelt es sich bei diesem »Naturalismus« nicht auch bloß um einen unhinterfragbaren Glaubenssatz, ein Dogma? Ich meine: Hast du den Glauben an »Gott« nicht einfach durch den Glauben an den Naturalismus ersetzt?

Nein, der Naturalismus ist kein Dogma, sondern eine *Arbeitshypothese*, also eine derzeit sinnvoll erscheinende Vermutung. Diese Vermutung können wir jederzeit wieder aufgeben, falls wir feststellen sollten, dass es im Universum doch nicht mit »rechten Dingen« zugeht.

Also ist auch dein Nicht-Glaube an Gott kein Dogma, sondern ebenfalls nur eine Hypothese, eine Vermutung?

Richtig. Ich glaube nicht dogmatisch an die Nicht-Existenz Gottes. Ich halte »Gott« bloß für eine schlechte Hypothese, die mehr Probleme erzeugt, als sie zu lösen vermag. Allerdings könnte sich diese Einschätzung natürlich ändern: Sollte ich einmal gute Belege für die Existenz des christlichen Gottes entdecken, würde ich möglicherweise schon am nächsten Tag wieder in die Kirche eintreten. Dergleichen ist mir aber bislang nicht unter die Augen gekommen, und ich vermute, dass es wahrscheinlich auch dabei bleiben wird.

Was wäre denn ein guter Beleg für die Existenz des christlichen Gottes?

Nun ja, falls dieser Gott wirklich existieren sollte und mit uns kommunizieren wollte, wie Gläubige immer wieder behaupten, so dürfte ihm das als einem »allmächtigen Wesen« doch nicht besonders schwerfallen, oder? Er könnte beispielsweise in der UN-Versammlung eine flammende Rede in Gestalt des brennenden Dornbuschs halten oder in riesigen, unauslöschlichen Lettern an den Himmel schreiben: »Liebe Geschöpfe, hier spricht Gott: Es gibt mich wirklich! Glaubt an mich und alles wird gut!« Was aber tut er stattdessen? Er lässt angeblich einen Teil seiner selbst von einer historischen Besatzungsmacht am Kreuz hinrichten und meint, dass die Leute daraus schon die richtigen Schlüsse ziehen werden. Der »Gottesmutter« Maria gibt er den Auftrag, an irgendwelchen abgelegenen Orten kleinen Hirtenmädchen zu erscheinen, statt sich vor der Weltöffentlichkeit, etwa bei den Eröffnungsfeierlichkeiten der olympischen Spiele, zu zeigen. Also: Was, um alles in der Welt, soll dieses kindische Versteckspiel? Würde ich an einen solchen Gott glauben, käme ich mir doch reichlich verschaukelt vor! Zumindest würde ich meinen Schöpfer eindringlich darum bitten, seinen PR-Berater zu wechseln, denn die bisherige Kommunikationsstrategie, die »Gott« gegenüber seinen Geschöpfen wählte, zeugt nicht gerade von hoher Professionalität.

Wie ich sehe, läufst du bei diesem Thema zur Hochform auf! Aber lass uns noch mal etwas ernster über die Dinge diskutieren, okay? Du hast eben gesagt, dass die Hypothese Gott mehr Probleme erzeugt, als sie lösen kann. Welche Probleme meinst du damit?

Da sind zunächst einmal die Probleme der Weltdeutung: Das Universum, das wir kennen, hat genau die Eigenschaften, die zu erwarten sind, wenn sich dahinter kein göttlicher Heilsplan verbirgt, sondern nur das blinde Wechselspiel von Zufall und Notwendigkeit. Fügen wir »Gott« in unsere Weltgleichungen ein, geraten wir sofort in schwere Erklärungsnöte, da wir nirgendwo das Wirken einer »höheren Kraft« entdecken können, die in die Naturgesetze eingreift. Wenn wir dieser »höheren Kraft« zusätzlich auch noch Eigenschaften wie Allmacht, Allwissenheit und Allgüte zuschreiben, wird es völlig unverständlich, warum die Welt so ist, wie sie ist, vor allem, warum es so viel Leid in ihr gibt.

Ja, darüber hatten wir schon im Zusammenhang mit dem Theodizee-Problem gesprochen.

Richtig. Ein anderes Problem der Gotteshypothese sind die
negativen ethischen und politischen Konsequenzen, die
sich aus ihr häufig ergeben: Bekanntlich wurde das Konstrukt »Gott« in der menschlichen Geschichte immer wieder
zur Legitimation von Herrschaft genutzt. Weltliche und religiöse Herrscher beriefen sich in unschöner Regelmäßigkeit
auf den »Allmächtigen«, wenn es darum ging, ihre macht-
politischen Interessen durchzusetzen. Beispiele dafür gibt
es zuhauf: »Gott will es!«, riefen nicht nur die christlichen
Kreuzzügler, die im »Heiligen Land« ein Blutbad anrichte-
ten. Auch die Nazis marschierten mit dem Spruch »Gott
mit uns!« in den Krieg.

Das betrifft aber nicht nur die Vergangenheit, oder? Wie erklärst
du dir, dass die Berufung auf Gott noch immer so beliebt ist?
Ich denke da zum Beispiel an muslimische Selbstmordattentat-
täter. Die werden ja auch mit dem Hinweis zum Tatort geschickt,
dass Gott dieses Opfer von ihnen erwartet.

Im Grunde ist das doch eine geniale Herrschaftsstrategie!
Wäre ich ein zynischer Tyrann, so würde ich sie auch anwenden: »Ich, Herrscher von Gottes Gnaden, berufe mich
auf die allergrößte Macht im Universum, wohl wissend
dass sich diese Macht gegen meine Vereinnahmung niemals wehren wird, da sie mit an Sicherheit grenzender
Wahrscheinlichkeit gar nicht existiert!«

Meinst du, dass diejenigen, die sich auf »Gott« berufen haben,
in Wahrheit gar nicht an »Gott« glaubten?

Nein, das wäre zu einfach gedacht. Es gab sicherlich Herrscher, die das Konstrukt »Gott« aus reinem Machtkalkül ge-
brauchten, die meisten aber dürften geglaubt haben, was sie
verkündeten, sonst hätten sie ihre Untergebenen kaum beeindrucken können. Gute Schauspieler gibt es selten – auch
in der Politik...

Warum sind wir denn so anfällig für derartige Machtstrategien?

Das hat wohl damit zu tun, dass wir Primaten sind, die mitunter dazu neigen, sich nach ziemlich affigen Rollenmustern zu verhalten. Würde ein außerirdischer Primatenforscher die Erde besuchen, so würden ihm wahrscheinlich schnell die Parallelen zwischen einer Schimpansenhorde und einem Gottesdienst auffallen. Falls ihm das Konzept »Gott« unbekannt wäre, würde er »Gott« als »imaginäres Alphamännchen« beschreiben, das die Menschen mit allerlei Demutsgebärden besänftigen, weil sie sich einbilden, dass der »jenseitige Silberrücken« ihnen möglicherweise einmal aus der Klemme hilft, wenn Gefahr droht.

Jetzt übertreibst du aber!

Ganz und gar nicht! Schau dir doch die menschlichen Kulturen an: Welche Vorteile hat denn derjenige, der es versteht, den Eindruck zu erwecken, dass er einen besonders guten Draht zum »imaginären Alphamännchen über den Wolken« besitzt? Nun, in den meisten Fällen kann er dadurch seine Stellung innerhalb der menschlichen Säugetierhierarchie aufbessern! Bei unseren nächsten Verwandten, den Schimpansen, ist das ganz ähnlich: Auch da können rangniedrige Individuen in der Hierarchie aufsteigen, indem sie sich mittels Schmeichelei und Demutsgebärden günstig zum dominanten Alphatier stellen. Zugegeben: Kein Affe mit Verstand würde sich von einem imaginären, also bloß eingebildeten Alphamännchen beeindrucken lassen, aber dafür sind wir Menschen ja auch die »Krone der Schröpfung«...

So, jetzt hast du aber genug gelästert! Gibt es denn überhaupt keine Gottesvorstellungen, die du halbwegs akzeptieren kannst?

Doch, selbstverständlich! In allen Religionen gibt es mystische Traditionen, die »Gott« nicht als eine Person mit spezifischen Eigenschaften begreifen, sondern als »All-Einheit des Ganzen«. Einem solchen unpersönlichen, unvorstellbaren und daher »mystischen (geheimnisvoll verborgenen) Gott« kann man keine spezifischen Eigenschaften zuschreiben, da sich in ihm alle Eigenschaften vereinigen. Er steht nicht *außerhalb* der Natur, sondern ist *eins* mit der Natur in all ihren Erscheinungsformen! Arthur Schopenhauer meinte allerdings, dass ein solcher »Pantheismus«, der »Gott« mit dem Kosmos gleichsetzt, im Grunde nur eine höflichere Form des Atheismus sei.

Warum denn das?

Ganz einfach: Ein »Gott«, der *überall* ist, der ist zugleich auch *nirgendwo*! Er ist Bestandteil jeder Kirche, jeder Moschee, jeder Synagoge, aber auch jedes Bordells, jeder Schwulen-sauna, jedes Gottlosen-Stammtischs. Er ist auf der Venus ebenso zu Hause wie auf dem Mars, in einer Sonnenblume wie in einer Giftspritze. Auf einem solchen »Gott« lässt sich keine Religion mehr aufbauen, keine Predigt, keine Dogmen, keine Gebote und Verbote. Wahrscheinlich ist dies der Grund dafür, warum die Mystiker aller Religionen so viel Verfolgung erleiden mussten. Ich denke da zum Beispiel an Giordano Bruno. Er ging schon vor über 400 Jahren davon aus, dass das Universum unendlich ist, dass weder die Erde noch die Sonne im Zentrum des Kosmos stehen, dass Leben nicht nur auf der Erde, sondern auch auf anderen Planeten existiert. Brunos »Gott« war so unendlich wie das Universum, weshalb er sich über die Vorstellung amüsierte, dass sich »Gott« ausgerechnet in Gestalt eines Menschen inkarniert habe. Für derart ungebührliche Gedanken wurde Giordano Bruno im Jahr 1600 nach sieben finsteren Kerkerjahren auf dem Scheiterhaufen der »Heiligen Inquisition« verbrannt.

Was du über Giordano Bruno sagst, klingt ziemlich modern.

Ja, heute wissen wir, dass Bruno tatsächlich in vielen Punkten richtiglag. Doch zu seiner Zeit konnte dies kaum jemand akzeptieren. Er war seinem Zeitalter zu weit voraus! Du siehst: Nicht nur, wer zu *spät* kommt, auch, wer zu *früh* kommt, den bestraft das Leben...

»Wenn die Pferde Götter hätten, sähen sie wie Pferde aus!«
Diese Erkenntnis wird dem frühen griechischen Philosophen
und Dichter **Xenophanes von Kolophon** (570–470) zugeschrieben. Er hatte sich über die seltsame Menschenähnlichkeit der
»Götter« gewundert, vor allem darüber, dass die Götter der
dunkelhäutigen Äthiopier schwarz und die Götter der hell-
häutigen Thraker (indogermanisches Volk der Antike) blau-
äugig und rothaarig waren. Xenophanes wollte zwar noch nicht
so weit gehen, die Existenz der Götter gänzlich anzuzweifeln,
wohl aber bestritt er die Fähigkeit des Menschen, irgendetwas
Sinnvolles über die Götter aussagen zu können.

Eine ähnliche Position vertrat der griechische Philosoph
Protagoras (490–411), von dem der berühmte Satz stammt,
dass »der Mensch das Maß aller Dinge« sei. Damit meinte Protagoras nicht, dass wir uns »die Erde untertan« machen sollten, wie es in der Bibel steht, sondern vielmehr, dass wir uns
unserer eigenen Beschränktheit bewusst sein sollten. In seiner
berühmten Abhandlung »Über die Götter« erklärte Protagoras:
»Was die Götter angeht, so ist es mir unmöglich, zu wissen, ob
sie existieren oder nicht, noch, was ihre Gestalt sei. Die Kräfte,
die mich hindern, es zu wissen, sind zahlreich, und auch ist
die Frage verworren und das menschliche Leben kurz.«

Erst zweieinhalb Jahrtausende später wurde für diese kluge,
bescheidene Denkhaltung ein passender Begriff geprägt: »Agnostizismus« (vom griechischen Wort »a-gnoein« = »nicht wissen, unbekannt, unerkennbar«). Das Wort stammt von dem
britischen Biologen **Thomas Henry Huxley** (1825–1895), dem
wohl wichtigsten Mitstreiter Charles Darwins, der wegen seines kämpferischen Einsatzes für die Evolutionstheorie den Beinamen »Darwins Bulldogge« erhielt. Huxley zeigte auf, dass
einige Sachverhalte – etwa die Frage nach der Existenz jenseiti-
ger Götter – prinzipiell nicht geklärt werden können und dass
ernsthafte Wissenschaftler gut beraten sind, sich nicht im Besitz »sicheren Wissens« zu wähnen (siehe hierzu die Anmer-
kungen im vorangegangenen Kapitel). Allerdings vertrat »Dar-

wins Bulldogge« keinen »Agnostizismus der Feigheit«, der sich aus purer Bequemlichkeit vor der Klärung unangenehmer Fragen drückt. Wahrscheinlich hätte Huxley seinem »Nachfolger im Geiste«, dem britischen Evolutionsbiologen **Richard Dawkins** (*1941), applaudiert, als dieser erklärte, dass – aller agnostischen Vorsicht zum Trotz! – die Existenz des christlichen Gottes in etwa so (un)wahrscheinlich ist wie die Existenz der »Zahnfee«.

Wenige Jahre vor Huxleys Ausformulierung des »Agnostizismus« entwickelte der deutsche Philosoph **Ludwig Feuerbach** (1804–1872) einen philosophischen Ansatz, der ebenfalls auf einen Gedanken des Xenophanes zurückgreift, nämlich die Vermutung, dass die »Götter« bloß Projektionsflächen menschlicher Vorstellungen und Wünsche sind. Wie Feuerbach zeigte, haben wir allen Grund dazu, den zentralen Satz der biblischen Schöpfungsgeschichte umzudrehen: Demnach hat nicht »Gott« den Menschen nach seinem »Ebenbilde« erschaffen, sondern umgekehrt: *Der Mensch erschuf Gott nach seinem Bilde!*

Das dachte auch **Karl Marx** (1818–1883), der als Gesellschaftskritiker seinen Schwerpunkt auf die gesellschaftliche Funktion des Glaubens legte. Nach Marx ist das religiöse Versprechen des »illusorischen Glücks des Volkes« nur deshalb so erfolgreich gewesen, weil (unter den gegebenen gesellschaftlichen Bedingungen) ein »wirkliches Glück des Volkes« ausgeschlossen war. In diesem Zusammenhang formulierte Marx die wohl berühmtesten religionskritischen Zeilen der modernen Philosophiegeschichte: »Die Religion ist der Seufzer der bedrängten Kreatur, das Gemüt einer herzlosen Welt, wie sie der Geist geistloser Zustände ist. Sie ist das Opium des Volks.«

Als Karl Marx diese Zeilen schrieb, konnte er nicht ahnen, dass sich seine eigene Lehre im 20. Jahrhundert zu einer fundamentalistischen Politreligion mit weltweitem Missionsbestreben entwickeln würde. Nach der Oktober-Revolution in Russland (1917) wurden seine Werke in den Rang »Heiliger Schriften« erhoben, aus denen kommunistische Parteipriester mit gleicher Inbrunst predigten wie einst die Bischöfe aus der Bibel. An der »Wahrheit« des Marxismus-Leninismus durfte im Herrschaftsgebiet dieses Glaubens ebenso wenig gezweifelt werden wie am Wahrheitsanspruch der mittelalterlichen Kirche. Dafür sorgte nicht zuletzt ein ganzes Heer kommunistischer Inquisitoren, das jeden Kritiker mit erbarmungsloser Härte zur Rechenschaft zog. »Ketzer«, die die »herrschende Meinung« infrage stellten, mussten nicht nur zu Giordano Brunos Zeiten um ihr Leben bangen.

Die verhängnisvolle Entwicklung der »Marxismen« (die mit Marx oft sehr wenig zu tun hatten und sich gegenseitig mitunter bis aufs Blut bekämpften) zeigt eindrucksvoll, dass der Atheismus (die Ablehnung des Gottesglaubens) dem Theismus (dem Glauben an »Gott« bzw. »Götter«) nicht *notwendigerweise* überlegen ist. Denn ob mit oder ohne »Gott«: Solange Menschen meinen, es gäbe »heilige«, d. h. für alle Zeiten unantastbare Aussagen, zu denen geistige oder politische Führer privilegierten Zugang haben, so lange sind Probleme vorprogrammiert. Das wussten die vorsokratischen Philosophen allerdings schon vor zweieinhalbtausend Jahren! Es wäre an der Zeit, dass sich dies langsam auch mal herumspricht ...

Gibt es ein Leben nach dem Tod?

Ich habe das Gefühl, dass wir in unserem Gespräch über »Gott« etwas Wesentliches übersehen haben, nämlich die Frage nach einem Leben nach dem Tod! Ist es denn nicht so, dass viele Menschen nur deshalb an einen »Gott« glauben, weil sie es nicht akzeptieren können, sterben zu müssen? Und ist nicht diese Angst vor dem Tod und die Ungewissheit, ob danach nicht vielleicht doch noch etwas kommt, ein wesentlicher Grund dafür, dass so viele Menschen ihren Halt in der Religion suchen?

Das ist eine interessante Frage. Sie erinnert mich an eine Stelle in dem Buch »Confessiones« des »Kirchenvaters« Augustinus, die ich vor Kurzem noch einmal gelesen habe. Du musst wissen, dass Augustinus vor seiner Bekehrung zum Christentum ein ziemliches »Lotterleben« geführt hatte. In seinen »Bekenntnissen« berichtet er recht freimütig davon – und auch von dem Grund, warum er sich von der »fleischlichen Lust« letztlich verabschiedete. »Nichts hielt mich vom tiefern Abgrund der fleischlichen Lust zurück«, schrieb er, »als Furcht vor dem Tode und vor dem Gerichte. In dieser Furcht besprach ich mich mit meinen Freunden über das höchste Gut und das größte Übel, und hätte dabei dem griechischen Philosophen Epikur, der im Vergnügen das höchste Gut fand, den Preis zuerkannt, wenn ich nicht an ein anderes Leben und an eine Vergeltung nach dem Tode gedacht hätte, was Epikur leugnete.«

Genau das ist es, was ich meine! Der Gedanke an ein »anderes

Leben« nach dem Tod bringt viele dazu, sich doch noch, trotz aller Zweifel, zu irgendeiner Religion zu bekennen. Die Vorstellung einer »Vergeltung« ist aber heute nicht mehr so sehr in Mode, oder?

Na ja, für Westeuropa trifft dies zu, aber in den meisten anderen Teilen der Welt ist die Vorstellung einer wie auch immer gearteten »Vergeltung nach dem Tode« stark verbreitet. Das gilt übrigens nicht nur für den afrikanischen Kontinent, Südamerika und den Nahen Osten. Auch in den USA glaubt die Mehrheit der Bevölkerung noch an die reale Existenz von »Hölle« und »Teufel«.

Ehrlich? Das kann ich mir gar nicht vorstellen!

Das liegt daran, dass du in einem weitgehend säkularisierten, d. h. »verweltlichten« Land aufgewachsen bist! Die meisten Menschen in Deutschland nehmen, wenn sie denn überhaupt noch einer Konfession angehören, ihre Religion nicht mehr so tödlich ernst. Vor wenigen Jahrzehnten sah das noch ganz anders aus: Da hatten die Menschen tatsächlich noch Angst, nach ihrem irdischen Leben mit ewigen Höllenqualen bestraft zu werden. Frag mal Leute aus der Generation deiner Großeltern!

Okay, aber heute haben wir das doch weitgehend überwunden, oder?

Ja. Für die meisten Menschen hat die Höllendrohung mittlerweile ihren Schrecken verloren. Selbst Priester und Theologen sprechen hierzulande oft nur noch einen »frommen Dialekt«, der zwar religiös klingt, es aber eigentlich gar nicht mehr so meint. So sagte der ehemalige Vorsitzende der Evangelischen Kirche Deutschlands, Wolfgang Huber, in einer Talkshow, dass die Hölle zwar existiere, aber »leer« sei. Solche Aussagen klingen sympathisch, sind aber für die Glaubensfestigkeit der Kirchenmitglieder nicht unproblematisch.

Warum?

Weil ein »Gott«, der so nett ist, dass er keiner Fliege mehr etwas zuleide tut, im Leben der Menschen keine allzu große Rolle mehr spielt! Der Glaube an einen »netten Kumpel-Gott«, der mir alles verzeiht, was ich tue, mag vielleicht ein wohliges Gefühl in der Magengegend erzeugen, wird mich aber nicht dazu bringen, mich Glaubensregeln zu unterwerfen, deren Sinn ich nicht ohnehin akzeptiere. Warum sollte beispielsweise ein homosexuell veranlagter Mensch darauf verzichten, seinen sexuellen Neigungen nachzugehen, wenn dies keine Folgen für ihn und seine Sexualpartner hat? Wenn Menschen sich derartigen Glaubensregeln unterwerfen, dann nur, weil sie mit »Kosten« rechnen, die sie im Falle von Regelübertretungen zahlen müssen. Nicht umsonst werden die Höllenstrafen in Bibel und Koran so drastisch formuliert.

Klingt einleuchtend! Wenn ich sehr viel zu verlieren habe, dann werde ich mich natürlich ganz besonders am Riemen reißen. Ich werde versuchen, all die schönen, aber verbotenen Dinge nicht zu tun, weil ich Angst habe, ewig in der Hölle zu schmoren.

So ist es. In dem Zusammenhang fällt mir die berühmte »Pascalsche Wette« ein. Hast du schon mal was davon gehört?

Pascalsche Wette? Nee, nicht, dass ich wüsste...

Also: Blaise Pascal war ein brillanter, französischer Mathematiker, Physiker und Philosoph des 17. Jahrhunderts. Er gilt unter anderem als einer der Väter der Wahrscheinlichkeitsrechnung. Allerdings war Pascal auch ein sehr, sehr frommer Mann, der glaubte, für seine Frömmigkeit einen mathematisch überzeugenden Grund gefunden zu haben: Er meinte, dass derjenige, der auf Gott und das ewige Leben wette, nur gewinnen könne, während ein Ungläubiger notwendigerweise auf der Verliererstraße lande.

Wieso? Das verstehe ich nicht.

Nun, Pascal berechnete vier Gewinn-und-Verlust-Konstellationen für Gläubige und Ungläubige. Erste Möglichkeit: Du glaubst an Gott, und der existiert wirklich. In diesem Fall wird dein Glaube durch ewige Glückseligkeit im Himmel belohnt, du gewinnst also den großen »Jackpot im Jenseits«! Das wäre nach Pascal ein klarer Pluspunkt für den Glauben: Es steht also 1:0.

Gut, das klingt einleuchtend.

Zweite Möglichkeit: Du glaubst an Gott, aber der existiert nicht! Bei dieser Konstellation hättest du dich zwar geirrt, aber als Tote würdest du davon gar nichts mitbekommen und somit auch nichts verlieren. Es bleibt also beim 1:0 für den Glauben.

Klingt auch vernünftig.

Dritte Möglichkeit: Du glaubst nicht an Gott, und der existiert tatsächlich nicht! Nun hättest du mit deiner Einschätzung zwar richtiggelegen, aber wiederum würdest du als Tote davon nichts mitbekommen. Somit steht es weiterhin 1:0.

Korrekt.

Vierte und letzte Möglichkeit: Du glaubst nicht an Gott, aber der existiert doch! In diesem Fall hättest du die große Verliererkarte gezogen, denn für einen solch ungebührlichen Unglauben würdest du, da war sich Pascal sicher, mit ewigen Höllenqualen bestraft werden. Ein dickes Eigentor für den Ungläubigen! Fazit: Die Partie endet mit einem klaren 2:0 für den Gottesglauben. Deshalb, so Pascal, sei es nur vernünftig, an Gott zu glauben, selbst wenn dessen Existenz noch so unwahrscheinlich wäre!

Wow! Wer hätte das gedacht? Das wirkt im ersten Moment wirklich überzeugend, oder?

Ja, die »Pascalsche Wette« hat viele beeindruckt. Bei genauerer Betrachtung zeigt sich allerdings, dass Pascals Rechnung voller Fehler ist.

Ach ja? Welche Fehler meinst du?

Das Problem beginnt schon bei der unzulänglichen Definition der Ausgangsbedingungen, die der Wette zugrunde liegen. Pascal setzte einfach voraus, dass man »Gott« mit dem Gottvater der christlichen Überlieferung gleichsetzen müsse. Aber der christliche Gott ist bekanntlich nur *eine* von unzähligen Gottesvorstellungen, die unsere Spezies im Verlauf ihrer Geschichte entwickelt hat. Warum sollte ausgerechnet *diese* Gottesvorstellung als Ausgangsbedingung für die Wette herangezogen werden? Alternativ könnte man ebenso gut vom hinduistischen Polytheismus (Vielgötterglaube) ausgehen, was zu einem 0:0-Unentschieden zwischen Christen und Ungläubigen führen würde. Schließlich dürfte es den Hindugöttern Brahma, Shiva und Vishnu ziemlich schnuppe sein, ob man zeitlebens an die Auferstehung eines jüdischen Wanderpredigers (Jesus) glaubte oder nicht.

Vermutlich.

Man könnte sogar – und zwar mit dem gleichen Recht, mit dem Pascal die Existenz des christlichen Gottes voraussetzte – die Existenz eines *antichristlichen Gottes* annehmen, der sich einen Spaß daraus macht, Atheisten ins Himmelreich und Christen in die Hölle zu befördern. Und schon wären Pascal, Benedikt XVI. & Co. mit 0:2 ganz böse auf der Verliererstraße.

Hahaha! Das klingt zwar einigermaßen seltsam, aber du hast natürlich recht: Logisch ist auch das möglich...

Was Pascal außerdem in seiner Rechnung völlig unterschlug, sind die Kosten, die durch den Glauben im irdischen Leben entstehen können. Nur deshalb konnte er ja behaupten, dass der Gläubige nichts verliere, wenn Gott nicht existiere.

Welche Kosten hat der Glaube denn?

Nehmen wir das Beispiel des homosexuellen Gläubigen: Wenn er seine Neigungen aufgrund seines Glaubens unterdrückt, nimmt er sich die Chance, sexuelle Erfüllung in seinem Leben zu finden. Das sind durchaus erhebliche Kosten, die wir in unsere Rechnung einkalkulieren müssen! Ein anderes Beispiel sind diejenigen, die sich selbst martern, weil sie meinen, auf diese Weise dem gekreuzigten

»Messias« besonders nahezukommen. Blaise Pascal selbst lieferte einen traurigen Beleg dafür, wie kostenintensiv der Gottesglaube im Extremfall sein kann. Denn er war nach einem religiösen Erweckungserlebnis so besessen von der Idee, dem gekreuzigten »Heiland« nachzufolgen, dass er im »Siechtum« den »Naturzustand eines Christen« zu erkennen glaubte. Erst im Siechtum, so Pascal, sei der Mensch so, »wie er immer sein sollte«.

Auweia!

Tragischerweise gehörte Pascal nicht zu jener Sorte Christen, die öffentlich Wasser predigen und heimlich Wein saufen. Nein, er meinte es tödlich ernst! Seine streng asketische Lebensweise dürfte nicht unwesentlich dazu beigetragen haben, dass Pascal schon im Alter von 39 Jahren starb. Friedrich Nietzsche kommentierte dies zwei Jahrhunderte später mit den Worten: »Man soll es dem Christentum nie vergeben, dass es solche Menschen wie Pascal zugrunde gerichtet hat.«

Verstehe: Der arme Kerl opferte sein gutes Leben im Diesseits für ein höchst unsicheres Leben im Jenseits. Das klingt nicht so vernünftig, wie er dachte.

Nein. Außerdem möchte ich bestreiten, dass der Glaube an Himmel und Hölle überhaupt ein guter Grund sein kann, sich dem christlichen Gott zu unterwerfen.

Wieso?

Nehmen wir an, Himmel und Hölle existierten tatsächlich in der Weise, wie Pascal sich das vorstellte: Wäre es unter diesen Umständen wirklich gerechtfertigt, zu Kreuze zu kriechen, um in den Himmel zu gelangen, während der Rest der Menschheit im ewigen Feuer gebraten wird? Ganz sicher nicht! Ein solches Mitläufertum ließe sich ethisch gar nicht legitimieren! Die Höllenandrohung, die Pascal als schlagkräftiges Argument *für* den Glauben wertete, liefert im Grunde das beste Argument *gegen* einen solchen Glauben: Denn einer Religion, die mit ewigem Höllenfeuer droht, darf man sich als ethisch denkender Mensch gar nicht unterwerfen. Das ist sicher ein wesentlicher Grund dafür, warum moderne Theologen heute auf die Idee der ewigen Verdammnis verzichten. Es ist ihnen oft sogar peinlich, wenn man sie darauf hinweist, dass Jesus im Neuen Testament immer wieder mit dem Höllenfeuer droht, mit dem »Ofen«, in den die »Sünder« geworfen werden und in dem sie ewig brennen müssen.

Ach, das ist nicht bloß eine Erfindung der Kirche? Jesus selbst droht mit dem ewigen Feuer nach dem Tod?

Ja, so steht es mehrfach in der Bibel. Das wird heutzutage aber nur noch selten gepredigt. Denn natürlich wissen moderne Theologen, dass eine Drohung mit ewigen Qualen auf aufgeklärte Menschen nicht nur unglaubwürdig wirkt, sondern auch unethisch. Schließlich kann kein Verbrechen so schlimm sein, dass es angemessen ist, dafür eine ewige Strafe zu verhängen!

Okay: Lassen wir die Höllenandrohung jetzt mal aus dem Spiel. Sie ist ja, wie du gesagt hast, hierzulande ohnehin nicht mehr von allzu großer Bedeutung. Viel wichtiger ist den Menschen doch die positive Seite der Medaille: das Versprechen einer ewigen Glückseligkeit nach dem Tod! Ist das nicht eine echte Trumpfkarte der Religion?

Nun ja, auch da bin ich skeptisch: Du kennst doch das Sprichwort »Nichts ist schwerer zu ertragen als eine Reihe von guten Tagen«, oder? Nun multipliziere mal »eine Reihe von guten Tagen« mit dem Faktor »Unendlichkeit«! Das Ergebnis würde uns nicht gefallen. Wir würden uns, wenn wir nicht sterben könnten, zu Tode langweilen. Selbst wenn wir im Jenseits Tag für Tag neue Leute kennenlernen würden, wenn uns im Paradies die wüstesten Orgien erlaubt wären etc., spätestens nach einer Million oder einer Milliarde Jahren würde sich alles wiederholen. Die Schriftstellerin Esther Vilar hat dazu ein amüsantes Buch mit dem Titel »Die Schrecken des Paradieses« geschrieben. Ihr Fazit: Wenn wir – entgegen aller Wahrscheinlichkeit – je in die Zwangslage kommen sollten, zur Rechten Gottes zu sitzen, würden wir unseren Schöpfer nach all den Jahren himmlischer Langeweile auf Knien darum bitten, uns endlich vom zermürbenden Fluch der Unsterblichkeit zu erlösen! Die letzte Trumpfkarte des Christentums, das »ewige Leben«, ist also, wenn man es sich etwas genauer überlegt, ein »Schwarzer Peter«. Denn wir Menschen sind nicht so gestrickt, dass wir ein ewiges Leben ohne Höhen und Tiefen ertragen könnten. Es ist gerade die *Endlichkeit unserer Existenz*, die dem Leben seine Würze gibt! Besäßen wir ein »ewiges Leben«, das wir nicht verlieren könnten, wäre unser Dasein öd und leer.

So habe ich das noch gar nicht gesehen. Allerdings denke ich bei der Frage nach einem »Leben nach dem Tod« auch weniger an den »christlichen Himmel« als an Wiedergeburten. Da taucht das Problem der ewigen Langeweile doch gar nicht auf, da man immer wieder von Neuem anfängt. Ist das nicht eine schöne Vorstellung?

Ich weiß nicht: Würdest du denn gerne als Kellerassel wiedergeboren werden? Oder als Bandwurm? Oder hättest du Spaß daran, tausend Mal hintereinander als Kind den Satz des Pythagoras büffeln zu müssen?

Äh, nein ...

Siehst du! Wenn man unterstellt, dass man tatsächlich wiedergeboren würde und dabei Teile seiner Persönlichkeit beibehält, so ist auch dies keine angenehme Vorstellung! Deshalb streben Hindus und Buddhisten, die an Wiedergeburt glauben, auch gar nicht danach, wiedergeboren zu werden, sondern vielmehr aus dem »ewigen Kreislauf der Wiedergeburten« erlöst zu werden und in Brahman, der hinduistischen Weltseele, beziehungsweise im buddhistischen Nirwana aufzugehen.

Ihr Ziel als Gläubige ist es also nicht, nach dem Tod weiterzuleben, sondern vielmehr als »Ich« gar nicht mehr zu existieren?

So ist es. Und in diesem Punkt haben wir Naturalisten, wie ich meine, einen klaren Vorteil: Denn wir müssen ganz bestimmt keine komplizierten religiösen Rituale praktizieren, um »Wiedergeburten« zu verhindern. Wir gehen stattdessen den Weg des »Instant Nirwana«, denn wir wissen: Wenn wir tot sind, dann sind wir tot – und es kommt für uns nichts hinterher.

Wie kannst du dir denn da so sicher sein?

Wie du weißt, maße ich mir nicht an, im Besitz »absoluten, sicheren Wissens« zu sein. Aber: Wenn wir alle Fakten, die wir kennen, logisch miteinander kombinieren, dann wird klar, dass ein individuelles Weiterleben nach dem biologischen Tod um keinen Deut wahrscheinlicher ist als die reale Existenz von Spiderman, der Zahnfee oder des Spaghettimonsters!

Warum?

Weil unsere Persönlichkeit von der neuronalen Struktur unseres Gehirns abhängt. Losgelöst vom Gehirn gibt es kein Ich! Deshalb bedeutet das Ende der biologischen Funktionstüchtigkeit des Gehirns notwendigerweise auch das Ende unserer Existenz als Person.

Da gibt es keinen vernünftigen Zweifel?

Nein, zumindest nicht auf der Basis unseres heutigen Kenntnisstandes – und etwas anderes steht uns nicht zur Verfügung! Die Vorstellung, dass der »Geist« in irgendeiner Weise unabhängig vom Körper existieren könnte, war in unserer kulturellen Entwicklung zwar weit verbreitet, aber es handelt sich dabei mit an Sicherheit grenzender Wahrscheinlichkeit bloß um eine Illusion. Man kann sich das recht gut am Beispiel von Menschen verdeutlichen, deren Gehirne aufgrund von Unfällen, Erkrankungen oder genetischen Fehlentwicklungen geschädigt sind. Menschen, die beispielsweise an der »Alzheimer-Krankheit« im fortgeschrittenen Stadium leiden, sind nicht mehr diejenigen, die sie zuvor waren. Ihre Persönlichkeit, also das, was sie als Individuen einmal ausgemacht hat, erlischt noch vor dem Ende ihrer biologischen Existenz. Und da muss man sich doch fragen: Wenn schon das Absterben einiger Neuronen, wie im Fall von Alzheimer, dazu führt, dass die Persönlichkeit eines Menschen verloren geht, wie, um alles in der Welt, sollte diese Persönlichkeit erhalten bleiben, wenn infolge des Hirntods sämtliche Neuronen absterben?!

Du hast recht: Das ist nicht sonderlich wahrscheinlich! Heißt das also, dass wir die Vorstellung eines Lebens nach dem Tod aufgeben sollten?

Ich denke: ja! Wir sollten uns da keinen Illusionen hingeben. Und das dürfte auch mit einigen sehr positiven Konsequenzen verbunden sein: Denn wenn es überhaupt so etwas gibt wie einen »Stein der Weisen«, dann ist es der Grabstein.

Klingt erst mal beeindruckend, aber was meinst du damit?

Wenn wir uns bewusst machen, dass unser Leben endlich ist, dann werden wir diesem *einen* Leben mit einer ganz besonderen Wertschätzung gegenübertreten! Schließlich können wir nicht darauf hoffen, dass es für unser kurzes, irdisches Gastspiel eine ewige Verlängerung im Himmel oder Wiederholungspartien in Form von Wiedergeburten gibt. Es muss uns vielmehr klar sein, dass wir nur diese *eine, einmalige Gelegenheit* haben, unser Leben sinnvoll zu führen. Wenn wir diese Chance ungenutzt an uns vorüberziehen lassen, haben wir alles verpasst, was es überhaupt zu verpassen gilt!

Klar: Wenn es kein Leben nach dem Tod gibt, wird das Leben vor dem Tod umso wertvoller.

Richtig. Deshalb haben die Anhänger des griechischen Philosophen Epikur aus der Erkenntnis unserer Endlichkeit die Maxime »Carpe diem« abgeleitet: Pflücke (oder nutze) den Tag!

Und was meinten sie genau damit?

Der Rat der Epikureer lautet: Da du sterblich bist, solltest du es nicht auf morgen verschieben, dein Leben zu genießen. Vergeude deine Zeit nicht mit Nichtigem, sondern versuche noch heute, deinem Leben einen tragfähigen Sinn zu geben! Denn deine Existenz auf diesem Staubkorn im Weltall wird wahrscheinlich sehr viel schneller vorbei sein, als du es erwartest.

Na, das scheint mir doch ein gutes Schlusswort für heute zu sein, oder? Und es bringt mich auf eine nette Idee: Was hältst du denn davon, mich jetzt zum Essen einzuladen? Wer weiß schon, wie oft du in deinem fortgeschrittenen Alter noch die Gelegenheit dazu hast...

Haha! In Ordnung. Wie ich sehe, hast du die Weisheit des alten Epikur schon recht gut verstanden.

»Ich glaube nicht an ein Leben nach dem Tod, aber für alle Fälle nehme ich immer Unterwäsche zum Wechseln mit.« Mit diesen Worten karikierte der amerikanische Schauspieler, Regisseur und Autor **Woody Allen** (*1935) die moderne Haltung zum »ewigen Leben«: Einerseits wissen die meisten von uns, dass ein personales Weiterleben nach dem Tode mit an Sicherheit grenzender Wahrscheinlichkeit ausgeschlossen ist, andererseits wollen wir diese ernüchternde Tatsache dann doch nicht so ganz wahrhaben.

Offensichtlich fällt es uns schwer, uns unsere eigene Endlichkeit vorzustellen. Und so haben die meisten Weltreligionen die Idee eines wie auch immer gearteten »ewigen Lebens« entwickelt. Auch in den Mythen der antiken Völker spielte diese Vorstellung eine große Rolle. So glaubten die Ägypter vor 4500 Jahren, dass der Totengott *Osiris* über die Unterwelt herrsche und von den Verstorbenen Rechenschaft für ihre irdischen Taten verlange. In der griechischen Mythologie galt der Gott *Hades* als Herrscher über die Unterwelt. Auch hier nahm man an, dass über die Verstorbenen im Jenseits gerichtet werde. Besonders übel sollte es dabei denjenigen ergehen, die Verfehlungen gegen die Götter begangen hatten. Es hieß, sie würden in die unterste Region der Unterwelt gestoßen werden, wo sie ewige Qualen erleiden müssten.

Derartige Vorstellungen machten vielen Menschen Angst. Der griechische Philosoph **Epikur** (341–271), vielleicht der größte Menschenfreund unter den bedeutenden Philosophen, versuchte diese Angst zu lindern. In seinem berühmten »Lehr-Brief an Menoikeus« schrieb Epikur: »Gewöhne dich daran zu glauben, dass der Tod keine Bedeutung für uns hat. Denn alles, was gut, und alles, was schlecht ist, ist Sache der Wahrnehmung. Der Verlust der Wahrnehmung aber ist der Tod ... Das schauerlichste aller Übel, der Tod, hat also keine Bedeutung für uns; denn solange wir da sind, ist der Tod nicht da, wenn aber der Tod da ist, dann sind wir nicht da.«

Präziser kann man es auch heute kaum ausdrücken! Ohnehin erscheint uns vieles von dem, was der freundliche Philosoph des »kleinen, irdischen Glücks« vor 2300 Jahren schrieb, als erstaunlich aktuell. Dennoch wurde die epikureische Philosophie über viele Jahrhunderte hinweg abgrundtief verachtet. In gebildeten christlichen Kreisen avancierte der Begriff »Epikureer« sogar zu einem beliebten Schimpfwort, mit dem Menschen geschmäht wurden, die angeblich vor lauter Sinnesfreude ihr »ewiges Leben« aufs Spiel setzten. Letztlich aber war der Siegeszug Epikurs nicht aufzuhalten – auch wenn die meisten »praktizierenden Epikureer« der Gegenwart mit dem Namen des griechischen Philosophen wohl wenig anfangen können.

Epikureisches Denken prägt nicht zuletzt auch unseren Umgang mit dem Tod. Und so erntet der Kölner Kabarettist **Jürgen Becker** (*1959) heute eher zustimmendes Gelächter als eifrige Empörung, wenn er einen seiner tiefgründigsten Scherze zum Besten gibt: »Humor ist, wenn man trotzdem *lacht*. Philosophie ist, wenn man trotzdem *denkt*. Religion ist, wenn man trotzdem *stirbt*.« Dieses Bonmot hätte zweifellos schon im »Garten des Epikur« für Erheiterung gesorgt.

Ist alles vergänglich?

Ich habe noch einmal über unser gestriges Gespräch nach-
gedacht – und auch über das, was du mir beim Abendessen über
Epikur erzählt hast. Das alles klingt auf den ersten Blick ganz
wunderbar: Wenn wir akzeptieren, dass es kein Leben nach dem
Tod gibt, dann werden wir das Leben vor dem Tod besonders wertschätzen. Zudem brauchen wir den Tod nicht zu fürchten, weil
wir davon ausgehen können, dass wir nicht mehr da sind, wenn
der Tod da ist. Dennoch habe ich das Gefühl, dass diese Haltung
den Tod sehr verniedlicht. In Wirklichkeit ist es doch sehr dra-
matisch, wenn man erfährt, dass man selbst oder jemand, den
man liebt, in absehbarer Zeit sterben muss! Findest du nicht?

Natürlich. Alle epikureische Weisheit kann nicht darüber
hinwegtäuschen, dass am Ende eines jeden Lebens eine
Tragödie steht, ein Kampf, den wir nicht gewinnen können.
Dieses Schicksal wird mich treffen und es wird leider auch
dich treffen. Es wird alle treffen, die diese Zeilen lesen, und
auch jene, die es nicht tun. Wir alle werden alles verlieren,
was uns lieb und teuer ist. Der Tod ist ein *Abschied von allem
für immer* – und es ist vor allem dieser Trennungsschmerz,
der uns so quält.

Ja. Und das betrifft nicht nur den Sterbenden, sondern natürlich
auch diejenigen, die ohne ihn weiterleben müssen. Ein Mensch,
den man geliebt hat, dem man vieles zu verdanken hat, ist plötzlich für immer verschwunden. Da ist auf einmal nur noch eine
Lücke, wo vorher ein Mensch war...

Man wird niemals wieder sein Lächeln sehen, seine Stimme hören, seine Wärme spüren... Das ist wirklich erschreckend und grausam, vor allem, wenn die verstorbene Person noch sehr jung war und eigentlich noch ein langes Leben vor sich gehabt hätte. Leider hat es die Natur nicht so eingerichtet, dass wir alle nach einem langen, erfüllten Leben friedlich im Schlaf den Tod finden. Viele werden gewissermaßen aus der »Mitte des Lebens« in den Tod gerissen. Manchmal verlieren Kinder ihre Eltern schon in jungem Alter und Liebende ihre Partner auf dem Höhepunkt ihrer Beziehung. Besonders tragisch ist es, wenn Eltern miterleben müssen, wie ihre eigenen Kinder sterben. Etwas Schrecklicheres kann ich mir kaum vorstellen! Weißt du, meinem eigenen Tod kann ich mittlerweile mit ziemlicher Gelassenheit entgegenblicken, aber die Vorstellung, dass auch ihr Kinder irgendwann einmal sterben müsst... Das schnürt mir den Hals zu!

Denkst du denn häufig an so etwas?

Nein, das wäre sicherlich auch nicht gesund. Aber zwischendurch schadet es nicht, wenn wir uns daran erinnern, wie fragil und vergänglich all die Dinge sind, an die wir uns klammern.

Wir sollten also lernen, uns damit abzufinden, dass alles vergänglich ist?

Ja, denn so ist es nun einmal – auch wenn diese Erkenntnis schmerzlich für uns ist! Dabei fällt mir ein: Kannst du dich an die Serie »Six Feet Under« erinnern, die vor einigen Jahren im Fernsehen ausgestrahlt wurde?

War das so eine Serie über ein Bestattungsunternehmen, bei der in jeder Folge Leute auf seltsame Weise umkamen?

Richtig. Das Finale dieser Serie hat mich außerordentlich beeindruckt: Am Schluss der allerletzten Folge gab es einen Abspann, in dem im Zeitraffer gezeigt wurde, wie sämtliche Hauptcharaktere der Serie nacheinander sterben, bis niemand mehr übrig bleibt, der sich an ihr bewegtes Leben erinnern kann. Das war nicht nur das »finalste Finale«, das ich je gesehen habe, es zeigte auch in einer drastischen Ungeschminktheit das Los, das uns alle irgendwann einmal ereilen wird: *Wir alle werden vergessen sein und selbst das Vergessen wird vergessen sein!* Niemand wird sich daran erinnern, wie sehr wir uns anstrengten, wie sehr wir liebten, hofften, bangten, wie viel Mühe wir uns machten, die paar Jahre, die uns vergönnt waren, halbwegs anständig über die Runden zu bringen.

Also, jetzt bekomme ich langsam auch Beklemmungsgefühle...

Ja, solche Gefühle stellen sich ein, wenn wir uns bewusst machen, was *Vergänglichkeit* bedeutet: nämlich die *Vergeblichkeit* all unserer Bemühungen. Denn egal, was wir auch anstellen, wir werden nichts von bleibendem Wert schaffen. Unsere Kinder und Kindeskinder werden ebenso sterben wie wir. Und falls wir uns auf irgendeinem Gebiet Ruhm und Anerkennung erworben haben sollten, so wird auch das nicht von Dauer sein. »Berühmte«, schrieb mein Freund Karlheinz Deschner einmal, »sind Leute, die man etwas später vergisst.«

Es gibt also keinen »unsterblichen Ruhm«?

Natürlich nicht! Viele Menschen, die in ihrer Zeit berühmt waren, sind heute längst vergessen. Und es ist durchaus fraglich, ob man sich in hundert oder zweihundert Jahren noch an Michael Jackson erinnern wird.

Meinst du wirklich? Hmm... Aber was ist mit Beethoven oder Bach? Die kennt man doch schon seit Jahrhunderten. Oder mit den Philosophen, die du zitiert hast? Protagoras, Sokrates und Epikur starben schon vor über 2000 Jahren. Trotzdem sind sie noch nicht vergessen.

Das ist wahr – und ich hoffe, dass das auch noch in 100 Jahren so sein wird! Allerdings sind 2000 Jahre nicht sonderlich lang, wenn man diesen Zeitraum in Relation zum Alter der Erde setzt. Was sind 2000 Jahre im Vergleich zu 4,5 Milliarden Jahren? Selbst in Relation zum Alter unserer noch sehr jugendlichen Spezies machen 2000 Jahre nur 1 Prozent aus. Die Frage ist: Wird man die großen Philosophen auch noch in 200 000 Jahren kennen, wenn unsere Art Homo sapiens doppelt so alt ist wie heute? Und: Wird es dann überhaupt noch eine Menschheit geben, die sich an irgendetwas erinnern kann? Das ist keineswegs ausgemacht! Unser Vorgänger Homo erectus besiedelte die Erde fast zwei Millionen Jahre. Ob es Homo sapiens, die vermeintliche »Krone der Schöpfung«, auch so lange geben wird, darf man bezweifeln.

Wie kommst du darauf?

Je höher eine Zivilisation technologisch entwickelt ist, desto größer ist auch die Gefahr, dass sie sich selbst zerstört! Schau mal: Wir Menschen spalten heute das Atom und kommunizieren über Satelliten, aber besitzen wir auch die Reife, um mit dieser hochpotenten Technik angemessen umzugehen? Da bin ich sehr skeptisch! Ich habe das Problem in einem meiner Bücher so skizziert: Einerseits stehen wir technologisch im 21. Jahrhundert, andererseits sind unsere Weltbilder häufig noch von jahrtausendealten Legenden geprägt. Kann eine solche Kombination aus höchstem technischen Know-how und naivstem Kinderglauben auf Dauer gut gehen? Wohl kaum. Wir verhalten uns wie Fünfjährige, denen man die Verantwortung über einen Jumbojet übertragen hat! Von daher ist es eigentlich nur eine Frage der Zeit, bis es richtig kracht.

Du meinst, wenn eine Gruppe von Fanatikern in den Besitz von Nuklear- oder Biowaffen kommt?

Ja, beispielsweise. Es könnte aber auch sein, dass wir uns unfreiwillig selbst auslöschen, weil wir fahrlässig mit unseren technischen Möglichkeiten, etwa der Nutzung der Kernkraft, umgehen und die natürlichen Ressourcen zerstören, auf die wir so dringend angewiesen sind.

Stimmt, dafür gibt es ja heute schon genügend Hinweise. Dennoch könnte es ja sein, dass wir aus unseren Fehlern lernen, oder?

Natürlich. Wir sind immerhin eine sehr lernfähige Spezies und vielleicht schaffen wir es ja doch, etwas länger auf der Erde zu verweilen als Homo erectus. Das ändert aber nichts daran, dass auch unsere Spezies irgendwann einmal untergehen wird, wie so viele Arten vor uns! Denn das Überleben der Menschheit hängt ja nicht allein von uns Menschen ab: Mächtige Vulkanausbrüche und Kometeneinschläge aus dem All könnten unsere Zivilisation innerhalb kürzester Zeit zerstören. Solchen Naturgewalten sind wir, trotz aller Technik, hilflos ausgeliefert. Das gilt natürlich auch für die Entwicklung der Sonne, auf deren lebenspendende Energie wir angewiesen sind. In 900 Millionen Jahren wird die Leuchtkraft der Sonne so stark zugenommen haben, dass die mittlere Temperatur auf der Erde bei etwa 30 Grad Celsius liegen wird. Dann wird es für höhere Lebensformen wie uns schon sehr kritisch. Eine Milliarde später wird die Temperatur auf unserem Planeten schon auf 100 Grad angestiegen sein, was wohl nur noch einige Kleinstorganismen überleben werden. Aber auch das wird nicht ewig währen, denn in etwa sieben Milliarden Jahren wird sich die Sonne in einen »Roten Riesen« verwandeln. Sie wird Venus und Mars verschlucken und die Erdkruste in ein glühendes Lava-Meer verwandeln. Spätestens dann wird die Geschichte des Lebens auf der Erde ihr Ende gefunden haben.

Das sind ja keine besonders schönen Aussichten! Irgendwie total beängstigend, auch wenn das erst in ferner Zukunft geschehen wird. Aber ist es nicht zumindest theoretisch möglich, dass Menschen dieses Sonnensystem verlassen und sich woanders ansiedeln?

Das ist aufgrund der riesigen Entfernungen sehr unwahrscheinlich! Aber nehmen wir mal ganz optimistisch an, so etwas ließe sich tatsächlich realisieren und es würde künftigen Menschen gelingen, in den unendlichen Weiten des Kosmos einen Planeten zu finden, der ihr Überleben ermöglicht. Selbst wenn diese höchst unwahrscheinliche

Situation eintreffen sollte, so würde das nichts daran ändern, dass die Menschheit irgendwann mit an Sicherheit grenzender Wahrscheinlichkeit ausstirbt. Denn auch auf fremden Planeten wird es aufgrund des zeitlich befristeten Lebenszyklus der Sterne nach einiger Zeit sehr ungemütlich werden. Und die (ohnehin unrealistische) Suche nach anderen lebenstauglichen Planeten wird irgendwann sowieso ein Ende finden, wenn die Energie verbraucht ist, die beim Urknall freigesetzt wurde.

Wieso?

Man kann die Energie des Urknalls mit einem Zuckerwürfel vergleichen, den man in eine heiße Kaffeetasse wirft. Am Anfang stellt der Zuckerwürfel eine hohe, komprimierte Ordnung dar, die sich mit der Zeit mehr und mehr auflöst, bis am Schluss sämtliche Zuckerkristalle gleichmäßig in der Tasse verteilt sind. Wenn sich die Energie des Urknalls ebenso gleichmäßig im Raum verteilt, wird es keine physikalischen Prozesse mehr im Kosmos geben!

Dann ist unser Universum sozusagen »kalter Kaffee«?

Ja, dann werden sämtliche Sterne ausgeglüht sein, und das Universum wird den sogenannten »entropischen Kältetod«, auch »Big Freeze« genannt, sterben.

Und das ist sicher?

Nun ja, es gibt noch andere Szenarien für das Ende unseres Universums, etwa die Vorstellung eines »Endknalls« (»Big Rip«), bei dem es das Universum durch eine immer schnellere Ausdehnung regelrecht innerlich »zerreißt«, aber das ändert nichts daran, dass irgendwann einmal der letzte Vorhang fallen wird für das Leben – und zwar nicht nur hier auf der Erde, sondern im gesamten Universum! Am Ende aller Tage steht also nicht der dauergrinsende »Mr. Fortschritt« auf dem Programmzettel, auch nicht die »Wiederkehr des Messias«, sondern der unbeklatschte Auftritt des heillosen, trostlosen, sinnlosen Nichts…

Okay, ich glaube, ich habe jetzt eine ungefähre Vorstellung davon bekommen, was du unter »Vergänglichkeit« verstehst. Die Frage, die sich uns stellt, ist also nicht, *ob* wir uns damit abfinden *müssen*, dass alles vergänglich ist, sondern vielmehr, *wie* wir uns damit abfinden *können*.

Richtig. Aus der Erkenntnis, dass all unsere Versuche, Dauerhaftes zu erschaffen, letztlich scheitern werden, kann man verschiedene Schlüsse ziehen. Beispielsweise könnte man daraus einen radikalen »philosophischen Nihilismus« ableiten. Ein radikaler Nihilist hält alles für »null und nichtig« und streitet ab, dass menschliche Anstrengungen (welcher Art auch immer!) irgendeinen Sinn haben können. Die Haltung, die dahintersteht, könnte man so charakterisieren: »Warum, um alles in der Welt, sollten wir uns plagen, eine halbwegs anständige Existenz zu führen, wenn letzten Endes doch ohnehin alles für die Katz ist!«

Das klingt nach einer Lebenseinstellung für Depressive, die sich fragen, warum sie morgens das Bett machen sollen, wenn sie sich abends sowieso wieder reinlegen.

Ja, das wäre die depressive, selbstzerstörerische Konsequenz eines solchen Nihilismus. Er kann aber auch aggressiv nach außen gewendet werden, um einen grenzenlosen Egoismus zu legitimieren nach dem Motto: »Warum soll ich mich um andere kümmern? Es geht doch sowieso letztlich alles den Bach hinunter! Hauptsache, ich habe jetzt meinen Spaß – und nach mir die Sintflut beziehungsweise der entropische Kältetod!«

Auch das wirkt nicht besonders anziehend, oder? Welche Konsequenz würdest du denn aus der absoluten Vergänglichkeit ziehen?

Nun, mein Vorschlag wäre, dass wir zunächst einmal unsere Ansprüche auf Sinn ein wenig herunterschrauben. Denn wird etwas wirklich sinnlos dadurch, dass es nicht ewig währt? Bestimmt nicht! Ein gutes Essen verliert doch nicht dadurch seinen Wert, dass es am Ende ebenso ausgeschieden wird wie ein lieblos auf den Teller geschüttetes

Dosen-Ravioli! Und dass die Menschheit irgendwann einmal vollständig ausgelöscht sein wird, das ermächtigt mich doch ganz gewiss nicht dazu, jetzt die Interessen meiner Mitmenschen zu übergehen. Es gibt einfach Dinge, die für uns im Augenblick gut und wichtig sind, und sie werden nicht dadurch entwertet, dass sie uns irgendwann einmal abhandenkommen werden. Im Gegenteil: Sie gewinnen gerade dadurch an Wert, dass wir wissen, dass sie vergänglich sind.

Womit wir wieder bei Epikur sind: Carpe diem!

Genau. Weil wir vergänglich sind, weil alles vergänglich ist, was wir lieben, sollten wir dankbar sein für das, was wir haben und was wir sind.

Das lässt sich natürlich leicht sagen, wenn es einem so gut geht wie dir! Du bist gesund, hast ein Dach über dem Kopf, genug zu essen und zu trinken, einen Beruf, der dich erfüllt, und Menschen um dich herum, die dich lieben. Was aber, wenn du das alles nicht hättest, wenn du arm und krank wärst, wenn niemand da wäre, der dich einmal in den Arm nimmt?

Gut, dass du das ansprichst! Einige dieser Missstände ließen sich unter idealen Verhältnissen sicher aus dem Weg räumen, aber todbringende Krankheiten wird es immer geben. Und in diesem Zusammenhang zeigt sich, dass unsere Vergänglichkeit nicht nur eine *schmerzliche*, sondern durchaus auch eine *tröstliche* Seite hat. Denn mancher Sterbenskranke wünscht sich sein Ende sehnlichst herbei. Die Gewissheit des Todes bedeutet also nicht nur, dass wir Abschied nehmen *müssen* von den angenehmen Dingen des Lebens, sondern auch, dass wir Abschied nehmen *können* von all den Leiden, die wir nicht mehr ertragen wollen.

Unsere Vergänglichkeit hat also auch eine positive Seite?

Ganz eindeutig! Diese positive Seite zeigt sich vor allem im letzten Abschnitt unseres Lebens. Die Natur hat es ja leider nicht so eingerichtet, dass Sterben ein besonders angenehmer Prozess ist. Da ist es tröstlich, wenn man weiß, dass auch das vorübergehen wird – wie alles vorübergeht, was uns in unserem Leben widerfährt.

• »Dies ist die letzte Chance, den Planeten Erde zu evakuieren, bevor er recycelt wird!« Mit dieser Botschaft wandte sich der Führer der »Ufo-Sekte« *Heaven's Gate*, **Marshall Applewhite** (1931–1997), im September 1996 an die Öffentlichkeit. Wenige Monate später, am 26. März 1997, wurden die Leichen von 39 *Heaven's Gate*-Anhängern in einer kalifornischen Villa gefunden. Sie waren allesamt schwarz gekleidet, trugen neue Nike-Turnschuhe und hatten in ihren Hosentaschen etwas Kleingeld verstaut – die »Leihgebühr« für ihre menschlichen Körper.

Überzeugt davon, dass sich in unmittelbarer Nähe des Kometen Hale-Bopp ein Raumschiff voller Außerirdischer befand, hatten sie einen tödlichen Trunk, bestehend aus Betäubungsmitteln, Apfelsaft und Wodka, zu sich genommen, mit dessen Hilfe sie ihre »irdischen Container« verlassen wollten. Auf diese Weise glaubten sie, mit ihren »Ufonen-Seelen« an Bord des intergalaktischen Raumschiffs zu gelangen und der Zeit des »Spatenstichs« zu entgehen, in dem der »Garten« Erde vollständig umgegraben und alle überflüssigen »Menschenpflanzen« vernichtet würden.

Drei Jahre vor dem kollektiven Suizid der *Heaven's Gate*-Gläubigen fand man in der Schweiz die Leichen von 53 Mitgliedern des *Sonnentempler-Ordens* um den »Großmeister« **Joseph Di Mambro** (1924–1994), die ebenfalls dem vermeintlich bevorstehenden Weltuntergang zu entgehen hofften. Im Unterschied zu Applewhite & Co. meinten sie, nach ihrem kollektiven Tod als »christusähnliche Sonnenwesen« im System des Sirius wiedergeboren zu werden und dort eine »neue Menschheit« begründen zu können.

So bizarr uns derartige Weltuntergangssekten erscheinen mögen: Man sollte nicht vergessen, dass auch das Christentum anfangs in Gestalt einer radikalen Weltuntergangssekte auftrat.

Die christliche Urgemeinde war nämlich vom baldigen Ende der Welt nicht weniger überzeugt als die Sonnentempler. Schließlich hatte **Jesus von Nazareth** (4 v. u. Z.–30 n. u. Z.) im ältesten der vier Evangelien (Markusevangelium, Vers 9,1) verkündet: »Wahrlich, ich sage euch: Es stehen einige hier, die werden den Tod nicht schmecken, bis sie sehen das Reich Gottes kommen mit Kraft.« Und so war sein Auftrag an die Jünger eindeutig: »Gehet hin und verkündet: Das Himmelreich ist nahe!« Offensichtlich jedoch irrte sich Jesus mit dieser »Naherwartung« des Weltenendes ebenso wie Marshall Applewhite 2000 Jahre später. Das mit Spannung erwartete »Jüngste Gericht« wollte partout nicht eintreffen, was in der frühchristlichen Gemeinde für ziemliche Verwirrung sorgte.

Auf diese Irritation reagierte der sogenannte »2. Petrusbrief«, eine der jüngsten Schriften des Neuen Testaments. (Der Name des Briefs ist irreführend, denn er stammt nicht von dem gleichnamigen Apostel, sondern wurde erst im späten 2. Jahrhundert verfasst.) Im Petrusbrief heißt es: »Sie werden sich über euch lustig machen und sagen: Er hat doch versprochen wiederzukommen! Wo bleibt er denn? Inzwischen sind unsere Väter gestorben, aber alles ist noch so, wie es seit Beginn der Welt war ... Meine Freunde, ihr dürft eines nicht übersehen: Beim Herrn gilt ein anderes Zeitmaß als bei den Menschen. Ein Tag ist für ihn wie tausend Jahre, und tausend Jahre sind ein Tag.«

Die Argumentation des »Petrusbriefs« war zweifellos geschickt: Denn zum einen trat er der naheliegenden Mutmaßung entgegen, dass es sich beim »Jüngsten Gericht« bloß um ein »altes Gerücht« handele, dem man keinen Glauben schenken müsse. Zum anderen befreite er die christliche Gemeinde von dem Druck, sich bezüglich der Datierung des Weltenendes genau festlegen zu müssen. Andere »Nachfolger Christi« waren da nicht ganz so gewieft: So glaubte der evangelische Theologe und Mathematiker **Michael Stifel** (1487–1567), ein enger Freund des Reformators **Martin Luther** (1483–1546), mithilfe der Bibel berechnen zu können, dass die Welt am 19. Oktober 1533 – und zwar exakt um 8 Uhr morgens – untergehen werde. Als der prophezeite Weltuntergang zur Verwunderung aller doch nicht eintraf, wurde Stifel von den Bürgern der Gemeinde Lochau, die er mit seinen apokalyptischen Predigten in Angst und Schrecken versetzt hatte, mit einer ordentlichen Tracht Prügel und vier Wochen Gefängnis belohnt. Danach verspürte Stifel keine große Lust mehr, Weltuntergangsberechnungen durchzuführen.

Die *Zeugen Jehovas* ließen sich durch derartige Rückschläge nicht entmutigen: Der Bibelforscher **Charles Russell** (1852–1916), auf dessen Werk die christliche Religionsgemeinschaft mit ihren etwa 7 Millionen Mitgliedern zurückgreift, berechnete das Jahr 1914 als den Zeitpunkt, an dem »die letzten Tage« beginnen sollten, in denen Gott seine Engel in die Schlacht gegen die Widersacher des Glaubens führt. Nachdem sich der Allmächtige allerdings 1914 nicht auf Erden blicken ließ, wurde der Termin auf 1925 verschoben, was sich ebenfalls als Irrtum herausstellte. Danach hofften die Zeugen Jehovas 1975 der verheißenen »Schlacht um Harmagedon« beiwohnen zu dürfen, doch auch dieser religiöse Wunschtraum zerschellte an den Kanten der Realität. Seither haben die Zeugen Jehovas auf eine genaue Terminierung des Weltuntergangs verzichtet. Prognosen sind eben schwierig – vor allem, wenn sie die Zukunft betreffen ...

• • •

Warum macht Sex Spaß, Sterben aber nicht?

Du hast eben gesagt, dass die Natur es nicht so eingerichtet hat, dass Sterben ein besonders angenehmer Prozess ist. Das ist kaum zu bestreiten. Aber warum ist das so? Es gibt doch Dinge, die im Leben richtig viel Spaß machen wie gutes Essen, gute Unterhaltung, guter Sex. Weshalb kann das beim Sterben nicht genauso sein?

Du willst wissen, warum Sex Spaß macht, Sterben aber nicht?

Ja, so könnte man es auf den Punkt bringen.

Das ist, wie ich finde, eine sehr interessante Frage! Und es gibt darauf auch eine interessante Antwort. Sie lautet: Für »guten Sex« gab es in der Evolution Selektionsvorteile, für den »guten Tod« nicht!

Wie bitte?

Ich muss da wohl etwas weiter ausholen: Also, in der biologischen Evolution geht es, wie du sicherlich weißt, in erster Linie um einen *Fortpflanzungswettbewerb*. Bestimmte Eigenschaften, die Lebewesen besitzen, führen dazu, dass sie sich häufiger vermehren, andere Eigenschaften hingegen behindern ihren Fortpflanzungserfolg oder sind für die Fortpflanzung irrelevant. Nehmen wir das Beispiel eines Geparden: Wie wir ja festgestellt haben, muss ein Gepard sehr schnell sein, um seine Beute erlegen zu können. Ein Gepard, der über diese Eigenschaft nicht verfügt, wird bald ein toter Gepard sein und sich somit nicht fortpflanzen können.

Logisch.

Der Gepard, wie wir ihn heute kennen, eine Katze mit extrem langen Beinen, riesigen Lungen, erweiterten Nasengängen, die auf mehr als 110 km in der Stunde beschleunigen kann, ist das Ergebnis einer langen evolutionären Entwicklung. Am Anfang dieser Entwicklung unterschied sich der Körperbau des Vorfahren der heutigen Geparden nicht wesentlich von der Anatomie anderer Raubkatzen. Doch dann begann irgendwann die ökologische Spezialisierung. Im Unterschied zu Löwen, die eher nachtaktiv sind, jagen Geparden am Tag. Sie können sich nicht besonders nahe an ihre Beute heranschleichen, sondern müssen sie mit hoher Geschwindigkeit erwischen. In dieser spezifischen ökologischen Nische, die der Gepard eroberte, wurde Schnelligkeit zu einem wesentlichen Überlebensvorteil. Geparden, die dank größerer Lungen, längerer Beine, stärkerer Beinmuskeln etc. höhere Geschwindigkeiten erreichen konnten, überlebten länger, pflanzten sich eher fort und gaben so ihre Erbanlagen an ihre Nachkommen weiter. So entwickelten sie über einen langen Zeitraum ihre heutigen anatomischen Eigenschaften, die sich von den Eigenschaften anderer großer Raubkatzen stark unterscheiden und uns eher an die Eigenschaften von Windhunden erinnern.

Okay, das ist einfach: Geparden mit größeren Lungen pflanzten sich häufiger fort als Geparden mit geringerem Lungenvolumen. Und das hatte zur Folge, dass die Geparden zu dem wurden, was sie heute sind.

Richtig. Man kann das auch so ausdrücken: In der Evolution der Geparden gab es *Selektionsvorteile* für Eigenschaften, die zur Verbesserung ihrer Schnelligkeit führten, und *Selektionsnachteile* für Eigenschaften, die die Schnelligkeit reduzierten.

»Selektion« bedeutet »Auswahl«, oder?

Ja, »Auswahl« oder »Auslese«. Als Charles Darwin seine Selektionstheorie entwickelte, orientierte er sich an der

»künstlichen Zuchtwahl« bzw. der »künstlichen Selektion«, die wir Menschen vornehmen. Seit der Sesshaftwerdung der Menschheit vor etwa 10 000 Jahren züchten Menschen Pflanzen und Tiere, indem sie Eigenschaften, die ihnen nützlich erscheinen, *positiv auslesen* (also: ihre Vermehrung fördern) und Eigenschaften, die für ihre Zwecke schädlich sind, *negativ auslesen* (also: ihre Vermehrung verhindern).

Wie bei Aschenputtel: »Die guten ins Töpfchen, die schlechten ins Kröpfchen«?

So in etwa. Auf diese Weise sind unter anderem die Windhunde entstanden, deren Anatomie so sehr an Geparden erinnert und die ebenfalls zu den schnellsten Landtieren auf der Erde gehören.

Windhunde sind also im Unterschied zu Geparden kein Ergebnis der natürlichen, sondern der künstlichen Selektion durch den Menschen?

Ja, die Menschen haben dafür gesorgt, dass sich nur die schnellsten Hunde untereinander fortpflanzen konnten. So entstanden in relativ kurzer Zeit (verglichen mit dem Zeitraum, den die natürliche Evolution gebraucht hätte) verschiedene Windhundrassen, die der Mensch zur Hetzjagd einsetzen konnte.

Es war also schon vor Darwin bekannt, dass die Eigenschaften von Pflanzen und Tieren vererbt werden und dass man sich dies nutzbar machen kann, indem man bestimmte Erbanlagen fördert und andere aussondert?

Selbstverständlich. Darwin jedoch erkannte, dass es neben der bekannten künstlichen auch eine »natürliche Zuchtwahl« gibt, die man zuvor übersehen hatte. Die Erbanlagen und Eigenschaften der Lebewesen ändern sich über viele Generationen hinweg – und dafür benötigt die Evolution keinen menschlichen oder übermenschlichen (göttlichen) Züchter, das macht die Natur von ganz alleine!

Weil nur diejenigen Lebewesen überleben und sich fortpflanzen, die an ihre jeweiligen Umweltbedingungen gut angepasst sind, oder?

Exakt! Das ist es, was man als »survival of the fittest« bezeichnet.

Das »Überleben des Stärkeren«?

Nein! »Survival of the fittest« bedeutet »Überleben der Bestangepassten«. Der »Stärkere« ist keineswegs immer der »Bestangepasste«, es kann für ein Lebewesen sogar nachteilig sein, wenn es größer und stärker als seine Artgenossen ist. Nehmen wir noch einmal den Geparden als Beispiel: Ein Gepard, der viel größer und schwerer ist als seine Artgenossen, der einen massiveren Kopf und auch ein stärkeres Gebiss hat, wird als Ausgleich für diese Eigenschaften Einbußen in seiner Geschwindigkeit hinnehmen müssen. Denn Geparden können unter anderem deshalb so schnell laufen, weil ihr Gewicht im Verhältnis zur Körpergröße erstaunlich gering ist. Dies hat zwar den Nachteil, dass sich Geparden gegen Löwen oder Leoparden nicht durchsetzen können, die ihnen häufig die Beute abjagen. Doch diesen Nachteil kompensieren die Geparden durch ihren hohen Jagderfolg: Bis zu 70 Prozent ihrer Jagden sind erfolgreich, während Löwen es gerade mal auf eine Erfolgsquote von 30 Prozent bringen. Ein extrem bulliger und kräftiger Gepard hätte also Nachteile, denn er würde weniger erfolgreich jagen können als seine Artgenossen. Und sein stärkeres Gebiss würde ihm auch nichts nutzen, da er Löwen oder Leoparden im Kampf trotzdem unterlegen wäre.

Manchmal kann es also von Vorteil sein, wenn man nicht größer und stärker, sondern kleiner und flinker ist?

Richtig. Ob die Ausbildung einer bestimmten Eigenschaft einen Vorteil oder einen Nachteil bedeutet, entscheidet die jeweilige ökologische Nische, also die Bedingungen des jeweiligen Lebensraums. Was für Löwen gut ist, kann für Geparden schädlich sein – und umgekehrt!

Okay, das ist einleuchtend.

Es ist auch keineswegs so, dass sich notwendigerweise diejenigen besser fortpflanzen, die sich hemmungslos über die Interessen ihrer Artgenossen hinwegsetzen. Häufig haben »Teamplayer«, die mit anderen besonders gut zusammenarbeiten, größere Fortpflanzungserfolge. Es kann sogar Vorteile haben, wenn Tiere überhaupt nicht schnell, sondern sehr, sehr langsam sind, da sie dadurch wertvolle Energie einsparen können.

Ah, wie das Faultier, das sich in Zeitlupe bewegt und ein Großteil seines Lebens verschläft!

Genau. Viele Tiere erzielen auch Vorteile dadurch, dass sie sich phantastisch gut tarnen können und deshalb von potenziellen Räuber- oder Beutetieren nicht gesehen werden.

Wie das Chamäleon, das sich wechselnden Umgebungen anpassen kann.

Ja. Andere Tiere wählen interessanterweise die genau umgekehrte Strategie: Statt sich zu verstecken, verwenden sie von Weitem sichtbare Signalfarben, um den falschen Eindruck zu erzeugen, sie gehörten einer anderen Spezies an, nämlich einer giftigen oder ungenießbaren, vor der Räuber zurückschrecken.

Lug und Trug gibt es also nicht nur beim Menschen?

Nein, die Natur ist voll davon! Da wird getrickst, getäuscht, gepokert, was das Zeug hält! Es ist wirklich erstaunlich, wie viele unterschiedliche Tricks Pflanzen und Tiere im Verlauf der Evolution entwickelt haben, um ihr eigenes Überleben bzw. das Überleben ihrer Erbanlagen (Gene) zu sichern.

Gut. Ich habe verstanden, dass in der Evolution bestimmte Eigenschaften entweder hervortreten oder untergehen, weil sie entweder vorteilhaft oder nachteilig für den Fortpflanzungserfolg sind. Am Anfang hast du aber gesagt, dass es auch Eigenschaften gibt, die für den Fortpflanzungserfolg irrelevant sind. Kannst du dafür ein Beispiel geben?

Nehmen wir an, ein Gepard hat auf seinem Rücken eine Maserung, die zufällig den Umrissen der heutigen Erdkontinente entspricht. Eine solche Eigenschaft wäre *selektionsneutral*, denn sie würde nicht dazu führen, dass sich Geparden mit einer solchen Maserung häufiger fortpflanzen als andere.

Logisch, sie würden dadurch ja nicht zu besseren oder schlechteren Jägern werden! Hmm ... Aber was wäre, wenn Gepardendamen – aus welchen Gründen auch immer – eine solche Maserung als besonders »sexy« empfinden würden? Wenn sie also Männchen mit einer solchen Maserung bevorzugen würden? Das würde doch unweigerlich dazu führen, dass dieses Merkmal bei Geparden häufiger auftritt, oder?

Natürlich. Großartig, dass du von selbst auf dieses Thema kommst! Leider haben ganze Generationen von Evolutionstheoretikern die Bedeutung der Sexualität in der Evolution ignoriert. Dabei wusste schon Darwin: *Wer über Evolution spricht, der muss unweigerlich über »Sex« sprechen!* Das zeigt schon der Titel seines zweiten evolutionstheoretischen Hauptwerks: »Die Abstammung des Menschen und die *geschlechtliche Zuchtwahl*«.

Neben der künstlichen und der natürlichen Zuchtwahl gibt es auch noch eine »geschlechtliche Zuchtwahl«?

Ja. Darwin hatte erkannt, dass es für den Fortpflanzungserfolg nicht ausreicht, Beute zu erjagen oder Räubern zu entfliehen, einem Lebewesen muss es außerdem gelingen, adäquate Sexualpartner zu finden. Bekanntlich gibt es ja auch auf diesem Gebiet wahnsinnig viel Konkurrenz! Einigen gelingt es, sich gegen ihre sexuellen Mitbewerber durchzusetzen, andere gehen bei diesem Wettbewerb leer aus.

Das kann ich mir gut vorstellen. Es ist ja wie bei uns Menschen auch: Nicht jeder ist gleichermaßen attraktiv.

Richtig. Und das zeigt uns, dass es in der Evolution nicht nur um das »Überleben der Bestangepassten« geht, sondern auch um das »Überleben der Attraktivsten«! Indem Darwin die sexuelle Selektion an die Seite der natürlichen

Selektion stellte, ergänzte er das Konzept des »survival of the fittest« sozusagen um das »survival of the sexiest«. Dieser Gedanke Darwins war so revolutionär, dass es fast ein Jahrhundert brauchte, bis die Forscher begannen, ihn in seiner ganzen Tragweite zu erfassen. Es gibt sogar heute noch Darstellungen der Evolutionstheorie, in denen dieser Aspekt der Theorie übergangen wird.

Wie kam denn Darwin auf dieses Konzept der sexuellen Selektion?

In seinem ersten evolutionstheoretischen Hauptwerk »Über die Entstehung der Arten im Tier- und Pflanzen-Reich durch natürliche Züchtung« hatte Darwin das Prinzip der natürlichen Selektion überzeugend dargestellt. Ihm war aber klar, dass dieses Prinzip alleine viele Phänomene in der Natur nicht erklären kann. Schließlich weisen viele Tiere Eigenschaften auf, die in krassestem Widerspruch zu ihrem ureigensten Überlebensinteresse zu stehen scheinen.

Ach ja? Zum Beispiel?

Betrachten wir einen männlichen blauen Pfau: Der Hals, die Brust und der Bauch des Hahns sind so leuchtend gefärbt, dass er für Fressfeinde von Weitem sichtbar ist. Außerdem trägt er zu allem Überfluss eine lange Schleppe, die er, wie du weißt, hin und wieder zu einem imposanten Federrad aufstellt. Die Ausbildung eines solch prächtigen Ornamentschmucks verschlingt nicht nur viel Energie, sondern beeinträchtigt auch die Fähigkeit des Pfaus, Räubertieren zu entfliehen, da er mit der riesigen Schleppe kaum fliegen kann. Warum also leistet sich der Pfau einen solch luxuriösen Schmuck, wenn ihn das unter Umständen das Leben kosten kann?

Na ja, der Pfau will den Weibchen gefallen – egal, wie viel ihn das kostet! Das geht so manchem »menschlichen Pfau« doch auch nicht viel anders.

Stimmt! Doch bevor wir auf »menschliche Pfauen« eingehen, lass uns noch einen Moment beim echten Pfau blei-

ben. Klar ist erst einmal: Je mehr Weibchen der Hahn mit seinem Schmuck bezirzen kann, desto häufiger wird er sich fortpflanzen und seine Erbanlagen verbreiten können.
Logisch.
Die Frage ist jedoch: Warum stehen Pfauenweibchen überhaupt auf Hähne mit überlangem Federkleid? Warum macht sie das so sehr an?
Ich denke, die Hennen empfinden ein prächtiges Federkleid einfach als schön und sexy.
Sicher, aber *warum* empfinden sie so?
So, wie du diese Frage stellst, hat das sicher wieder mal was mit Überleben und Fortpflanzungserfolg zu tun, oder?
Ganz heiße Spur...
Also gut... Vielleicht ist es ja *so*: Wenn sich eine Henne mit einem Hahn paart, der Eigenschaften hat, auf die ganz viele andere Hennen ebenfalls stehen, dann werden die Jungs, die die Henne mit diesem Casanova zeugt, wahrscheinlich ähnliche Eigenschaften besitzen wie ihr eitler Daddy. Das heißt: Auch sie werden für Hennen sexy sein und somit mehr Nachkommen zeugen! Was macht also die kluge Hennenmama? Sie krallt sich den Hahn mit dem schönsten Federkleid und steigert so ihre Chance, später einmal viele kleine Enkel, Urenkel, Ururenkel und so weiter zu bekommen.

Hey, super! Du hast gerade die »Sexy-Sohn-Hypothese« formuliert. In der Tat steigt mit der Attraktivität des Vaters die Attraktivität der Söhne. Wählt das Weibchen ein besonders attraktives Männchen, so vergrößert sich dadurch die Chance, viele Nachkommen zu haben. Für Pfauenhennen ist der prächtige Federschmuck des Hahnes ein Schlüsselreiz, der ihre Paarungsbereitschaft erhöht. Das hat im Laufe der Zeit zu einem grandiosen Schönheitswettbewerb bei den männlichen Vertretern dieser Art geführt. Um sich fortpflanzen zu können, mussten sie all ihre Energie dafür einsetzen, ihre sexuellen Konkurrenten in puncto Schönheit und Anmut zu überbieten. Sie riskierten sogar, vorzeitig gefressen zu werden – nur, um den Weibchen zu gefallen!

So soll es ja auch sein, hehe ...

Habe ich mir gedacht, dass dir das gefällt! Eine Frage aber bleibt: Warum fahren die Hennen ausgerechnet auf auffallend gefärbte Pfauen mit imposanter Schleppe ab – statt auf unauffälligere, graue Hähne mit kurzen Schwanzfedern?

Na ja, ich kann die Hennen durchaus verstehen: Ich mag auch keine Typen, die völlig farblos sind.

Gut, aber warum ist das so? Warum züchten die Hennen bei ihren Geschlechtspartnern ausgerechnet solche Eigenschaften heran, die ganz besonders *kostenintensiv* sind?

Weiß nicht. Vielleicht ist das so eine Art »Test«, mit dem die Hennen herausfinden, ob die Jungs wirklich gesund sind und gutes Erbmaterial haben?

Ja, sehr gut! Jetzt bist du schon ganz nahe dran an einer wirklich guten Erklärung des Phänomens! Es fehlt nur noch eine Kleinigkeit. Vielleicht kommst du ja selber darauf. Ich stelle dir die Frage noch einmal in einer etwas anderen Formulierung: Warum stacheln die Hennen die Hähne dazu an, in einen Wettbewerb zu treten, bei dem es ausgerechnet darum geht, überflüssige oder sogar gefährliche Eigenschaften zu entwickeln?

Vielleicht weil sich nur diejenigen Hähne einen solchen Luxus leisten können, denen es ansonsten an nichts fehlt? Ich meine: Wer gerade mal so über die Runden kommt, der wird doch kaum die Energie dazu aufbringen, sich besonders prächtig zu schmücken, oder?

Absolut korrekt! Das israelische Biologenehepaar Amotz und Avishag Zahavi hat diesen Sachverhalt mit dem Begriff »Handicap-Prinzip« gekennzeichnet. Dieses Prinzip besagt, dass gerade derjenige, der sich ein »Handicap«, also einen Nachteil im Kampf ums Überleben, leisten kann, von seiner Umgebung als besonders potent und attraktiv wahrgenommen wird. Er zeigt seiner Umwelt mit kostspieligen

Signalen, dass er ein »echter Siegertyp« ist. Mit seinem Federschmuck demonstriert der stolze Pfau: »Schaut her: Ich bin ein derart cooler und potenter Typ, dass es mir überhaupt nichts ausmacht, eine so gigantische Schleppe hinter mir herzutragen! Also, ihr Hennen, haltet euch am besten an mich, denn ich hab definitiv den Längsten!«

Hahaha! Das klingt ziemlich menschlich! Ist die Welt denn wirklich so voller Angeber?

Wohin du auch schaust. Denk nur an all die farbenfrohen Fische und Vögel! Oder an die gewaltigen Mähnen der männlichen Löwen, die in den heißen Gebieten, in denen sie leben, ebenfalls kostspielige Signale sind.

Löwinnen fahren also auf lange Mähnen ab?

Ja, mit einem Glatzkopf würden sie nichts anfangen! Die Mähnen zeigen ihnen, dass der Kerl gut genährt ist und einen hohen Testosteron-Spiegel hat. Also schwitzen die Löwenmännchen lieber in der sengenden Hitze, als dass sie ihre Chance verspielen, bei den Weibchen gut anzukommen.

Mir fällt auf, dass es in der Natur meist die Männchen sind, die sich so üppig schmücken. Woran liegt das?

Das hat damit zu tun, dass meist die Weibchen bestimmen, mit wem sie sich paaren und mit wem nicht. Deshalb sehen sich die Männchen genötigt, um die Gunst der Weibchen zu buhlen und auf jede erdenkliche Weise zu demonstrieren, dass sie die bessere Wahl sind als ihre sexuellen Konkurrenten.

Warum ist das eigentlich so? Warum treffen meist die Weibchen die Wahl – und nicht die Männchen?

Das ist darauf zurückzuführen, dass Weibchen nur wenige, kostbare Eizellen besitzen und in der Regel auch die Brut austragen, während Männchen Abermillionen von billigen Spermien produzieren und sich nach der Begattung direkt aus dem Staub machen könnten. Männchen können also sehr viel verschwenderischer mit ihren Spermien umgehen als Weibchen mit ihren Eizellen. Deshalb sind Weibchen auch wählerischer in Bezug auf potenzielle Sexualpartner. In ihrer Fortpflanzungsstrategie achten sie stärker auf die Qualität der Partner, die ihre Eignung mittels teurer Signale auch beweisen müssen. Männchen sind da tendenziell etwas anspruchsloser: Statt auf Qualität setzen sie eher auf Quantität.

Das scheint mir beim Menschen gar nicht so viel anders zu sein, oder?

Nein, auch beim Menschen gibt es, trotz aller kulturellen Prägungen, recht deutliche Unterschiede zwischen den Geschlechtern. Es gibt eine Studie, die das sehr schön zeigt: Bei einem Feldversuch auf einem amerikanischen Uni-Campus wurden Männer von einer ihnen unbekannten, attraktiven Frau angesprochen, ob sie mit ihr ins Bett gehen wollten. Stolze 75 Prozent der Männer wollten dieses verlockende Angebot nutzen! Frauen hingegen, die von einem ebenso attraktiven, fremden Mann zum unverbindlichen Sex aufgefordert wurden, zeigten sich sehr zugeknöpft: Keine einzige wollte auf das Angebot einsteigen!

Na, das wundert mich nicht!

Warte, das Beste kommt noch: Denn auf die Frage, ob man vielleicht am Abend gemeinsam ausgehen wolle, zeigten sich die Frauen aufgeschlossener als die Männer! 56 Prozent der Frauen wollten auf das Angebot eingehen, aber nur 50 Prozent der Männer!

Was?! Männer würden eher mit einer Wildfremden ins Bett steigen, als mit ihr ins Kino zu gehen?

Biologisch betrachtet, ist das durchaus verständlich! Denn für einen Mann bedeutet ein gemeinsamer Ausgehabend zunächst einmal eine Investition von Zeit und Ressourcen, von der man nicht wissen kann, ob sie sich am Ende auszahlt. Bei der Einladung zum Sex hingegen befindet sich der Mann direkt auf der evolutionären Zielgeraden. Ein potenzieller Fortpflanzungserfolg ohne Investitionen – etwas Bes-

seres kann es im Rahmen der männlichen Fortpflanzungsstrategie gar nicht geben! Natürlich spielen im realen Leben
nicht nur biologische Ursachen eine Rolle, aber das Ergebnis des psychologischen Feldexperiments gibt doch ungefähr
wieder, was biologisch zu erwarten ist.

Boah, ich wusste ja, dass ihr Männer triebgesteuert seid, aber
dass das so weit geht, hätte ich echt nicht gedacht!

Moment, jetzt machst du einen Fehler! Schließlich ist
die weibliche Fortpflanzungsstrategie nicht weniger triebgesteuert als die männliche. Das erkennt man auch am Ergebnis dieses Feldversuchs: Denn warum lassen sich Frauen
mehrheitlich auf einen Ausgehabend mit einem Unbekannten ein? Nun, weil eine tief in ihnen verankerte Fortpflanzungsstrategie ihnen sagt, dass sie einen Mann erst einmal
auf Herz und Nieren überprüfen sollten, bevor sie einen
engeren Kontakt oder gar eine Befruchtung ihrer wertvollen
Eizellen zulassen.

Aber das ist doch nur vernünftig!

Ich sage ja nicht, dass das unvernünftig ist! Aber: Dass
Frauen eine solche Strategie wählen, zeigt nicht, dass sie
über den biologischen Trieben stehen, sondern vielmehr,
dass sie von *anderen* biologischen Trieben geprägt sind als
Männer.

Na, auf jeden Fall denken wir Frauen nicht immer sofort an Sex!
Und wir gehen auch weniger fremd.

Meinst du? Rein rechnerisch ist das doch kaum möglich!
Denn mit wem sollten heterosexuelle Männer »fremdgehen«, wenn nicht mit Frauen, die ihrerseits »fremdgehen«? Frauen sind in Wirklichkeit ähnlich »untreu« wie
Männer. Allerdings zeigen sich auch hier tendenzielle Unterschiede zwischen den Geschlechtern...

Lass mich raten: Den Männern geht's eher um Quantität, den
Frauen um Qualität?

Richtig. Während Männer beim »Seitensprung« nicht besonders wählerisch sind, suchen Frauen gezielt nach Seiten-

sprungkandidaten mit bestimmten Attraktivitätseigenschaften, die ihre Standardpartner nicht im gleichen Ausmaß besitzen. Wie sehr dies biologisch bestimmt ist, zeigt sich daran, dass Frauen besonders häufig um den Zeitpunkt ihres Eisprungs herum »fremdgehen«, also dann, wenn es besonders gefährlich ist. Wie verschiedene Studien gezeigt haben, kleiden sich Frauen in diesen fruchtbaren Tagen unbewusst nicht nur freizügiger, sie finden auch kantige Männer mit hohem Testosteronspiegel attraktiver als in den sonstigen Tagen ihres Zyklus, in denen sie eher Männer mit weicheren Gesichtszügen bevorzugen.

Echt?

Ja, der Befund ist eindeutig. Und es gibt auch eine gute, evolutionäre Erklärung dafür: Sehr männliche Männer mit hohem Testosteronspiegel sind zwar hervorragende Gen-Lieferanten, aber im Durchschnitt weniger gute »Versorger«, weshalb Frauen unbewusst weiblichere Typen als Dauerpartner vorziehen. Der Evolutionsbiologe Matt Ridley charakterisierte die doppelbödige weibliche Fortpflanzungsstrategie einmal so: »Heirate einen netten Kerl und gönne dir eine Liebschaft mit deinem Chef...«

Ich gebe zu: Das klingt auch nicht besonders fein! Mir fällt da aber etwas auf: Wenn wir Frauen die Partnerwahl maßgeblich bestimmen, dann ist es doch erstaunlich, dass ihr Menschenmänner im Unterschied zu vielen Männchen im Tierreich nicht besonders schön geraten seid, oder? Ich meine: In der Regel sehen wir Frauen doch wirklich besser aus als ihr! Das wirst du wohl zugeben.

Mache ich gerne! Das heißt allerdings nicht, dass wir Menschenmänner nicht doch sehr teure Signale aussenden würden, um in den Genuss weiblicher Gunst zu gelangen.

Ach ja? Welche Signale denn?

Der erigierte Penis des Mannes zum Beispiel ist ein solch teures Signal! Ohne sexuelle Auslese durch menschliche

Frauen hätte sich dieses besondere Teil in der Evolution ganz bestimmt nicht entwickelt.

Was? Der steife Penis soll ein Zuchterfolg der Frauen sein? Meinst du das ernst?

Absolut! Im Unterschied zu vielen anderen Primatenarten fehlt uns Menschenmännern der Penisknochen. Die Steifheit des Glieds beruht ausschließlich darauf, dass sich die sogenannten Schwellkörper explosionsartig mit Blut füllen, wodurch der Penis hart und groß wird. Dieser Prozess ist recht störungsanfällig, weshalb er für Frauen ein guter Hinweis für Fitness ist.

Der Penis ist also eine Art »Messlatte«?

Hahaha! Ja, so kann man es formulieren. Fakt ist jedenfalls: Nur wer gesund und jung genug ist, gut ernährt ist, genügend Selbstvertrauen hat und nicht allzu sehr gestresst ist, kann, wenn es darauf ankommt, mit einem steifen Penis aufwarten. Die Erektion des Menschenmannes ist ein purer Luxus, den sich in dieser Form nur unsere Spezies leistet – und zwar aus einem einzigen Grund: um Frauen zu imponieren! Wenn du so willst, ist das erigierte Glied eines Mannes ein Äquivalent zur Schleppe des Pfaus.

Wow! Das macht mich jetzt einigermaßen sprachlos. Hmm... Aber das kann doch wohl nicht alles sein, oder? Es gibt doch bestimmt noch andere »teure Signale«, mit denen ihr uns beeindrucken wollt.

Klar. Frauen nur mit einem erigierten Penis imponieren zu wollen, wäre ja auch keine besonders wirkungsvolle Strategie! Schließlich muss der durchschnittliche Herr die durchschnittliche Dame erst einmal davon überzeugen, dass es sich bei ihm um einen lohnenswerten Sexualpartner handeln könnte, bevor er diesen besonderen Zuchterfolg der sexuellen Auslese präsentieren darf.

Logisch, aber wie macht er das?

Nun, er muss bestimmte Eigenschaften vorweisen wie Freundlichkeit, Intelligenz, Gesundheit, Durchsetzungsfähigkeit, Erfolg. Besonders hilfreich ist es, wenn er das mit teuren Signalen belegen kann. Dazu dienen beispielsweise Statussymbole wie teure Kleidung, ein überdimensioniertes Auto oder ein Markenhandy. Wer solche Statussymbole vorzeigt, der beweist, dass er über so viele Ressourcen verfügt, dass er verschwenderisch damit umgehen kann.

Wie der Pfau mit seiner Schleppe ...

Genau! Man kann teure Signale aber auch auf andere Weise aussenden, z. B. indem man besondere sportliche Leistungen erbringt. In unserer heutigen technisierten Welt ist es ja nicht mehr notwendig, besonders schnell laufen zu können. Wer diese Fähigkeit demonstriert, beweist aber, dass er körperlich sehr fit ist, was auf die Umgebung attraktiv wirkt. Einen ähnlichen Weg wählen Musiker, Dichter, Maler oder Schauspieler: Sie produzieren Kunstwerke, die für das direkte Überleben nicht unbedingt notwendig sind, aber *gerade deshalb* wirken sie auf viele Menschen im besonderen Maße attraktiv. Ein teures und dadurch attraktives Signal sendet auch derjenige aus, der sich als besonders spendabel zeigt, denn er demonstriert auf diese Weise, dass es ihm so gut geht, dass er in der Lage ist, andere zu unterstützen. Sozial engagiert zu sein, kann also ziemlich sexy wirken. Nicht umsonst heißt es: »Tue Gutes und rede darüber!«

Das klingt jetzt aber ziemlich abwertend.

Ist aber gar nicht so gemeint! Ich behaupte ja nicht, dass Menschen ihren Mitmenschen *nur deshalb* helfen, weil sie damit Pluspunkte im Kampf um den sexuellen Fortpflanzungserfolg sammeln wollen. Aber: *Dass* Menschen solche Verhaltensweisen *überhaupt* zeigen, ist nun einmal darauf zurückzuführen, dass es eine entsprechende sexuelle Auslese gab. Wären die Hilfsbereiten nicht durch erhöhte Fortpflanzung belohnt worden, so wäre das Merkmal »Hilfsbereitschaft« längst ausgestorben.

Okay. Aber ist es denn wirklich so, dass nur die Frauen die sexu-

elle Auslese bestimmt haben? Haben die Männer nicht auch die Frauen zu dem herangezüchtet, was sie heute sind?

Selbstverständlich! Frauen sind zwar meist wählerischer als Männer, aber das heißt nicht, dass Männer völlig wahllos zugreifen würden. In vielerlei Hinsicht bevorzugen Männer ähnliche Eigenschaften wie Frauen. Auch sie wollen Sex mit möglichst netten, intelligenten, freundlichen, erfolgreichen Menschen. Männer scheinen allerdings größeren Wert auf ein attraktives Aussehen ihrer Partnerinnen zu legen (was vielleicht erklärt, warum Frauen in der Regel besser aussehen als Männer), während für Frauen das Einkommen und das Sozialprestige ihrer Sexualpartner wichtiger ist (was wohl der Grund dafür ist, warum Männer so sehr mit ihrem Besitz und ihren ach so tollen Fähigkeiten protzen).

Ist das denn für alle Zeiten so festgeschrieben?

Nein, solche Neigungen sind durchaus historischen Schwankungen unterworfen. So nahm mit der Emanzipation der Frau, vor allem mit ihrer zunehmenden wirtschaftlichen Selbstständigkeit, ihr Interesse am Einkommen des Mannes ab, während das Interesse an seiner körperlichen Attraktivität stieg, weshalb sich Männer heute nicht nur im Job, sondern auch im Fitnessstudio quälen, um der Damenwelt zu gefallen. Der Druck, schön, gepflegt, körperlich attraktiv zu sein, lastet mittlerweile also nicht nur auf den Frauen, sondern auch auf den Männern. »Beautyprodukte für den Mann« sind nicht ohne Grund schwer am Kommen.

Aber es pflanzen sich doch auch diejenigen fort, die nicht sonderlich attraktiv sind! Die Welt ist ja nicht voller Brad Pitts.

Nein, sie ist aber auch nicht voller Angelina Jolies oder Jennifer Anistons! Wir alle rangieren irgendwo auf der nach oben wie unten offenen Attraktivitätsskala. Der eine, wie Brad Pitt, steht ganz oben, andere, »Normalos« wie ich, viele Rangstufen tiefer. Aber das ist auch kein Problem, denn wir alle suchen uns in der Regel Partnerinnen und Partner, die etwa auf der gleichen Attraktivitätsstufe stehen wie wir selbst.

Hey, du redest dich gerade um Kopf und Kragen! Das klang geradeso, als ob du Mama nicht sonderlich attraktiv finden würdest. Das wird ihr erstens nicht gefallen und zweitens stimmt es auch nicht!

Du hast recht: Ich hatte in dieser Hinsicht Glück, da ich mich auf dem sexuellen Transfer-Markt *über* Wert verkaufen konnte ... Mitunter kann man ja mäßiges Aussehen mit etwas anderem ausgleichen, beispielsweise mit Humor. Woody Allen, der ja auch nicht unbedingt ein Adonis ist, schaffte es auf diese Weise sogar auf die Liste der zehn erotischsten Männer der Welt!

Echt? Das hätte ich jetzt nicht gedacht! Aber lass uns nun wieder auf unsere Ausgangsfrage zurückkommen, okay? Ich habe das Gefühl, dass wir uns beim Thema »Sex« ziemlich verquatscht haben ...

Stimmt! Eigentlich haben wir aber alle zentralen Argumente zusammen, mit denen wir erklären können, warum Sex Spaß macht und Sterben nicht. Wie du dich vielleicht erinnerst, habe ich diese Tatsache darauf zurückgeführt, dass es Selektionsvorteile für »guten Sex« gab, jedoch keine für den »guten Tod«.

Dass es Selektionsvorteile für guten Sex gab, ist logisch: Denn wer Spaß an Sex hat, wird häufiger mit jemandem schlafen und sich somit auch häufiger fortpflanzen!

Richtig. Also haben sich Erbanlagen für »guten Sex« in der Evolution durchgesetzt. Warum aber gilt das Gleiche nicht für Erbanlagen, die uns Leid und Kummer am Ende des Lebens ersparen?

Hmmm ... Weil derjenige, der ruhig und schmerzfrei stirbt, sich deshalb keinen Deut häufiger fortpflanzt?

Exakt! Der gute Tod ist »selektionsneutral«, da derjenige, der friedlich stirbt, aus seinem besonderen »Talent« keinerlei Fortpflanzungsvorteile ziehen kann.

Klar, denn er kann sich ja, nachdem er dieses Talent bewiesen hat, nicht mehr fortpflanzen.

So ist es. Möglicherweise ist der gute Tod aber nicht nur »selektionsneutral«. Es könnte sogar sein, dass Eigenschaften, die einen schmerzfreien Tod gewährleisten, insgesamt mit Selektionsnachteilen verbunden sind.

Was meinst du damit?

Wie würde sich denn jemand verhalten, der überhaupt keine Schmerzen und auch keine Angst vor lebensbedrohlichen Situationen empfindet?

Er würde sich wohl auf sehr gefährliche Dinge einlassen.

Ja, und dadurch würde die Wahrscheinlichkeit steigen, dass er stirbt, bevor er geschlechtsreif geworden ist. Schmerzen und Ängste haben ja eine wichtige biologische Funktion für uns Lebewesen: Sie zeigen uns an, dass irgendetwas nicht stimmt, dass wir irgendetwas nicht mehr tun sollten, weil es zu gefährlich ist. Jemand, der über dieses biologische Warnsystem nicht oder nur in unzureichendem Maße verfügt, hat eher Selektionsnachteile als -vorteile. Und deshalb hat sich das Merkmal »Schmerzfreiheit« in der Evolution auch nicht durchsetzen können.

Also können wir festhalten, dass der Umstand, dass Sex Spaß macht und Sterben nicht, auf natürliche und sexuelle Auslese zurückzuführen ist?

Ja. Wir sind, was wir sind, und empfinden, was wir empfinden, weil bestimmte Eigenschaften in der Evolution mit Fortpflanzungsvorteilen verbunden waren, andere hingegen nicht. Wir stammen von Lebewesen ab, die erfolgreich am Wettbewerb um den Fortpflanzungserfolg teilnahmen, und so werden wir mit angenehmen Gefühlen belohnt, wenn wir dies ebenfalls tun. Mehr steckt allem Anschein nach nicht hinter den vielfältigen Erscheinungsformen der Natur! Die Evolution folgt keinem geheimen Plan, keinem verborgenen Sinn, keiner göttlichen Absicht, sondern einem ziemlich schlichten Auswahlverfahren: *Was oder wer sich nicht erfolgreich genug fortpflanzen kann, scheidet aus dem Spiel aus!* Das ist auch schon alles! Es hat keine tiefere Bedeutung, auch wenn wir uns das gerne vormachen.

So gesehen ist das Leben eigentlich eine ziemlich belanglose Angelegenheit, oder?

Ja. Einerseits könnte man sagen, das Leben sei »viel Lärm um nichts«, anderseits ist es jedoch das Bedeutsamste, das wir überhaupt kennen. Sinn und Unsinn des Lebens gehen Hand in Hand ...

Oh, das wäre doch ein gutes Thema für unser morgiges Gespräch! Was meinst du?

Einverstanden. Bei der Gelegenheit können wir vielleicht auch eine erste Bilanz ziehen über das, was wir bis hierhin herausgefunden haben.

• • • • »Man kann nicht zweimal in denselben Fluss steigen.« Mit diesem berühmt gewordenen Aphorismus umschrieb der griechische Philosoph **Heraklit** (520–460) seine Auffassung, dass die Welt nicht statisch sei, sondern sich stetig ändere. Heraklit ging nicht wie viele seiner Zeitgenossen von einem »unveränderlichen Sein der Dinge« aus, sondern von einem permanenten »Werden und Vergehen«, was später auf die eingängige Kurzformel »Panta rhei« (»Alles fließt!«) gebracht wurde. Zu Heraklits Lebzeiten musste ein solch »dynamisches Weltbild« allerdings ziemlich exotisch wirken, was dem Philosophen auch den Beinamen »der Dunkle« einbrachte.

Rund 2300 Jahre später zeigte sich jedoch, dass Heraklits Grundannahmen keineswegs »dunkel«, sondern durchaus hellsichtig gewesen waren. Denn damals, in der Mitte des 19. Jahrhunderts, kam es zu der wohl tiefgreifendsten Erschütterung des traditionellen Weltbildes. Im Zentrum dieses weltanschaulichen Erdbebens stand ein Mann, der auf den ersten Blick kaum den Eindruck erweckt hätte, zu den größten Revolutionären der Menschheitsgeschichte zu gehören: **Charles Darwin** (1809–1882). Als der Begründer der modernen Evolutionstheorie zu seiner berühmten Schiffsreise mit der »Beagle« aufbrach, war er noch ein gläubiger Christ, der keinerlei Zweifel an der göttlichen Schöpfung der Welt hegte. Doch je genauer er die Naturphänomene beobachtete, desto größer wurde seine Skepsis. Darwin erkannte, dass die Tier- und Pflanzenarten einem kontinuierlichen Wandel unterworfen sind, der von einem natürlichen Ausleseverfahren bestimmt wird, welches für die Lebewesen häufig mit Leid, Tod und Verderben verknüpft ist. Der alte Glaube an einen Schöpfergott, der jede Art liebevoll einzeln modellierte und am Ende auch noch meinte, alles sei »gut«, ließ sich mit diesen Erkenntnissen nicht mehr in Einklang bringen.

Darwin selbst waren die gravierenden weltanschaulichen Konsequenzen seiner Theorie von Anfang an bewusst, weswegen er sich lange davor scheute, mit dieser wissenschaftlichen Bombe an die Öffentlichkeit zu treten. Dass es doch noch zur Veröffentlichung des wegweisenden Buchs »Über die Entstehung der Arten« kam, ist wohl nicht zuletzt einem Brief zu verdanken, der im Juni 1858 auf Darwins Schreibtisch landete: Absender war der Naturforscher **Alfred Russell Wallace** (1823–1913), der unabhängig von Darwin zu ähnlichen Ergebnissen bezüglich des natürlichen Wandels der Arten gelangt war.

Auch wenn sich Darwin von seinen Freunden zur Publikation seiner Erkenntnisse überreden ließ, so blieb er doch weiterhin äußerst vorsichtig. Nur mit einem einzigen, geheimnisvollen Satz deutete er am Schluss seines 1859 erschienenen Grundlagenwerks an, dass durch die Evolutionstheorie »Licht fallen« werde »auf den Menschen und seine Geschichte«. Was damit gemeint war, führte Darwin nicht weiter aus. Er überließ das Terrain zunächst seinen wichtigsten Mitstreitern **Thomas Huxley** (1825–1895) und **Ernst Haeckel** (1834–1919), die stichhaltige Belege dafür lieferten, dass Mensch und Schimpanse gemeinsame Vorfahren haben.

Erst 1871 griff Darwin selbst in die Debatte ein, als er sein zweites evolutionstheoretisches Hauptwerk »Die Abstammung des Menschen« herausbrachte. Die Veröffentlichung *dieses* Buchs dürfte den chronisch magenkranken Gelehrten ebenfalls einige Überwindung gekostet haben, schließlich enthielt das Werk gleich eine doppelte Provokation: Denn Darwin bewies nicht nur, dass der Mensch eine auf natürlichem Wege entstandene, affenartige Lebensform ist. Er zeigte zudem, dass es in der Natur keineswegs nur um einen »Kampf ums Dasein« geht, sondern auch um »Sex« (also um jenen »Schweinskram«, über den man im prüden viktorianischen Zeitalter kaum zu sprechen wagte)! Und so setzte Darwin nur wenig Hoffnung darauf, dass das Konzept der sexuellen Selektion noch zu seinen Lebzeiten akzeptiert würde. Tatsächlich dauerte es fast ein Jahrhundert, bis die Forscher deren Tragweite zu verstehen begannen.

Als Charles Darwin 1882 starb, hinterließ er ein Werk, das unsere Sicht auf die Welt für immer veränderte. Doch die Evolution der Evolutionstheorie war mit seinem Tod noch lange nicht abgeschlossen. Viele Forscherinnen und Forscher trugen ihren Teil dazu bei, dass wir ein immer besseres Verständnis der evolutionären Prozesse in Natur und Kultur entwickelten. Dabei wurden Darwins Ideen immer stärker verändert, was den Begründer der Evolutionstheorie allerdings kaum gestört hätte. Denn Darwin wusste, wie wohl kein anderer Denker seit Heraklit: »Nichts ist beständiger als der Wandel!« An der Wahrheit dieser Aussage gibt es heute keinen vernünftigen Zweifel mehr. Und so wird mit dem »beständigen Wandel« auch die von Darwin ausgehende *Theorie des Wandels* Bestand haben – zumindest solange die Evolution Menschen hervorbringt, die ein Gespür dafür entwickeln, dass ein Kopf zu mehr noch zu gebrauchen ist als zum Tragen modischer Hüte. •

Vom Sinn und Unsinn des Lebens

Wir wollten ja heute über die Frage nach dem Sinn und Unsinn des Lebens sprechen. Dazu müsste ich allerdings zuerst mal wissen, was das Wort »Sinn« überhaupt bedeutet.

Ganz einfach: Sinn Salsa billibim, Spaghetti gelb, grün, blau!

Äh... Was?

Sinn, Salsa billibim, Spaghetti gelb, grün, blau!

Ich hab schon gehört, was du gesagt hast, aber ich verstehe nicht, was du damit meinst!

Logisch, denn dieser Satz ist völlig sinnlos.

Offensichtlich.

Aber *warum* ist der Satz sinnlos?

Na, weil die Wörter in diesem Zusammenhang keinen Sinn ergeben!

Richtig. Denn »Sinn« hat etwas mit »Zusammenhang« zu tun! Wenn wir den Sinn eines Satzes erfassen wollen, versuchen wir, einen *bedeutungsvollen Zusammenhang* zwischen den einzelnen Wörtern herzustellen. Bei »Sinn, Salsa billibim, Spaghetti, gelb, grün, blau!« ist das kaum möglich, obwohl bis auf »billibim« jedes Wort eine wohldefinierte Bedeutung hat.

Lustig, jetzt, wo du das noch einmal gesagt hast, habe ich das Gefühl, dass hinter diesem Satz vielleicht doch ein verborgener Sinn stecken könnte. »Sinn, Salsa billibim« – das klingt doch ganz ähnlich wie der Zauberspruch »Simsalabim«.

Stimmt. Könnte sein, dass ich das unbewusst im Kopf hatte ...

Der Satz »Simsalabim, Spaghetti, gelb, grün, blau!« ergibt zwar auf Anhieb auch keinen Sinn, aber ich erinnere mich daran, dass du früher hin und wieder für uns Kinder Spaghetti gekocht hast. Und wir hatten zu der Zeit solche bunten Plastikbecher, aus denen wir getrunken haben. Erinnerst du dich?

Ja. Aber ich weiß nicht, worauf du hinauswillst ...

Also: Wenn du damals die Nudeln auf den Tisch gestellt und die Plastikbecher an uns Kinder verteilt hättest, so hättest du sagen können: »Simsalabim, Spaghetti, gelb, grün, blau!« – und jeder hätte verstanden, was du damit meinst!

Das ist wahr. Deine Interpretation ist insofern interessant, als sie zwei Dinge deutlich macht, die man nicht vergessen sollte, wenn man über »Sinn« spricht.

Und die wären?

Nun, zunächst einmal müssen wir beachten, dass der Sinngehalt einer Aussage *kontextabhängig* ist. Der Ausspruch »Spaghetti, gelb, grün, blau!« mag in einer bestimmten Situation vielleicht Sinn ergeben, in den meisten anderen Situationen ist er aber sinnlos.

Heißt das auch, dass ein und derselbe Satz je nach Situation etwas völlig anderes bedeuten kann?

Klar! Wenn wir mit einem älteren Herrn bei einem guten Glas Rotwein am Swimmingpool sitzen und er sagt: »Wie man sieht, genieße ich das Leben in vollen Zügen!«, so meint das etwas anderes, als wenn wir den gleichen Satz von einem Schaffner im überfüllten Intercity nach Hamburg hören.

Hahaha! Stimmt!

Außerdem weist deine Deutung auf etwas sehr Grundlegendes hin: Unser Gehirn ist offenbar so sehr auf die Herstellung von bedeutungsvollen Zusammenhängen, also »Sinn«, programmiert, dass wir Zusammenhänge sogar da sehen, wo eigentlich gar keine vorhanden sind.

Kannst du dafür noch ein anderes Beispiel geben?

Klar, nehmen wir einmal die Astrologie: Die Anordnung der Sterne im Universum folgt, wie wir wissen, physikalischen Gesetzmäßigkeiten. Mit den »Sternbildern«, die wir aus unserer irdischen Perspektive in den Kosmos hineininterpretieren, hat das natürlich nichts zu tun! In Wahrheit gibt es keinen »großen Wagen«, keinen »Stier«, keine »Jungfrau« am Himmel. Das sind bloß menschliche Fiktionen. Während solche »Sternbilder« den Menschen in früheren Zeiten geholfen haben, sich auf dem offenen Meer zu orientieren, führt ihre astrologische »Deutung« in Form von Horoskopen dazu, dass Menschen eher desorientiert werden. Denn ebenso wenig, wie es die »Jungfrau« oder den »Stier« am Himmel gibt, gibt es vernünftige Gründe dafür, Menschen ausgerechnet danach zu unterscheiden, unter welchen »Sternzeichen« sie angeblich geboren wurden. In den Sternen steht definitiv *nicht* geschrieben, welches Schicksal dich ereilen wird oder welche Persönlichkeitsmerkmale du hast. Jeder, der so etwas behauptet, redet blanken Unsinn!

Warum?

Weil er einen bedeutungsvollen Zusammenhang unterstellt, wo in Wirklichkeit gar kein Zusammenhang existiert. Es gibt eine Menge empirischer Untersuchungen, die das belegen.

Aber ist es nicht doch so, dass Leute, die als »Jungfrau« geboren wurden, anders sind als »Löwen« oder »Fische«? Ich habe manchmal den Eindruck, dass da vielleicht doch was dran sein könnte...

Dieser Eindruck entsteht dadurch, dass du die Menschen schon unter einer »astrologischen Brille« wahrnimmst. Du konzentrierst dich auf Eigenschaften, die angeblich »typisch Jungfrau« oder »typisch Löwe« sind, und gehst davon aus, dass diese Eigenschaften bei Leuten, die in einem bestimmten Monat geboren wurden, vermehrt auftreten. Lässt du die »astrologische Brille« weg und gehst unvoreingenommen an das Thema heran, so lösen sich diese scheinbaren Zusammenhänge schnell in Luft auf. Das haben unter anderem Studien an »astrologischen Zwillingen« gezeigt, also Menschen, die exakt zum gleichen Zeitpunkt geboren wurden. Sie wiesen keine größeren Gemeinsamkeiten auf als Menschen, die zu völlig unterschiedlichen Zeitpunkten das Licht der Welt erblickten.

Und wie kommt es dann, dass man trotzdem manchmal feststellen kann, dass Vorhersagen aus dem Horoskop zutreffen?

Das hat *erstens* damit zu tun, dass diese Vorhersagen in der Regel so schwammig formuliert sind, dass man beinahe alles in sie hineininterpretieren kann. Etwa: »Nächste Woche erhalten Sie eine freudige Nachricht!« Das kann fast alles bedeuten! *Zweitens* muss man die statistische Wahrscheinlichkeit des zufälligen Eintreffens von Vorhersagen mit einkalkulieren. Je häufiger du Horoskope liest, desto häufiger ist auch zu erwarten, dass sich einige der Prophezeiungen auch bewahrheiten. Und *drittens* darf man das Phänomen der »sich selbst erfüllenden Prophezeiungen« nicht übersehen: Manche Dinge treten gerade deshalb ein, weil man *erwartet*, dass sie eintreffen.

So etwas gibt es wirklich?

Selbstverständlich! Und zwar nicht nur bei astrologischen »Weissagungen«. Aus der medizinischen Forschung kennen wir den sogenannten »Placebo-Effekt«: So spüren Patienten, die meinen, ein starkes Schmerzmittel erhalten zu haben, tatsächlich weniger Schmerzen, obwohl das ihnen verabreichte »Medikament« gar keine schmerzstillenden Wirkstoffe, sondern bloß Zucker oder Stärke enthält. Die positive Erwartung, dass eine Behandlung helfen wird, führt offensichtlich dazu, dass eigentlich wirkungslose Präparate tatsächlich Wirkungen entfalten. Sogar Scheinoperationen haben derartige positive Effekte: In einem Experiment in Texas wurden 120 Patienten mit Knie-Arthrose

»operiert«. Davon erhielten allerdings 60 statt einer »echten OP« nur oberflächliche Schnitte auf der Haut. Als man die Patienten zwei Jahre nach der OP befragte, waren 90 Prozent der Patienten *beider* Gruppen mit der »Operation« zufrieden. Der einzige Unterschied zwischen den Gruppen war, dass die »Nicht-wirklich-Operierten« weniger Schmerzen verspürten als die Kontrollgruppe.

Das ist ja verrückt! Im ersten Moment würde man meinen, dass es nicht nur menschenverachtend, sondern auch total unsinnig ist, Menschen vorzumachen, dass sie operiert worden sind, wenn in Wirklichkeit gar nichts passiert ist. Und dann stellt sich heraus, dass es den Scheinoperierten sogar besser geht als den Operierten! Hmmm... Aber wie kann es denn überhaupt sein, dass etwas, das gar nicht stattgefunden hat, Wirkungen zeigt? Du sagst doch immer: »Von nichts kommt nichts!«

Das ist eine gute Frage! Natürlich kann etwas, das real nicht existiert, auch keine realen Wirkungen in der Welt haben. Aber: *Der reale Glaube an die Existenz des nicht Existenten hat sehr wohl reale Wirkungen in der Welt!* Denk beispielsweise an den Glauben an »Gott«, der so, wie er von Menschen vorgestellt wurde, mit an Sicherheit grenzender Wahrscheinlichkeit nicht existiert! Trotzdem war und ist der Gottesglaube für viele Menschen höchst real. Er bestimmte die Weise, in der sie dachten und handelten, und hinterließ so tiefe Spuren in der Menschheitsgeschichte.

Du vergleichst den Glauben an Gott also mit dem Glauben an eine Schein-OP?

Warum nicht? Beides zeigt, dass Glaube Wirkungen hat – auch wenn das Geglaubte objektiv unsinnig ist, da es auf einer Fehlinterpretation der Wirklichkeit beruht. Ein anderes Beispiel für dieses Phänomen ist das sogenannte »Siegerhemd«, das Fußballtrainer anziehen, weil sie es zufällig bei einem Spiel trugen, bei dem die eigene Mannschaft einen unerwarteten Sieg errungen hat. Natürlich besteht kein direkter Zusammenhang zwischen der Kleiderwahl eines

Trainers und der Treffsicherheit seiner Stürmer, dennoch kann ein solches »Siegerhemd« die positive Erwartung einer Mannschaft und dadurch auch ihre Siegeschancen steigern.

Ich verstehe. Dennoch gibt es da einen wichtigen Unterschied: Die Folgen des Glaubens an eine »Schein-OP« oder ein »Siegerhemd« sind eindeutig positiv. Das würdest du vom Glauben an »Gott« doch nicht behaupten, oder?

Nun ja, auch der Gottesglaube kann durchaus positive Wirkungen haben! Es gibt viele Menschen, die mithilfe des Glaubens Halt und Orientierung in ihrem Leben finden. Gerade in existenziellen Krisen, etwa wenn ein naher Verwandter oder Freund stirbt, sie selbst im Gefängnis landen oder drogenabhängig sind, wenden sich viele der Religion zu und schaffen es auf diese Weise tatsächlich, ihr Leben besser in den Griff zu bekommen.

Und das, obwohl eigentlich nichts für die Wahrheit ihrer Glaubensüberzeugungen spricht?

Ja. Sogar richtig grober Unsinn, also eine völlig falsche Interpretation der Zusammenhänge in der Welt, kann hilfreich sein, um so etwas wie einen »Sinn« in unserem Leben zu finden. Selbstverständlich wäre es besser, wenn wir einen »sinnvollen Sinn« entwickeln würden, der die realen Zusammenhänge im Universum nicht völlig verzerrt. *Aber auch ein »unsinniger Sinn« ist immer noch besser als gar keiner!* Denn wer völlig orientierungslos durchs Leben geht und überhaupt nichts sieht, wofür es sich zu leben lohnt, der wird auf Dauer kaum glücklich werden.

Klar, aber woran liegt es denn, dass wir überhaupt nach so etwas wie einem »Sinn« suchen?

Die evolutionsbiologische Antwort auf deine Frage dürftest du mittlerweile kennen.

Ein Vorteil im Kampf ums Überleben? Aber warum sollte es denn Fortpflanzungsvorteile haben, nach dem »Sinn« zu suchen?

Erinnere dich an den Anfang unseres heutigen Gesprächs: Ich hatte gesagt, dass »Sinn« etwas mit »Zusammenhang« zu tun hat.

Ja, wir verstehen den Sinn eines Satzes dann, wenn wir die Worte in einen Zusammenhang bringen können, der für uns, in der Situation, in der wir uns befinden, irgendeine Bedeutung hat.

Richtig. Nun versuchen wir aber nicht nur Worte in ihrem Zusammenhang zu verstehen, sondern sämtliche Erscheinungen, auf die wir in unserem Leben treffen. Wir stellen permanent theoretische Zusammenhänge zwischen Dingen und Ereignissen her und bemühen uns, Wirkungen auf ihre voraussichtlichen Ursachen zurückzuführen, um uns so in der Welt orientieren zu können.

Ah! Ich ahne jetzt, wo der Selektionsvorteil liegen könnte: Je besser man die Zusammenhänge versteht, desto besser kann man sich in der Welt orientieren. Und je besser man sich orientieren kann, desto besser kann man auch die Chancen nutzen, die einem zur Verfügung stehen!

Korrekt! Jedes intelligente, lernfähige Tier steht vor einer »kleinen Sinnfrage«, wenn es mit neuen Reizen oder Erfahrungen konfrontiert wird. Es fragt sich zwar nicht nach der *Bedeutung des Lebens als Ganzen*, aber sehr wohl nach der *Bedeutung*, die diese *neuen Reize und Erfahrungen für sein Leben* haben könnten. Sind sie gefährlich oder harmlos, interessant oder uninteressant? Falls sie interessant sind, also dem Überleben oder dem Fortpflanzungserfolg dienen könnten, muss ein Tier herausfinden, wie es seine Ziele unter den neuen Bedingungen erreichen kann. Dafür muss es mitunter recht komplizierte Zusammenhänge durchschauen.

Und wie machen Tiere das?

Hochentwickelte Tiere gehen da im Grunde nicht viel anders vor als wir: Sie versuchen, durch Versuch und Irrtum, manchmal auch durch gezielte Analyse, Berechnung und Planung, Probleme zu lösen. Lange Zeit haben wir die Intelligenz von Tieren grob unterschätzt, da wir dachten, dass sie allein durch Instinkte bestimmt sind und nur wenig hinzulernen können. Heute wissen wir, dass einige Tiere höchst lernwillig und einfallsreich sind, wenn es darum geht, Probleme zu lösen. Das gilt nicht nur für höhere Säugetiere wie Ratten, Affen oder Delfine, sondern beispielsweise auch für Rabenvögel.

Ja, ich habe schon gehört, dass Raben überaus intelligent sein sollen. Sie erkennen sich sogar im Spiegel, was Katzen zum Beispiel nicht können.

Richtig. Raben haben viele erstaunliche Eigenschaften: Sie planen im Voraus und bauen Werkzeuge, um an Nahrung zu gelangen. Sie verstehen es sogar, die Errungenschaften der menschlichen Zivilisation für ihre eigenen Zwecke zu nutzen. So haben sie beispielsweise einen Weg gefunden, das lästige Knacken von Nüssen auf elegante Weise zu erledigen: Sie legen die Nüsse einfach auf dicht befahrene Straßen, lassen sie von Autos überrollen und laben sich dann an der freigelegten Frucht.

Clevere Viecher!

Ja, und dabei beachten sie sogar die Ampelschaltung, um gefährlichen Situationen zu entgehen! Das Beispiel zeigt, dass Raben recht komplexe Zusammenhänge durchschauen können. Und eben deshalb sind sie auch in der Lage, der Straße einen neuen, »rabenhaften Sinn« zu geben.

Was meinst du damit?

Während der »Sinn« einer Straße für uns Menschen in ihrer »Mobilitäts-Funktion« liegt (wir können auf ihr reisen), liegt der »Sinn« einer Straße für Raben in ihrer »Nussknacker-Funktion« (sie erlaubt ihnen, ohne besonderen Kraftaufwand an die Nahrung zu kommen).

Okay. Intelligente Tiere wie Raben sind also in der Lage, Zusammenhänge zu durchschauen und den Dingen dadurch einen eigenen Sinn zu geben. Was mich interessieren würde: Unterlaufen ihnen dabei auch solche Fehler, wie sie uns manchmal passieren? Interpretieren sie also Zusammenhänge falsch? Vermuten sie manchmal Zusammenhänge dort, wo gar keine vorhanden sind?

Selbstverständlich! Das zeigt unter anderem das schöne Experiment mit der »abergläubischen Ratte«. Hast du schon mal davon gehört?

Nein, aber das klingt lustig. Erzähl mal!

Also, der Versuchsaufbau ist einfach: Eine Ratte wird in einen Raum gelassen, an dessen Ende ein Futternapf steht. Nach zehn Sekunden fällt das Futter in den Napf, allerdings nur unter der Voraussetzung, dass die Ratte erst nach zehn Sekunden am Napf ankommt. Wenn sie früher da ist, bleibt der Napf leer. Was meinst du, was passiert?

Keine Ahnung!

Nun, Ratten sind für praktische Sinnzusammenhänge sehr aufgeschlossen. Nach einigem blinden Ausprobieren begreift die Ratte, dass es einen Zusammenhang gibt zwischen dem Erscheinen von Futter und der Zeit, die sie gebraucht hat, um zum Napf zu gelangen. Das Problem ist jedoch, dass sie normalerweise für das Zurücklegen der Entfernung zum Futternapf nur zwei Sekunden benötigen würde. Also muss sie die restlichen acht Sekunden überbrücken. *Was genau* sie in diesem Zeitraum tut, ist für den Fresserfolg irrelevant, aber das weiß die Ratte nicht! Und dieses Unwissen erzeugt ein Verhalten, das man mit Fug und Recht als »abergläubisch« bezeichnen kann.

Wieso?

Nehmen wir an, unsere Ratte hat sich bei ihrem ersten erfolgreichen Versuch, die zusätzlichen acht Sekunden zu verbummeln, *zufällig* zweimal um die eigene Achse gedreht, ist drei Schritte nach hinten und zehn Schritte nach vorne gelaufen. Durch den Fresserfolg bestätigt, wird sie dieses Muster nun wiederholen. So verfestigt sich in ihr der Glaube, dass diese zufälligen Tanzschritte notwendig sind, um das Futter zu erhalten. Gäbe man der Ratte die Gelegenheit, ihre Nachkommen mit in den Raum zu bringen, würde sie diese in ihrem besonderen Tanzstil unterrichten. Auf diese Weise könnten ganze Generationen »abergläubischer Ratten« entstehen, die felsenfest von der Sinnhaftigkeit dieses Tanzes, also von dem ursächlichen Zusammenhang von Tanz und Futterbelohnung, überzeugt sind, obwohl der in Wirklichkeit gar nicht existiert.

Faszinierend! Wenn ich an die Rituale denke, die Menschen zelebrieren, um »Gott«, die »Naturgewalten« oder das »Schicksal« gnädig zu stimmen, scheint mir das bei uns gar nicht so viel anders zu sein ...

Stimmt! Auch wir Menschen scheitern oft schon bei der »kleinen Sinnfrage«, da wir Zusammenhänge ähnlich falsch interpretieren wie die »abergläubische Ratte« im Experiment. Allerdings können wir solche Fehler durch systematisches Vorgehen beheben – und genau das ist das Ziel der wissenschaftlichen Forschung.

Gut. Ich finde, dass wir, nachdem wir so ausführlich über die »kleine Sinnfrage« gesprochen haben, jetzt endlich zur »großen Sinnfrage« kommen sollten, meinst du nicht? Warum fragen wir Menschen nicht nur danach, welche Bedeutung diese oder jene Situation für unser Leben hat, sondern vor allem auch, welche Bedeutung das Leben überhaupt hat?

Nun, der Mensch ist ein Lebewesen, das die Zukunft besser gedanklich vorwegnehmen kann als alle anderen uns bekannten Tiere. Und so machen wir uns Gedanken über die Zukunft – auch, weil wir wissen, dass diese Zukunft endlich ist. Wir wissen ja nicht nur um unsere eigene Existenz, sondern auch um die *Endlichkeit unserer Existenz*. Deshalb fragen wir uns nicht bloß, *ob sich dieses oder jenes für unser Leben lohnt*, wir fragen grundsätzlicher, *wofür es sich überhaupt zu leben lohnt*: Steckt hinter dem Ganzen vielleicht ein »verborgener Sinn«, ein geheimnisvoller Zusammenhang, der unserem endlichen Leben eine besondere Bedeutung zuweist? Oder besteht der Sinn des Lebens im Leben selbst und muss deshalb überhaupt nicht von etwas »Höherem« abgeleitet werden? Auf diese Fragen haben Philosophen und Theologen recht unterschiedliche Antworten gegeben.

Gläubige Menschen sind ja davon überzeugt, dass ein sinnvolles Leben nur dann möglich ist, wenn das Leben »an sich« einen Sinn hat. Aber nach unseren Gesprächen denke ich, dass du bestreiten würdest, dass das zutrifft...

Klar! Schon allein deshalb, weil es gar nicht möglich ist, vernünftig über den »Sinn an sich« zu sprechen.

Hier stehen wir vor dem gleichen Problem wie beim »Ding an sich«, oder? So wenig, wie wir wissen können, wie die Dinge losgelöst von unserer Wahrnehmung sind, so wenig können wir etwas über einen Sinn sagen, der losgelöst von unseren Vorstellungen existieren könnte.

Genau! Wir können nicht wissen, ob es ein »Ding an sich« gibt, das im »Universum an sich« einen »Sinn an sich« sieht. Und deshalb sollten wir es mit Wittgenstein halten: Worüber man nicht sprechen kann...

...darüber sollte man schweigen!

Gut aufgepasst! Das hindert uns aber nicht daran, über die »Welt für uns« zu sprechen! Über diese Welt können wir auch vernünftige Aussagen machen...

...indem wir Logik und Empirie berücksichtigen!

So ist es. Und wenn wir dies tun, so stellen wir fest, dass nichts, aber auch wirklich gar nichts, dafür spricht, dass irgendein »höheres Wesen« mit der »Schöpfung« der Welt oder gar der »Erschaffung« des Menschen irgendein sinnvolles Ziel verknüpft!

Weil die Welt so unintelligent designed ist, dass dahinter einfach kein intelligenter Designer stehen kann!

Ja, wir müssen deshalb davon ausgehen, dass wir Menschen nicht die Krone einer gut gemachten, gut gemeinten »göttlichen Schöpfung« sind, sondern vielmehr ein unbeabsichtigtes und letztlich vorübergehendes Randphänomen in einem weitgehend sinnleeren Universum.

Ich weiß! Aber klingt das nicht ziemlich trostlos?

Finde ich nicht! Denn warum sollte es uns überhaupt kümmern, ob das Leben einen »Sinn an sich« hat oder nicht? Was für uns zählt, ist doch, dass *wir* dem Leben einen »Sinn für uns« geben können! Ob es *außerhalb von uns* noch ein, zwei, drei oder unendlich viele »höhere Wesen« gibt, die unserem Leben *ebenfalls* einen Sinn beimessen, ist völlig irrelevant, zumal wir keinerlei Anhaltspunkte für die Existenz solcher Wesen haben.

Aber was wäre, wenn wir plötzlich doch feststellen würden, dass die Welt von einem planvoll vorgehenden höheren Wesen erschaffen wurde?

Na, dann würden sich die Evolutionsbiologen sehr wundern.

Klar! Aber was würde das für unsere Vorstellung vom Sinn des Lebens bedeuten?

In einem solchen Fall müssten wir unsere Sinnvorstellungen natürlich überdenken. Dennoch wäre es keineswegs so, dass der Sinn, den dieses Wesen im Universum sehen würde, notwendigerweise auch *unser* Sinn sein müsste! Es könnte ja sein, dass uns dieser Sinn überhaupt nicht zusagt!

Das erinnert mich an unser Gespräch über die Existenz Gottes: Wenn ein Schöpfer die Welt bewusst so erschaffen hätte, wie sie ist, dann wäre er entweder verwirrt oder ein Sadist, der sich am Leid seiner Geschöpfe erfreut!

Richtig. Doch gleich, *welchen* Sinn dieses Wesen im Leben sehen würde, es wäre *sein* Sinn, nicht *unser* Sinn! Die Tatsache, dass wir jemandem unsere Existenz verdanken, heißt ja nicht zwangsläufig, dass wir seine Vorstellungen vom Sinn des Lebens auch akzeptieren müssten.

Stimmt! Ansonsten müssten ja auch Kinder die Überzeugungen ihrer Eltern übernehmen – gleich ob diese vernünftig sind oder nicht.

Ja – und das wäre absurd! Schließlich ist das, was ein

Mensch als sinnvoll oder sinnlos erachtet, Ausdruck seiner ganz persönlichen Sicht der Dinge. Natürlich wird er dabei von den biologischen Mechanismen bestimmt, die sich in der Evolution durchgesetzt haben. Und selbstverständlich wird er auch durch die Vorstellungen geprägt, die sich in der Kultur, in der er lebt, entwickelt haben. Das alles ändert aber nichts daran, dass es keinen *allgemein verbindlichen* Sinn des Lebens gibt.

Schließlich gibt es ja nicht mal einen allgemein verbindlichen »Sinn einer Straße«. Für uns ist sie ein Hilfsmittel, um von A nach B zu kommen, für Raben hingegen ein Instrument zum Nüsseknacken!

Genau. Ebenso wenig, wie Raben unseren »Sinn der Straße« übernehmen müssen, müssen wir den »Sinn des Lebens« übernehmen, den uns ein »Gott« vorgeben könnte, wenn er denn existierte. Wir müssen schon selbst entscheiden, worin für uns der Sinn des Lebens besteht.

Das heißt also, dass es unsinnig ist, den Sinn des Lebens außerhalb des Lebens selbst zu suchen, oder?

Ja, im Grunde sollte man sogar vermeiden, überhaupt von »Sinn*suche*« zu sprechen. Denn der Sinn des Lebens ist nichts, was man irgendwo vorfinden könnte. Man kann ihn nicht entdecken, wie man an Ostern bunte Eier im Garten entdeckt, die zuvor jemand versteckt hat. Man kann ihn auch nicht einfach in der Natur auflesen, wie man Pfifferlinge oder Steinpilze im Wald sammelt. Der Sinn des Lebens kann überhaupt nicht *gefunden* werden, er muss *erfunden* werden! Seinem Leben einen Sinn zu geben, das ist vor allem eine *kreative Leistung*: Wir *stellen einen Sinn her*, der so von vornherein gar nicht existiert.

Das Leben hat also nur den Sinn, den wir ihm geben?

Ja. Und dieser »Sinn des Lebens« ist so subjektiv wie die Röte einer Rotwahrnehmung. Ohnehin hat »Sinn« sehr viel mit sinnlicher Wahrnehmung zu tun. *Denn Sinn erwächst aus Sinnlichkeit!* Besäßen wir keine *Sinne*, mit denen wir die

Reize in der Welt wahrnehmen und bewerten, so würde sich die Frage nach dem *Sinn* überhaupt nicht stellen!

Wieso?

Stell dir vor, du würdest nichts sehen, nichts hören, nichts riechen, nichts schmecken, nichts spüren! Es gäbe für dich weder Angenehmes noch Unangenehmes, weder Lust noch Schmerz, weder Freude noch Leid. In diesem Fall wäre für dich absolut nichts von Bedeutung, denn *ohne Sinne hat nichts einen Sinn*: Es wäre dir völlig gleichgültig, ob du eine gute oder schlechte Speise zu dir nimmst, ob ein Kind von einem Laster totgefahren wird, ob dich die Menschen lieben oder hassen, respektieren oder verachten...

Wir können dem Leben also nur deshalb einen Sinn geben, weil wir Sinne besitzen, mit denen wir zwischen den positiven und negativen Aspekten des Lebens unterscheiden können...

Richtig! Immer wenn wir uns fragen, ob sich irgendetwas für uns lohnt, dann wägen wir Wohl und Übel gegeneinander ab. Ist es beispielsweise sinnvoll, auf die Party nebenan zu gehen, weil wir dort interessante Leute treffen können? Oder stoßen wir da bloß auf totale Langweiler, die uns mit drögen Gesprächen den Abend vermiesen werden? Was für solche Einzelentscheidungen gilt, das gilt letztlich für unsere Haltung zum Leben insgesamt, denn auch da geht es letztlich um eine *Unterscheidung von Wohl und Übel*: Lohnt sich die Mühe, die das Leben macht, oder handelt es sich dabei bloß um eine kolossale Zeitverschwendung? Wenn bei dieser Frage das Wohl, das wir im Leben sehen, das Übel überwiegt, so führen wir ein *sinnvolles Leben*, also ein *Leben, das sich zu leben lohnt*. Überwiegen hingegen die *Übel*, so ist unserem Leben offensichtlich der *Sinn abhandengekommen*. In diesem Fall sollten wir uns dringend daranbegeben, uns einen neuen Lebenssinn zusammenzuschneidern. Denn ein Leben zu führen, von dem man denkt, dass es sich nicht zu leben lohnt, ist eine Qual.

Hmmm... Was man als Wohl oder Übel empfindet, das ist doch

eine sehr subjektive Angelegenheit, oder? Gibt es denn überhaupt keine objektiven Möglichkeiten, um einen guten subjektiven Lebenssinn von einem schlechten zu unterscheiden?

Doch! Wir haben ja schon darüber gesprochen: Natürlich können wir zwischen einem »sinnvollen Sinn« und einem »unsinnigen Sinn« unterscheiden. Denk an die Mitglieder der Ufo-Sekte »Heaven's Gate« [siehe S. 83]: Diese Leute meinten, dass es sinnvoll sei, sich das Leben zu nehmen, um auf diese Weise mit ihren »Ufonen-Seelen« Zugang zu einem intergalaktischen Raumschiff zu erlangen. Dieser *subjektive Sinn* beruhte natürlich auf *objektivem Unsinn*! Denn das »intergalaktische Raumschiff« gab es ebenso wenig, wie es »Ufonen-Seelen« gibt, die in menschlichen Körpern hausen! Hätten diese Leute ein realistischeres Bild der Zusammenhänge im Universum entwickelt, könnten sie noch heute leben.

Du meinst also, dass wir unsere Sinnvorstellungen daraufhin überprüfen sollten, ob sie auf realistischen Annahmen beruhen oder nicht?

Ja. Ich denke, wir sollten unser Leben nicht auf Wahnideen aufbauen, sondern stattdessen kritisch überprüfen, ob die Zusammenhänge, die wir unterstellen, auch *tatsächlich* vorhanden sind. Das ist einer der Gründe, warum ich mich so intensiv mit der wissenschaftlichen Forschung auseinandersetze. Denn die Wissenschaft ist das erfolgreichste Instrument, das wir entwickelt haben, um den Wahrheitsgehalt von Behauptungen zu testen! Allerdings stößt die Wissenschaft schnell an ihre Grenzen, wenn es um die Frage nach dem Sinn des Lebens geht.

Warum?

Weil der Sinn des Lebens nichts ist, was man irgendwie messen, testen, berechnen könnte! Die Wissenschaft hilft uns zwar, zu verstehen, wie die Welt *ist*, aber sie kann uns nicht sagen, wie die Welt *sein sollte*.

Kannst du das an einem Beispiel erklären?

Nehmen wir die Ergebnisse der Evolutionsbiologie: Wir können heute gut nachvollziehen, warum Kindstötung in der Natur so häufig vorkommt. Wir wissen beispielsweise, dass ein Löwe, der ein Rudel übernimmt, die Jungen seines Vorgängers deshalb tötet, weil er auf diese Weise seine eigenen Gene besser verbreiten kann. Auch bei unseren nahen Verwandten, den Berggorillas, fällt aus diesem Grund ein Drittel des Nachwuchses der Kindstötung zum Opfer. Den evolutionären Mechanismus, der hier im Spiel ist, haben Wissenschaftler entschlüsselt. Aber was bedeutet diese Erkenntnis für uns? Sollte Kindstötung auch beim Menschen legitim sein, nur weil ein solches Verhalten offensichtlich »natürlich« ist? Ganz bestimmt nicht! Doch das ist kein wissenschaftliches Urteil, sondern ein ethisches.

Dass man Kinder nicht töten sollte, ist kein wissenschaftliches Urteil?

Nein, auf wissenschaftlicher Basis lassen sich solche Urteile nicht treffen, denn wissenschaftliche Methoden sind auf die Beantwortung solcher Fragen nicht ausgerichtet. Mit Beobachtungen, Berechnungen, Experimenten kann man herausfinden, warum Vögel fliegen können, welche chemischen Substanzen miteinander wie reagieren und weshalb immer wieder Erdbeben ausbrechen. Aber man kann mit ihrer Hilfe nicht herausfinden, ob die Menschenrechte gelten sollten oder nicht. Ebenso wenig gibt es eine wissenschaftliche Formel, nach der sich der Sinn des Lebens berechnen ließe. Man kann es vielleicht so formulieren: Wissenschaft vermittelt *Wissen*, aber keine *Weisheit*!

Und was genau verstehst du dann unter Weisheit?

Unter »Weisheit« verstehe ich das Vermögen, das Wissen über die Welt *sinnvoll zu nutzen*, also: es so einzusetzen, dass es zum *größtmöglichen Wohle aller* beiträgt.

Demnach wäre Weisheit eine wichtige Voraussetzung dafür, dass man seinem Leben einen guten Sinn geben kann, oder?

Ja, dieser Aussage sollte jeder *Philosoph* zustimmen! Schließlich heißt »philosophia« in der wörtlichen Übersetzung »*Liebe zur Weisheit*«. Und warum sollte man die Weisheit lieben, wenn sie uns nicht helfen würde, unser Leben so zu leben, dass es sich zu leben lohnt?

Dann besteht der Unterschied zwischen Wissenschaft und Philosophie darin, dass Wissenschaft Wissen und Philosophie Weisheit vermittelt?

Im Idealfall sollte es so sein. Die Philosophie ist jedenfalls keine *Wissenschaft*, bei der es um bloße Fakten geht, sie ist vielmehr eine *Kunst*, die diese Fakten so arrangiert, dass sie ein stimmiges und sinnlich ansprechendes Gesamtbild ergeben.

Ein Philosoph ist also weniger ein Wissenschaftler als ein Künstler?

Ja – und zwar aus gutem Grund: Denn ein sinnvolles Leben auf diesem Staubkorn im Weltall zu führen, ist ja ebenfalls eine Kunst! Für diese »Kunst des Lebens« ist es zwar hilfreich, wenn man einiges über die Zusammenhänge im Kosmos weiß. Aber man muss ganz bestimmt nicht die letzte Antwort »auf das Leben, das Universum und den ganzen Rest« kennen, um als »Lebenskünstler« bestehen zu können. Wir wissen nichts über die »allerletzten Dinge«, über die »Welt an sich«, aber mit unserem vorläufigen Halb-, Viertel-, Achtel- oder 0,01-Promille-Wissen über die »Welt für uns« können wir eigentlich ganz gut leben. Zumindest, wenn wir es verstehen, dieses Wissen in vernünftiger Weise zu nutzen! Auf jeden Fall reicht das, was wir über die Welt in Erfahrung gebracht haben, aus, um die paar Jahrzehnte, die wir auf diesem Erdball verbringen, in einer beglückenden, fairen und würdevollen Weise über die Runden zu bringen. Und das ist es doch, worum es bei der Frage nach dem »Sinn des Lebens« letztlich geht.

Okay! Dann sollten wir uns nun – nach all den Gesprächen über »das Leben, das Universum und den ganzen Rest« – wohl der Frage nach der »Kunst des Lebens« zuwenden, was meinst du?

Ja, das scheint mir ein sinnvoller nächster Schritt zu sein …

2

Die Kunst des Lebens

»*Du kommst aus dem Nichts, du gehst in das Nichts.*
Was hast du verloren? Nichts!
Also: Schau immer auf die Sonnenseite des Lebens!«

MONTY PYTHON
Britische Comedy-Gruppe

»*Ich habe keine Angst vor dem Tod,*
ich möchte nur nicht dabei sein, wenn's passiert.«

WOODY ALLEN (*1935)
Amerikanischer Schauspieler, Autor und Regisseur

Wie finden wir den Weg zum Glück?

In unserem letzten Gespräch hatten wir festgestellt, dass uns das Leben sinnvoll erscheint, wenn wir den Eindruck haben, dass es sich lohnt, dieses Leben zu führen.

Ja, wir betrachten unser Leben dann als sinnvoll, wenn wir in ihm eher ein Wohl als ein Übel sehen.

Heißt das, dass eine sinnvolle Existenz gleichbedeutend mit einer glücklichen Existenz ist?

Ein Teil der Philosophen hat das so gesehen. Epikur beispielsweise erklärte vor zweieinhalb Jahrtausenden, dass das höchste Gut im Leben das Glück sei und das höchste Übel das Unglück. Dementsprechend sah er die Aufgabe der Philosophie darin, den Menschen zu einer glücklichen Existenz zu verhelfen.

Das klingt sympathisch.

Ja, allerdings gab es von allen Seiten erbitterten Widerstand gegen die Sichtweise, die Epikur vertrat. Und so wurde über viele Jahrhunderte hinweg der »Sinn des Lebens« keineswegs im »Glück des Einzelnen« gesehen, sondern vielmehr darin, dass das Individuum seine »heiligen Pflichten« gegenüber »Gott und Vaterland« erfülle. Immerhin: In der »Unabhängigkeitserklärung der Vereinigten Staaten von Amerika« wurde 1776 erstmals in einem offiziellen politischen Dokument festgehalten, dass jeder Mensch von Natur aus nach »Glückseligkeit« strebe und die Politik dieses fundamentale Grundrecht zu respektieren habe. Insofern kann man sagen, dass sich Epikur letztlich doch durchgesetzt hat. Zumindest in den westlichen Gesellschaften ist das »Recht auf individuelles Glück« mittlerweile fest verankert, auch wenn man sich wünschen würde, dass dies in den politischen Entscheidungen stärker berücksichtigt würde.

Möglicherweise liegt das daran, dass es gar nicht so einfach ist zu bestimmen, was »Streben nach Glückseligkeit« bedeutet. Denn was heißt schon »Glück«? Auf Anhieb wüsste ich nicht, wie man dieses Wort definieren sollte.

Die schönste und prägnanteste Definition, die ich in der Literatur gefunden habe, stammt von dem amerikanischen Psychotherapeuten Alexander Lowen. Er meinte, Glück sei das »Bewusstsein des Wachsens«.

Was soll das bedeuten?

Lowen hat das leider nicht weiter ausgeführt, aber ich meine, dass seine Glücksdefinition etwas sehr Wesentliches verdeutlicht, nämlich, dass »Glück« nichts Statisches ist, sondern etwas sehr Dynamisches.

Könntest du das mal mit »normalen Worten« erklären?!

Stell dir vor, dein Leben würde jetzt, in diesem Moment »eingefroren« werden. Du bräuchtest keine Sorgen haben, jemals irgendetwas zu verlieren, das dir wertvoll erscheint. Deine Existenz und die Existenz deiner Liebsten wären rundherum gesichert, aber jeder Tag, den du erleben würdest, wäre eine ewige Wiederkehr des Gleichen, ohne Verluste, ohne Gewinne, ohne jegliches Auf und Ab. Wärst du glücklich in einer solchen Welt ewiger Sicherheiten?

Na ja, es wäre natürlich schön, wenn man niemanden und nichts mehr verlieren würde, aber eine Welt, in der nichts Neues geschieht, wäre todlangweilig!

Eben. Eine *gesicherte* Existenz ist noch lange keine *glückliche* Existenz.

Ja, darüber haben wir ja schon gesprochen, als wir uns mit dem »ewigen Leben im Paradies« beschäftigten: Nichts ist schwerer zu ertragen als eine Reihe von guten Tagen. Deshalb wären unendlich viele, gleichermaßen gute Tage für uns eine fürchterliche Strafe.

Richtig. Doch woran liegt das?

Ich sag immer: No risk, no fun! Wenn es bei einem Spiel überhaupt kein Risiko gibt, zu verlieren, dann macht es auch keinen Spaß, zu gewinnen!

Genau. Sicherheit ist uns zwar wichtig, da sie unsere Existenzängste beruhigt, doch leider blockiert sie auch intensive Glücksgefühle. Der Begründer der Psychoanalyse, Sigmund Freud, sah darin ein Grundproblem der modernen Kultur: Er meinte, der Mensch habe ein »Stück Glücksmöglichkeit« gegen ein »Stück Sicherheit« eingetauscht.

Hmmm... Ist das vielleicht der Grund dafür, warum so viele Leute es genießen, Achterbahn zu fahren oder mit dem Bungee-Seil in die Tiefe zu stürzen? Erzeugen wir so künstlich Momente der Gefahr, weil wir echte Gefahren im Alltag nur noch selten erleben?

Ja, so würde ich das sehen. Aus demselben Grund sind bei uns auch Action- und Horrorfilme so außerordentlich beliebt. Wer tagtäglich den gleichen Weg zur Arbeit fährt und dort immer wieder die gleichen Handgriffe erledigt, der kann dieser Einförmigkeit zumindest abends entfliehen, indem er sich vor dem Fernseher oder im Kino mit Filmhelden identifiziert und mit ihnen gegen finstere Ganoven oder noch finsterere Zombies in die Schlacht zieht. Dass Horrorfilme gerade in unseren Breitengraden so boomen, ist zweifellos darauf zurückzuführen, dass das Leben hier weitgehend seinen Schrecken verloren hat. Wer hingegen ohnehin unter katastrophalen Umständen lebt, wird einem Katastrophenfilm nur wenig abgewinnen können.

Wir suchen also nach einem Kontrastprogramm?

Offensichtlich. Freud wies in seiner Schrift »Das Unbehagen in der Kultur« darauf hin, dass wir, ich zitiere, »den Kontrast sehr intensiv erleben können, den Zustand nur sehr wenig«. Das kennst du sicher aus eigener Erfahrung: Du arbeitest auf irgendetwas hin, was du unbedingt erreichen willst. Und in dem Moment, in dem dir das endlich gelingt, bist du überglücklich. Doch dann gewöhnst du dich schnell an das, was du erreicht hast, und das Gefühl der Ekstase verschwindet.

Ja, so war es beispielsweise, als ich meinen Führerschein gemacht habe und mein Auto bekam. Das war in der ersten Zeit ein absolut phantastisches Gefühl! Jetzt finde ich es zwar immer noch schön, die Freiheit zu haben, irgendwo hinzufahren, wenn ich das will. Aber das lässt sich nicht mehr mit dem Glücksgefühl vergleichen, das ich in den ersten Wochen hatte.

Genau das war es, was Freud meinte, als er schrieb, dass jede »Fortdauer einer vom Lustprinzip ersehnten Situation« nur noch ein »Gefühl von lauem Behagen« erzeuge.

Sind wir deshalb immer wieder auf der Suche nach neuen Kicks? Nach besseren Handys, Fernsehern, Autos, nach noch perfekteren Actionszenen, noch intensiveren Gefühlen und so weiter? Irgendwie hört sich das an, als seien wir Junkies, die die Drogendosis immer weiter erhöhen müssen, um nicht vollkommen abzustumpfen!

Das ist ein guter Vergleich. Denn er verdeutlicht, dass mit unserem Streben nach Wachstum durchaus gefährliche Nebenwirkungen verbunden sein können. Das zeigt sich besonders stark bei der Gier nach materiellem Wachstum: Einerseits ist durch dieses Wachstumsstreben sehr viel Positives entstanden, es ist, so könnte man sagen, der *Motor der gesellschaftlichen Entwicklung*. Denn hätten sich die Menschen früherer Zeiten mit dem, was sie hatten, zufriedengegeben, so würden wir noch heute in Höhlen hausen. Andererseits verursacht dieser permanente Wachstumszwang große Probleme, schließlich ist ein unbegrenztes materielles Wachstum auf einem begrenzten Planeten gar nicht möglich! Denk nur an die Abholzung der Regenwälder ...

Logisch. Wenn jeder einen möglichst großen und immer größer

werdenden Anteil vom Kuchen haben will, dann ist am Ende nichts mehr übrig, was man verteilen könnte.

So ist es. Unser Wunsch nach einem steten »Mehr von allem« führt nicht nur dazu, dass wir die Ressourcen unseres Planeten ausplündern, es kommt auch fast zwangsläufig zu heftigen Verteilungskämpfen unter den Menschen.

Klar, denn diejenigen, die nur sehr wenig oder gar nichts vom Kuchen abbekommen, werden sich damit auf Dauer kaum abfinden!

Deshalb führt der Zwang zu materiellem Wachstum auch zum Wachstum von psychischem Stress, was sich wiederum ungünstig auf das Wohlbefinden der Menschen auswirkt. Internationale Untersuchungen haben ergeben, dass das durchschnittliche Wohlbefinden der Menschen zurückgeht, je stärker das soziale und ökonomische Gefälle in einer Gesellschaft ausgeprägt ist. Auch die Reichen fühlen sich nicht wohl in Gesellschaften, in denen es zu große Unterschiede zwischen Arm und Reich gibt.

Also tun sich die »oberen Zehntausend« gar keinen Gefallen damit, wenn sie ihren Reichtum auf Kosten anderer ausbauen.

Nein, denn dadurch steigt der Druck, diesen Reichtum gegen die Interessen der anderen abzusichern. Außerdem haben Studien gezeigt, dass ab einem bestimmten Wohlstandsniveau Vermögenszuwächse keine psychische Bedeutung mehr haben. Wer schon zehn Millionen auf der Bank hat, wird durch die elfte Million keinen Deut glücklicher.

Oh, die armen Millionäre...

Ich kann verstehen, dass sich dein Mitleid da in Grenzen hält. Es gibt zweifellos gravierendere Probleme auf der Welt als die Frage, für welchen Unsinn man sein Geld noch ausgeben könnte.

Ich hab mal in einer dieser dämlichen Promi-Sendungen gesehen, wie eine geliftete und von ihrem Jet-Set-Dasein offenbar ziemlich angeödete Millionärsgattin ihrem Pudel aus Langeweile eine Diamantkette im Wert von mehreren Tausend Euro schenkte.

Ja, solche Fälle gibt es. Man sollte die psychischen Folgen einer solchen »Luxusverwahrlosung« auch nicht unterschätzen, zumal dieses Phänomen keineswegs bloß Multimillionäre betrifft: Wer sein Glück allein darin sieht, mit der Anhäufung seiner Güter zu wachsen, der kommt irgendwann an einen Punkt, an dem ihm dieser ganze Rummel hohl und leer erscheint. In einem »Meer von Konsumgütern« ist es schwierig, ein weiteres »Mehr an Konsumgütern« als beglückend zu empfinden.

Also kann man es niemandem empfehlen, sich sein »Glück« auf diese Weise erkaufen zu wollen, oder?

Nein. Schon der altgriechische Philosoph Aristoteles wusste, dass Reichtum zwar ein Mittel zum Glück sein kann, aber keineswegs notwendigerweise mit Glück einhergeht. Um zum Glück zu finden, gibt es bessere Strategien. Das ist in den letzten Jahren auch recht intensiv erforscht worden.

Wie kann man denn so etwas erforschen?

Nun ja, früher haben Psychologen vor allem Menschen untersucht, die psychische Probleme hatten, die mit sich und der Welt unzufrieden waren oder für ihre Umwelt eine Belastung darstellten. Das tun sie natürlich immer noch, aber seit einiger Zeit interessieren sich die Forscher zunehmend auch für diejenigen, denen es außergewöhnlich gut geht, die also zufriedener sind als der Durchschnittsmensch. Die sogenannte »Positive Psychologie« versucht herauszufinden, was diese Leute auszeichnet, warum sie glücklicher sind als andere und was sie tun, um ihrem Leben einen Sinn zu geben.

Interessant! Und was hat man dabei entdeckt?

Vor allem, dass es drei Glücksstrategien gibt, die besonders erfolgversprechend sind: nämlich »Hedonismus«, »Selbstverwirklichung« und »Engagement für eine größere Sache«.

Wer diese drei Strategien miteinander verbindet, steigert die Chancen, ein glückliches Leben zu führen.

Du wirst deiner geliebten Tochter doch bestimmt verraten wollen, was sich hinter diesen drei Glücksstrategien verbirgt, oder?

Klar doch! Beginnen wir mit der ersten Strategie, dem »Hedonismus«: Der Begriff leitet sich vom griechischen Wort »hēdonē« ab, was so viel heißt wie »Freude« oder »Lust«. Ein Hedonist ist also jemand, der nach Freude und Lust im Leben strebt.

Tut das nicht jeder?

Es gab und gibt da durchaus andere Vorstellungen. Denk nur an Blaise Pascal, den Autor der »Pascalschen Wette«, der im »Siechtum« den Idealzustand des Menschen sah. Oder an Josemaria Escrivá, den Gründer des streng katholischen »Opus Dei«-Ordens, der – in der Mitte des 20. Jahrhunderts! – meinte: »Ich nenne dir die wahren Schätze des Menschen auf dieser Erde, damit du sie dir nicht entgehen lässt: Hunger, Durst, Hitze, Kälte, Schmerz, Schande, Armut, Einsamkeit, Verrat, Verleumdung, Gefängnis.«

Der hatte ja wohl nicht mehr alle Tassen im Schrank!

Papst Johannes Paul II. hat das offenbar anders gesehen und ihn in Rekordgeschwindigkeit heiliggesprochen! Doch zurück zum Hedonismus: Die großen philosophischen Hedonisten wie beispielsweise Epikur haben darauf hingewiesen, dass es gar nicht so einfach ist, das Leben so auszurichten, dass Lust und Freude wirklich überwiegen. Das verlangt nämlich einiges an Überlegung. Schließlich ist die Befriedigung unsere Lüste manchmal mit unangenehmen Nebenwirkungen verknüpft, die die Freuden um ein Vielfaches übersteigen! Es geht also nicht darum, unseren Lüsten um jeden Preis nachzugeben, sondern klug abzuwägen, welche Folgen unsere Begierden für uns und andere haben könnten.

Was würde Epikur denn der gelifteten Millionärsgattin mit ihrem Diamantketten-Pudel raten?

Epikur schrieb einmal, es sei besser, »auf Spreu zu liegen und guten Mutes zu sein, als ohne Seelenfrieden auf goldenem Ruhebett zu liegen und an reich besetzter Tafel zu speisen.« Wer die einfachen Dinge nicht zu schätzen wisse, meinte der alte Grieche, der könne auch den Überfluss nicht genießen.

Das klingt vernünftig, aber widerspricht das nicht der Erkenntnis Freuds, dass wir den Dingen, die wir bereits besitzen, keine besondere Wertschätzung mehr entgegenbringen?

Du hast recht: Die Automatismen der Gewöhnung verhindern oft, dass wir die einfachen Dinge wertschätzen. Deshalb meinte Epikur, dass wir diese Wertschätzung trainieren sollten, indem wir lernen, *achtsam* zu sein. *Achtsamkeit* ist ein wesentliches Element der epikureischen Lebenskunst.

Was bedeutet denn nun schon wieder »Achtsamkeit«?

Achtsamkeit meint, ganz im Hier und Jetzt zu sein, die Fülle des Augenblicks zu erfahren, sich selbst und sein Umfeld in voller Bewusstheit zu erleben.

Entschuldige, aber das klingt total esoterisch! Und das aus deinem Mund?!

Nicht alles, was esoterisch klingt, ist deshalb auch esoterisch! Es geht hier im Grunde nur um eine schlichte Lebenserfahrung: Du kannst dein Essen achtlos herunterschlingen, ohne wirklich mitzubekommen, was du zu dir nimmst. Du kannst aber auch sehr achtsam essen und die vielen feinen, unterschiedlichen Geschmacksnuancen wahrnehmen, die selbst eine einfache Speise wie ein Brot bietet. Durch Achtsamkeit wird aus einer schlichten Nahrungsaufnahme ein sinnlicher Genuss – ein Erlebnis, das uns mit Lebensfreude erfüllt.

Na ja, bei deiner letzten Reispfanne war es wohl ganz sinnvoll, dass ich nicht so achtsam gegessen habe...

Die hat dir wohl nicht geschmeckt?

Nee, war mir zu scharf!

Tut mir leid. In dem Fall hätte es dir wohl nicht geholfen, wenn du deine Sinneswahrnehmung durch Achtsamkeit noch intensiviert hättest. In den meisten Fällen jedoch ist das eine gute Sache: Denn im Zustand der Aufmerksamkeit können wir die Dinge des Lebens stärker genießen, Berührungen, Farben, Klänge und Gerüche intensiver erleben. Wer Achtsamkeit trainiert, der kann sich immer wieder neu an dem erfreuen, was er bereits kennt. Dabei wird er feststellen, dass das Gewöhnliche bei genauerer Betrachtung so gewöhnlich gar nicht ist. Achtsamkeit lehrt uns, den Reiz des Neuen auch im Altbekannten zu entdecken und uns von der zwanghaften Suche nach immer neueren, drastischeren Stimuli zu befreien.

Okay, das verstehe ich. Der Hedonismus dürfte für mich auch kein größeres Problem darstellen. Kommen wir also zur zweiten Glücksstrategie, ja? Worum ging es da noch mal?

Um *Selbstverwirklichung*, also um das Bemühen, unsere jeweiligen Fähigkeiten optimal zur Entfaltung zu bringen.

Und eine solche Mühe soll glücklich machen?

Ja. Dass wir uns hart anstrengen müssen, um ein bestimmtes Ziel zu erreichen, ist sogar eine wesentliche Voraussetzung dafür, dass wir mit Glücksgefühlen belohnt werden. Ein Bergsteiger, der ausgezehrt und mit halb erfrorenen Fingern den Gipfel erreicht, ist in der Regel glücklicher als ein Pauschaltourist, der mit einem Cocktailglas bei strahlendem Sonnenschein am Swimmingpool sitzt.

Das kann ich aus meiner eigenen Erfahrung als »Couching-Expertin« eigentlich gar nicht bestätigen! Warum soll es denn besser sein, sich anzustrengen, als gemütlich abzuhängen?

Weil »Aktivsein« in der Evolution mit Selektionsvorteilen verbunden war. Wer den anderen in seiner Gruppe bloß zusah, wie sie Büffel erlegten, Früchte sammelten oder bei Wettkämpfen Rangordnungen untereinander herstellten, galt nicht als sonderlich attraktiv und konnte somit seine Gene kaum weiterverbreiten. Und so hat sich in unserem

Körper ein eigenes Belohnungssystem für Erfolg entwickelt: Wenn wir etwas für uns Bedeutsames erreichen, schüttet unser Körper einen wahren Drogencocktail aus. Das daraus resultierende Glücksgefühl motiviert viele Menschen, über sich selbst hinauszuwachsen und ihre Leistungen so weit zu verbessern, wie das irgend möglich ist.

Dass Glücksgefühle beim Laufen oder Klettern auftreten, habe ich gehört, obwohl ich das, ehrlich gesagt, nur schwer nachvollziehen kann. Aber es gibt doch bestimmt auch andere Gebiete, auf denen man sich auf solche Weise selbst verwirklichen kann, oder?

Keine Sorge, man muss ganz gewiss keine sportlichen Höchstleistungen erbringen, um das Glücksgefühl auszukosten, das sich einstellt, wenn man irgendein selbst gestecktes Ziel erreicht. Du hast ja selbst schon davon gesprochen, wie glücklich du warst, als du deine Führerschein-Prüfung bestanden hast. Ähnliche Erfahrungen könntest du zum Beispiel machen, wenn du das erste Mal ein schwieriges Klavierstück fehlerfrei spielst oder ein komplexes theoretisches Problem löst, mit dem du schon lange kämpfst. Letztlich ist es egal, auf welchem Gebiet wir Erfolge feiern. Wichtig ist nur, dass die Aufgabe unserem Fähigkeitsprofil entspricht, uns also weder über- noch unterfordert.

Das hatten wir ja schon: Wenn ich bei einem Spiel den anderen hoffnungslos überlegen bin, also mit Sicherheit gewinnen werde, dann macht der Sieg keinen großen Spaß. Am schönsten ist es, wenn man vorher denkt, schlechter als der Gegner zu sein, dann aber trotzdem gewinnt! So ein Sieg löst die größte Euphorie aus.

Ja, das konnte man schön bei der letzten Fußball-WM sehen. Da das deutsche Team sehr jung und unerfahren war, hatten die Leute keine allzu hohen Erwartungen. Als die Mannschaft dann aber richtig gut spielte, waren alle begeistert.

Dieses Beispiel zeigt doch eigentlich, dass man gar nicht selbst aktiv sein muss, um starke Glücksgefühle zu empfinden. Die Fans mussten sich schließlich nicht selbst anstrengen, das taten ja die Spieler auf dem Platz. Trotzdem gab es beim »Public-Viewing« Fans, die vor lauter Glücksgefühlen ausgerastet sind.

Das ist richtig. Da wir Menschen sehr mitfühlende Wesen sind, können wir uns die Anstrengungen und Glücksgefühle anderer gewissermaßen »ausborgen«. Genau das passiert auch, wenn wir uns mit den Heldinnen oder Helden eines Films identifizieren: Wir siegen zwar nicht selbst gegen die Mafia und durchleben auch nicht selbst die Höhen und Tiefen einer heißen Liebesromanze, aber ein wenig fühlt es sich so an. Die Betonung liegt hier auf »ein wenig«: Denn *Gefühle aus zweiter Hand* sind niemals so stark wie die Gefühle, die man hat, wenn man eine Situation wirklich durchlebt.

Klar! Wer nur zuschaut, wie ein anderer am Bungee-Seil in die Tiefe stürzt, der erlebt bestimmt nicht das Gleiche wie derjenige, der das wirklich tut.

Ganz bestimmt nicht. Und eben das führt zu einem echten Problem in unserer Gesellschaft! Wir leben nämlich in einer Zeit, in der man leicht in die Rolle eines passiven Konsumenten gedrängt wird. Es ist ja auch sehr verführerisch, ohne eigene Mühen, bequem von der heimatlichen Couch aus, Abenteuersimulationen zu durchleben. Statt dass wir selbst aktiv werden, uns anstrengen und nach einigem Scheitern vielleicht erfolgreich sind, borgen wir uns solche Gefühle von anderen aus. *Aber dieses »Secondhand-Glück« ist nur eine Schmalspursimulation des echten Glücks!* Und das ist, wie ich vermute, einer der Gründe dafür, warum depressive Erkrankungen in den letzten Jahren so zugenommen haben. Wir verlernen es zunehmend, selber aktiv zu sein, wodurch das in uns angelegte, biologische Belohnungssystem verkümmert.

Du plädierst jetzt aber nicht dafür, dass wir uns keine Filme oder Fernsehsendungen mehr anschauen sollten, oder?!

Nein, natürlich nicht. Ich wollte nur zeigen, dass es für ein gelingendes Leben nicht ausreicht, sich bloß berieseln zu lassen. Wer nichts anderes tut, als zu konsumieren, was ihm vorgesetzt wird, hat geringere Chancen, glücklich zu werden. Um echte Glücksgefühle zu erleben, muss man selber aktiv werden, darf also Anstrengungen nicht scheuen. Der berühmte Satz des Dichters Erich Kästner »Es gibt nichts Gutes – außer: man tut es!« gilt offenbar auch für das individuelle Streben nach Glück.

Okay, ich werde also versuchen, künftig etwas aktiver zu sein, statt nur auf der Couch abzuhängen... Lass uns jetzt aber zur dritten und letzten Glücksstrategie kommen: Wenn ich mich nicht irre, hast du da von einem »Engagement für eine höhere Sache« gesprochen. Was meinst du damit?

Wer sein Leben in den Dienst einer »höheren Sache« stellt, der gibt ihm einen *umfassenderen Sinn*, indem er einen *Zusammenhang* herstellt zwischen den eigenen Interessen und den Interessen anderer. Wenn du dich beispielsweise für eine intakte Natur, für Tierrechte, eine gerechtere Weltwirtschaft oder eine bessere Versorgung von Obdachlosen einsetzt, so lebst du ein Leben, das nicht nur für *dich selbst Bedeutung hat*, sondern auch für *andere Bedeutung haben könnte*. Diese *Erweiterung des Lebenssinns über die eigenen Interessen* hinaus ist eine große Quelle für Glücksgefühle, wie viele sozial oder ökologisch engagierte Menschen berichten. Sehr schön, wenn auch reichlich pathetisch, hat das einmal ein 17-jähriger Schüler in seinem Abituraufsatz zum Thema »Betrachtungen eines Jünglings bei der Wahl seines Berufes« formuliert.

Iiieeh, was für ein fieses Abiturthema!

In der Tat. Glücklicherweise scherte sich der Schüler nicht groß um das Thema, sondern beschäftigte sich mit allgemeineren Fragestellungen, was seinem Lehrer zwar nicht sonderlich gefiel, aber für uns heute umso interessanter ist. Denn am Schluss seiner Ausführungen erklärte der junge

Mann, warum es klug ist, das Leben in den Dienst einer »höheren Sache« zu stellen. Er schrieb: »Die Erfahrung preist den als den Glücklichsten, der die meisten glücklich gemacht; Wenn wir den Stand gewählt, in dem wir am meisten für die Menschheit wirken können, dann können uns Lasten nicht niederbeugen, weil sie nur Opfer für alle sind; dann genießen wir keine arme, eingeschränkte, egoistische Freude, sondern unser Glück gehört Millionen, unsere Taten leben still, aber ewig wirkend fort, und unsere Asche wird benetzt von der glühenden Träne edler Menschen.«

Boah, das ist aber starker Tobak für einen 17-Jährigen! Ich hoffe, das stammt nicht von dir?!

Das traust du mir zu? Nee, selbst als 17-Jähriger hab ich nicht so dick aufgetragen! Der Schüler, der diese Sätze schrieb, hieß Karl Marx und ging später als Begründer des »wissenschaftlichen Sozialismus« in die Geschichte ein. Interessant ist, dass Marx in gewisser Weise schon in seinem Abituraufsatz das Motto seines Lebens formuliert hatte. Denn sein Glaube, dass er sein Leben in den Dienst einer »höheren Sache« gestellt habe, nämlich der »Befreiung der Arbeiterklasse« beziehungsweise der gesamten Menschheit von der »Tyrannei des Kapitals«, half ihm später tatsächlich, die Lasten in seinem Leben besser zu ertragen. Selbst in den Zeiten bitterster Armut zweifelte Marx nicht am Sinn seines Lebens, da er fest daran glaubte, dass sich sein Engagement für den »Sozialismus« lohne – und zwar nicht nur für ihn selbst, sondern auch für zahllose andere Menschen. Als es mit ihm 1883 zu Ende ging, war er zweifellos davon überzeugt, nicht *umsonst gelebt zu haben*, da seine Taten »still, aber ewig wirkend« fortleben würden, so wie er sich das als Gymnasiast erträumt hatte.

Na, so toll hat das ja mit seinem »Sozialismus« letztlich doch nicht geklappt...

Nein, der nahm einen ganz anderen Verlauf, als Marx es erwartet hatte. Aber das ist ein anderes Thema. Ich habe das Beispiel »Marx« hier nur gewählt, weil man an seinem Leben gut zeigen kann, dass ein Mensch durchaus individuelle Vorteile daraus zieht, wenn er sein Leben einer Aufgabe widmet, die über seine eigenen subjektiven Interessen hinausreicht. Ich hätte das ebenso gut am Beispiel von Mahatma Gandhi oder Martin Luther King demonstrieren können oder anhand von Menschen, die in der Entwicklungshilfe tätig sind.

Hmmm, du hättest aber genauso gut auch unangenehmere Fälle heranziehen können. Glaubten nicht auch Hitler und Stalin, einer »höheren Sache« zu dienen?

Darauf wäre ich noch gekommen. Du hast natürlich recht – und hier zeigt sich das große Problem, das mit dem »Engagement für eine höhere Sache« verbunden ist: Die »höhere Sache«, der man sich widmet, kann darin bestehen, Obdachlose oder notleidende Familien zu unterstützen, krebskranke Kinder zum Lachen zu bringen, für eine bessere Bildung, eine gerechtere Ökonomie oder eine intaktere Natur zu sorgen. Es kann aber auch bedeuten, nationalistischen oder religiösen Wahnideen zum Durchbruch zu verhelfen! Es mag uns nicht gefallen, aber eine realistische Deutung zwingt uns zu der Einsicht, dass auch Hitler, Stalin oder die Attentäter des 11. Septembers, die mit entführten Flugzeugen in die Zwillingstürme des World-Trade-Centers rasten, »sinnerfüllte Leben« führten – auch wenn das, was sie als »Sinn« betrachteten, aus unserer Perspektive menschenverachtender Wahnsinn war.

Ja, über diesen »unsinnigen Sinn« hatten wir schon gesprochen…

Leider zeigt sich immer wieder, dass manches *Glück* durch das *Unglück anderer* erkauft wird und dass mancher *Sinn*, bei Licht betrachtet, kolossaler *Unsinn* ist. Aber das sollte uns im Grunde auch nicht verwundern. Denn wären Glück und Sinnerfüllung tatsächlich an so positive Dinge gekoppelt wie Liebe und Erkenntnis, an Achtung gegenüber dem Leben und tiefem Wissen um die realen Zusammenhänge in der Welt, so wäre die Menschheitsgeschichte ganz anders verlaufen, als sie es ist.

Okay! Dann haben wir jetzt wohl die drei erfolgreichsten Glücksstrategien durch, oder?

Ja, wir haben sie zumindest anskizziert.

Also werde ich umso glücklicher sein, je eher ich darauf achte, erstens mit allen Sinnen zu genießen, zweitens mich aktiv selbst zu verwirklichen und drittens mein Leben einer höheren Sache zu widmen?

Nun, zumindest steigen dadurch deine Chancen, dass du ein erfülltes, glückliches Leben führen kannst. Allerdings ist dein Glück natürlich nicht von dir allein abhängig! John Lennon hat dies sehr schön in einer Zeile ausgedrückt, die er auf seinem letzten Studioalbum »Double Fantasy« sang: »Leben ist das, was passiert, während du eifrig dabei bist, andere Pläne zu machen.«

Wow, ein kluger Satz!

Ja, für Lennon selbst hat er sich leider in tragischer Weise bewahrheitet: Mit »Double Fantasy« wollte er wieder groß ins Musikgeschäft einsteigen, und er war in dieser Hinsicht auch sehr optimistisch, doch drei Wochen nach der Veröffentlichung dieses Albums wurde er von einem geistig verwirrten Ex-Fan in New York erschossen.

Es liegt also nicht allein in unserer Hand, ob uns gelingt, was wir uns vornehmen ...

Nein, wir sind abhängig von allerlei Zufällen: von den Menschen, denen wir begegnen oder nicht begegnen, von den sozialen und ökonomischen Rahmenbedingungen, auf die wir treffen, und so weiter. Denk nur daran, wie entscheidend es ist, in welche Gesellschaft oder in welche Familie ein Mensch hineingeboren wird.

Klar. Wer unter wirklich schlimmen Verhältnissen aufwächst, etwa in bitterster Armut oder in einem gewalttätigen Elternhaus, hat keine sonderlich guten Chancen auf ein glückliches Leben.

So ist es leider. Und es sind nicht einmal allein diese äußeren Faktoren, die unsere Chancen auf Glück bestimmen: Wir Menschen starten ja schon mit sehr unterschiedlichen biologischen Bedingungen ins Leben. Manche Menschen sind außerordentlich talentiert, schön, klug, sympathisch, andere verfügen über solche Eigenschaften nicht – und das ist zu einem großen Teil auf die zufällige Anordnung von Erbinformationen zurückzuführen. Manche sind so veranlagt, dass sie kaum etwas aus der Fassung bringen kann. Selbst bitterste Niederlagen stecken sie gut weg, während andere, die mit einer biologischen Veranlagung zur Depression zu kämpfen haben, schon von kleinsten Rückschlägen in ihrem Innersten getroffen werden und all ihre Kraft verlieren, das Leben wieder in den Griff zu bekommen. Was ich sagen will: Man muss schon einiges *Glück haben*, um *glücklich sein* zu können!

Du meinst also, dass das Leben so eine Art »Glücksspiel« ist? Das wäre aber ganz schön ungerecht!

Ja, ich wünschte es mir auch anders, aber es ist nun einmal so: Das Leben *ist* ungerecht! Daran gibt es keinen vernünftigen Zweifel. Die Frage ist nur, wie wir mit dieser Tatsache des Lebens umgehen, ohne an ihr zu verzweifeln ...

● ● ● »Sein Leben schwingt, gleich einem Pendel, hin und her, zwischen dem Schmerz und der Langeweile, welche beide in der Tat dessen letzte Bestandteile sind.« Dieser magenbittere Satz über das Leben des Menschen stammt von dem wohl genialsten »Miesepeter« der Philosophiegeschichte, **Arthur Schopenhauer** (1788–1860). Für Schopenhauer war Glück eine eitle Illusion, da das Leben in erster Linie aus »Leiden« bestehe. Eine Befreiung von Schmerz und Mangel sei zwar zeitweilig möglich, aber nicht von Dauer, da sich bald neuer Mangel oder (beim Ausbleiben jeglicher Sorgen) tödliche Langeweile einstelle. Deshalb sei jede menschliche Lebensgeschichte eine Leidensgeschichte, »eine fortgesetzte Reihe großer und kleiner Unfälle«.

Schopenhauer malte seine negative Sicht der Dinge immer wieder in beeindruckend düsteren Farben aus. Kein anderer Philosoph entwickelte je solche Lust, die Lustlosigkeit am Dasein in Worte zu fassen. So schrieb er in seinem grandiosen Hauptwerk »Die Welt als Wille und Vorstellung«: »Es ist wirklich unglaublich, wie nichtssagend und bedeutungsleer, von außen gesehn, und wie dumpf und besinnungslos, von innen empfunden, das Leben der allermeisten Menschen dahinfließt. Es ist ein mattes Sehnen und Quälen, ein träumerisches Taumeln durch die vier Lebensalter hindurch zum Tode, unter Begleitung einer Reihe trivialer Gedanken.«

Schopenhauers Klage über das unaufhebbare Leiden in und an der Welt war beeinflusst durch seine frühe Bekanntschaft mit der altindischen Philosophie. Schon **Siddhartha Gautama**, besser bekannt als **Buddha** (er lebte vermutlich im 5. Jahrhundert vor unserer Zeitrechnung), hatte Leben mit Leiden gleichgesetzt und nach Möglichkeiten gesucht, dem »ewigen Kreislauf der leidvollen Wiedergeburten« zu entgehen. Wie Schopenhauer und Buddha war auch **Sigmund Freud** (1856–1939), der Begründer der Psychoanalyse, äußerst pessimistisch im Hinblick auf die Glücksfähigkeit des Menschen. In seinem Buch »Das Unbehagen in der Kultur«, aus dem im vorangegangenen Gespräch zitiert wurde, erklärte Freud, dass »die Absicht, dass der Mensch glücklich sei, … im Plan der ›Schöpfung‹ nicht enthalten« sei. Im Prozess der Zivilisation habe der Mensch zwar größere Lebenssicherheit herstellen können, sich dadurch aber intensiver Glücksgefühle beraubt. Denn das »Glücksgefühl bei Befriedigung einer wilden, vom Ich ungebändigten Triebregung« sei »unvergleichlich intensiver als das bei Sättigung eines gezähmten Triebes«.

Nur auf den ersten Blick pessimistisch erscheint das Werk des österreichischen Psychologen **Paul Watzlawick** (1921–2007), der in seinem Bestseller »Anleitung zum Unglücklichsein« eine

Reihe guter Tipps gab, wie man sein Leben so richtig unerträglich gestalten kann. In der psychologischen Literatur gibt es nur wenige Bücher, die so zum Lachen reizen wie Watzlawicks Anti-Glücksratgeber. Denn die geschickten Strategien, mit denen wir uns selbst das Leben schwer machen, haben durchaus eine tragisch-komische Note – und Watzlawick verstand es wie kaum ein Zweiter, diese Note zum Klingen zu bringen.

Während Watzlawicks »Anleitung zum Unglücklichsein« zweifellos eine therapeutische Wirkung hat (wer die Unglücksstrategien erst einmal durchschaut hat, wird nicht mehr so schnell auf sie hereinfallen), sollte man einem depressiv veranlagten Menschen von der Lektüre der schopenhauerschen Werke eher abraten. Allerdings haben auch sie eine humorvolle Seite: Denn Humor ist bekanntlich, wenn man *trotzdem lacht*. Insofern lässt sich der große Stilist des »philosophischen Pessimismus«, Arthur Schopenhauer, auch als ein Meister des »schwarzen Humors« interpretieren. Ja, wir dürfen sogar mit einiger Sicherheit davon ausgehen, dass auch diesem unverbesserlichen Griesgram hin und wieder ein verschmitztes Lächeln über die Lippen kam – vor allem in jenen glücklichen Momenten, in denen es ihm gelang, einen besonders vernichtenden Satz über die Trostlosigkeit der menschlichen Existenz zu formulieren ...

Sollten wir stolz auf eigene Leistungen sein?

Du hast eben davon gesprochen, dass wir das, was wir sind und was wir erreichen, ganz wesentlich Zufällen zu verdanken haben. Wenn das aber so ist, können wir dann überhaupt noch stolz auf eigene Leistungen sein?

Na ja, man *kann* das offensichtlich schon, wie man an all den Leuten sieht, die mit stolzgeschwellter Brust durch die Welt schreiten. Aber ich meine, wir *sollten* es nicht sein – und zwar aus zwei Gründen: Erstens, weil Stolz auf einer falschen Interpretation der Wirklichkeit beruht, und zweitens, weil er uns die Chancen auf ein glückliches Leben verbaut.

Das musst du aber erklären.

Schauen wir uns zunächst an, was »Stolz« bedeutet: Wenn jemand stolz darauf ist, was er ist oder was er erreicht hat, so ist das zunächst einmal etwas sehr Positives, nämlich ein Ausdruck einer großen *inneren Zufriedenheit*. Allerdings bedeutet Stolz mehr als das, denn er beruht zusätzlich auf einer besonderen *Interpretation der Gründe für diese Zufriedenheit*, nämlich der Zuschreibung, dass wir selbst – und keine Kräfte außerhalb dieses Selbst! – dafür verantwortlich sind. Diese Interpretation der Wirklichkeit ist jedoch falsch: Denn jede Eigenschaft, die uns auszeichnet, ist das Ergebnis von unzähligen Ursachen-Wirkungs-Zusammenhängen, die teilweise schon auftraten, bevor sich unser ach so stolzes Selbst überhaupt entwickelte.

Kannst du dafür ein Beispiel geben? Im Moment verstehe ich nicht, worauf du hinauswillst ...

Nehmen wir das Merkmal »Schönheit«: Viele Menschen sind stolz auf ihr Aussehen, bilden sich also etwas darauf ein, in puncto »Schönheit« besser abzuschneiden als andere. Nun ist es ja fein, wenn Menschen mit ihrem Aussehen zufrieden sind, aber Gründe für »Stolz« gibt es hier bestimmt nicht! Denn Schönheit ist über weite Strecken bloß das Produkt der zufälligen Kombination von Erbmerkmalen beim Verschmelzen einer Samenzelle mit einer Eizelle zu einem Zeitpunkt, als dieses »stolze Ich« noch gar nicht existierte. Wäre zufällig ein anderes Spermium schneller gewesen, wäre statt einer strahlenden Schönheitskönigin möglicherweise ein Mensch mit völlig asymmetrischen Gesichtszügen entstanden, den niemand als sonderlich attraktiv empfände. Mit anderen Worten: Stolz auf eigene Schönheit zu sein, ist eine ziemlich lächerliche Angelegenheit, denn niemand kann etwas dafür, welche Erbinformationen bei seiner Entstehung zusammenkamen.

Okay. Dass es blödsinnig ist, sich irgendetwas auf das eigene Aussehen einzubilden, ist logisch. Aber wie ist das bei anderen Dingen? Wenn ich beispielsweise hart für eine Mathearbeit gepaukt habe und dann gut abschneide, dann habe ich doch allen Grund, stolz darauf zu sein, oder?

Selbstverständlich hättest du allen Grund, mit dir und deinem Erfolg *zufrieden* zu sein. Aber »*stolz*«? Auch die Fähigkeit zu intellektuellen Leistungen ist ja zu einem großen Teil von der zufälligen Mischung von Erbmerkmalen bei der Verschmelzung von Ei- und Samenzelle abhängig! Viele Menschen können sich anstrengen, so viel sie wollen, komplexere Zusammenhänge werden sie nie verstehen, da sie nicht die Veranlagung zu einer höheren mathematischen Intelligenz mitbringen. Anderen wiederum fällt das Lösen komplexer Gleichungen aufgrund ihrer genetischen Begabung in den Schoß. Doch wie könnten sie »stolz« darauf

sein?! Als die Voraussetzungen für ihre mathematischen
Fähigkeiten gelegt wurden, gab es ihr »Ich« ja noch gar
nicht!

In Ordnung. Allerdings habe ich das Beispiel mit der Mathearbeit nicht ohne Grund gewählt! Wie du weißt, bin ich alles andere als ein Mathegenie. Wenn ich eine gute Note schreiben will,
dann muss ich mich schon ziemlich anstrengen. Warum also
sollte ich nicht stolz sein, wenn mir das ausnahmsweise mal gelingt? Schließlich hätte ich die gute Note ja weniger meinen tollen Genen als meinen eigenen Anstrengungen zu verdanken.

Nun ja, nicht nur die Intelligenz, sondern auch die Leis-
tungsbereitschaft einer Person ist maßgeblich von Erbanlagen beeinflusst. Manche Menschen sind von Kindesbeinen
an sehr ehrgeizig, andere eher phlegmatisch. Allerdings
möchte ich hier keineswegs alles auf die genetische Aus-
stattung schieben, denn die Umwelt, auf die ein Mensch in
seinem Leben trifft, hat eine mindestens ebenso große Bedeutung! Wenn eine Person die Erfahrung gemacht hat, dass
sich Anstrengungen lohnen, wird sie höhere Leistungs-
bereitschaft zeigen, als wenn sie stets frustrierende Erfahrungen machen musste, also von Anfang an lernte, dass sich
Anstrengungen gar nicht auszahlen.

Du willst also sagen, dass die Entscheidung, ob ich jetzt hart für
eine Arbeit lerne oder stattdessen doch lieber auf eine Party
gehe, von meinen Genen und meinen Lernerfahrungen abhängt?
Aber wo bleibt denn da mein »freier Wille«?! Schließlich bin ich
es doch, die diese Entscheidung trifft, oder etwa nicht?

Was verstehst du denn unter einem »freien Willen«?

Boah, das ist schwierig! Ich weiß nicht so recht, wie ich das ausdrücken soll...

Nun, vielleicht kannst du ja sagen, *wovon* der Wille *frei* sein
soll, um als »freier Wille« durchgehen zu können.

Wovon der freie Wille frei sein soll? Na, von irgendwelchen Ursachen, die ihn bestimmen.

Soweit wir sehen, ist doch jedes Phänomen im Universum

auf natürliche Ursachen zurückzuführen. Sollten wir jemals eine Wirkung im Kosmos beobachten, die ohne natürliche Ursachen auskommt, so müssten wir sie als »Wunder« bezeichnen, also als etwas, bei dem es offensichtlich nicht mit »rechten Dingen« zugeht. Dergleichen haben wir aber im Universum nicht feststellen können! Und das macht deine Definition des »freien Willens« zumindest etwas »exotisch«: Willst du wirklich behaupten, dass jede »freie Willensentscheidung« ein »unerklärliches Wunder« ist, also eine »Wirkung ohne natürliche Ursachen«?

Nein. Wenn ich mir das so recht überlege, muss ich meine Definition des »freien Willens« wohl etwas abändern. Hmmm... Was hältst du denn davon? Ein Wille ist dann »frei«, wenn er von nichts anderem als vom eigenen Selbst bestimmt ist.

Das klingt gut. Aber diese Definition führt natürlich zu einem anderen Problem: Denn nun müssen wir uns ja fragen, wovon dieses »eigene Selbst« bestimmt ist. Oder ist dieses »Selbst« das »unerklärliche Wunder«, welches losgelöst von allen natürlichen Ursachen existiert?

Nein. Wenn ich das behaupten würde, so würdest du sicher sagen, dass unser Selbst ein Produkt von genetischer Veranlagung und Lernerfahrungen ist, oder?

Richtig, denn losgelöst von genetischer Veranlagung und Lernerfahrung gibt es kein Selbst! Es ist sogar fraglich, ob es *überhaupt* ein Selbst *gibt* – in dem Sinne, wie es andere Dinge gibt, von deren Existenz wir überzeugt sind.

Was meinst du denn damit?

Nun, ein »Selbst« ist kein Ding, das man irgendwo exakt verorten könnte wie beispielsweise eine Hand oder einen Fuß. Es existiert nicht *in der Welt*, sondern bloß im *virtuellen Kosmos* unseres Bewusstseins! Wir haben zwar das Gefühl, dass »unser Selbst« die Entscheidungen in unserem Leben trifft und dass es dabei auch nach Belieben über unser Gehirn verfügen kann. Doch in Wirklichkeit ist es genau umgekehrt: Das Selbst ist eine Konstruktion des Gehirns, eine

Simulation, mit der wir uns in der Welt zurechtfinden können; es existiert aber im eigentlichen Sinne gar nicht. Das, was wir unser »Ich« nennen, ist bei genauerer Betrachtung nur eine virtuelle Figur in einem virtuellen Theaterstück, das von einem blumenkohlförmigen Organ in unserem Kopf inszeniert wird.

So, nun hast du es endlich geschafft: Jetzt raffe ich gar nichts mehr! Wie kannst du denn behaupten, dass das »Ich« eigentlich gar nicht existiert? Wenn es irgendetwas gibt, dessen ich mir absolut sicher bin, dann doch, dass ich »ich« bin und dass ich meine eigenen Entscheidungen treffe – und nicht so ein komisches Teil in meinem Kopf!

Ich verstehe, dass dir diese Vorstellung schwerfällt – und damit stehst du ganz gewiss nicht alleine da! Das grundlegende Problem beim Rätsel »Ich-Bewusstsein« ist ja, dass das Gehirn eine sehr überzeugende *innere Realität* herstellt, die wir normalerweise gar nicht als *Simulation* erkennen können, da *wir selbst ein Teil dieser Simulation* sind.

Na, wenn wir diese Simulation als solche gar nicht erkennen können, woher wissen wir dann überhaupt, dass es sich um eine Simulation handelt?

Zu dieser Erkenntnis gelangten wir, als wir begannen, Gehirnen von außen bei ihrer Arbeit zuzusehen. Zwar sind wir noch immer weit davon entfernt, das Gehirn als Ganzes zu verstehen, dennoch hat die Hirnforschung in den letzten Jahrzehnten große Fortschritte erzielt. Dank dieser Forschung kann heute kein vernünftiger Zweifel mehr daran bestehen, dass das »Ich« von den Vorgängen im Gehirn erzeugt und gesteuert wird. Das, was uns als Personen auszeichnet, was wir denken, wie wir empfinden, wird bestimmt von neuronalen Prozessen, die unter unserer Schädeldecke ablaufen, ohne dass wir dies wahrnehmen könnten – es sei denn, wir haben die Gelegenheit, einem Gehirn dabei zuzuschauen, wie es seine Arbeit erledigt. Dazu gibt es mittlerweile zahlreiche faszinierende Forschungsergebnisse. Besonders beeindruckend fand ich den Fall der »unglaublich lachenden Mrs. K.«, über den Antonio Damasio in seinem Buch »Der Spinoza-Effekt« berichtete. Habe ich dir schon mal davon erzählt?

Ich kann mich erinnern, dass wir mal einen Film über die »unglaublich schrumpfende Mrs. K.« gesehen haben, aber von einer »unglaublich lachenden Mrs. K.« habe ich bislang noch nichts gehört...

Bei der »unglaublich lachenden Mrs. K.« handelt es sich nicht um Science-Fiction, sondern um einen realen Fall aus der neurologischen Praxis: Diese Frau K. musste vor einigen Jahren aufgrund neurologischer Probleme untersucht werden. Um herauszufinden, wie man ihr helfen könnte, stimulierten die Ärzte mit leichten Elektroimpulsen eine Region des linken Frontallappens ihres Gehirns. Daraufhin brach Frau K. in ein herzhaftes Gelächter aus, das so echt war, dass es die Ärzte ansteckte. Beendeten die Ärzte die Stimulation der Hirnregion, so endete auch das Lachen, begannen sie von Neuem, so schlug sich Frau K. wieder vor Lachen auf die Schenkel.

Abgedreht!

Das Beste kommt noch: Obwohl der Zusammenhang zwischen der elektrischen Stimulation des Gehirns und dem Lachen eindeutig war, gab Frau K. ganz andere Gründe an, warum sie so herzhaft lachen musste. Ihr erschien nämlich immer das als umwerfend komisch, worauf sie sich in dem Moment, in dem ihr Hirn gereizt wurde, zufälligerweise konzentrierte. Zeigte man ihr das Bild eines Pferdes, lachte sie über das Pferd. Schaute sie zufällig auf ihre Ärzte, mussten die als Grund für ihre übersprudelnde Heiterkeit herhalten. So antwortete Frau K. einmal auf die Frage, warum sie sich mal wieder vor Lachen schüttelte: »Oh, Leute, ihr seid einfach zu komisch...wie ihr da so herumsteht.«

Ist ja verrückt! Aber diese Frau K. hätte doch eigentlich wissen müssen, dass sie nur deshalb lacht, weil die Ärzte an ihrem Hirn herumdoktern!

Von außen betrachtet, also aus der Perspektive von Menschen, die auf das Gehirn von Frau K. schauen, wäre das selbstverständlich. Aber in der inneren Realität, die K.s Gehirn erschuf, sah das ganz anders aus. Dein Gehirn teilt dir ja auch nicht mit, dass du glücklich bist, weil Hirnregion X aktiviert ist, oder dass du unglücklich bist, weil nun die Neuronen der Region Y vermehrt feuern. Es verbirgt vielmehr diese internen Prozesse vollständig vor deinem Bewusstsein und erzeugt stattdessen subjektive Erlebnisqualitäten, die vor dem Hintergrund deiner Lebenserfahrungen Sinn ergeben. Hätte man dein Hirn in ähnlicher Weise gereizt wie das von Frau K., so hättest auch du dich vor Lachen gebogen. Und du wärst ebenso überzeugt davon gewesen, dass du dich nur deshalb so königlich amüsierst, weil deine Ärzte so unglaublich komisch aussehen. Dass dein Gelächter in Wahrheit nur auf die elektrische Reizung deines linken Frontallappens zurückzuführen ist, hättest du subjektiv nicht empfinden können, da dein Gehirn eine innere Realität simuliert, in der es selbst gar nicht vorkommt.

Mannomann, das ist echt schräg – und irgendwie auch erschreckend!

Warum?

Weil es so klingt, als ob wir bloß Marionetten unserer Gehirne wären! Heißt das am Ende, dass nicht *ich* mich entscheide, ob ich lerne oder auf eine Party gehe, sondern dass diese Entscheidung von dem Teil in meinem Kopf getroffen wird?

Na ja, so würde ich es nicht ausdrücken, schließlich gibt es keinen Widerspruch zwischen deinem Ich und deinem Gehirn. Korrekterweise müsste man es so formulieren: *Du* triffst diese Entscheidung, *weil dein Gehirn* als zentrale Steuereinheit deines Körpers diese Entscheidung trifft.

Na toll!

Was stört dich daran?

Vielleicht würde ich ja gerne mal eine Entscheidung treffen, die nicht von meinem Gehirn bestimmt ist!

Was hättest du denn davon? Was würde es dir bringen, wenn du tatsächlich »hirnunabhängige« Entscheidungen treffen könntest? Schließlich sind in deinem Gehirn all die Erfahrungen gespeichert, die du in deinem Leben gemacht hast. Und auf der Basis dieser Lebenserfahrungen trifft dein Gehirn seine bzw. triffst du deine Entscheidungen. Wenn deine Lebenserfahrung dir bzw. deinem Gehirn sagt, es sei jetzt besser für dich zu lernen, dann wirst du lernen. Anderenfalls wirst du auf die Party gehen. Vielleicht findest du auch einen Kompromiss zwischen beiden Möglichkeiten. Doch egal, wie du dich entscheidest, deine Entscheidung ist stets diejenige, die deinem Gehirn auf der Basis der ihm vorliegenden Informationen in exakt diesem Moment als die beste erscheint.

Ich habe also gar keine Wahl?

Was meinst du damit?

Ich kann mich in einem Moment nicht ebenso gut für das eine wie für das andere entscheiden?

Nein, du entscheidest dich für exakt das, was dir bzw. deinem Gehirn in exakt *diesem* Moment als das größere Wohl bzw. das geringere Übel erscheint.

Das heißt: Wenn ich in der Vergangenheit irgendeine total dämliche Entscheidung getroffen habe, dann hätte ich mich in diesem Moment gar nicht anders entscheiden können?

Nein. Hätte dein Gehirn andere Informationen besessen, so hättest du notwendigerweise eine andere Entscheidung getroffen. Vielleicht wäre diese andere Entscheidung besser gewesen, aber das konntest du in dem Moment, in dem du die Entscheidung getroffen hast, nicht wissen, da der Informationsverarbeitungsprozess in deinem Gehirn zu einem anderen Ergebnis führte. *Nach* der falschen Entscheidung bist du vielleicht klüger geworden, das heißt, dein Gehirn hat aus schlechten Erfahrungen gelernt. Solltest du also noch einmal in eine ähnliche Situation kommen, so würdest du eine andere Entscheidung treffen, da sich dein Gehirn in einem anderen neuronalen Zustand befindet. Aber – und das ist entscheidend: In *ein und demselben Moment* kannst du dich nicht sowohl für A als auch für B entscheiden, denn das würde voraussetzen, dass du *zur gleichen Zeit zwei unterschiedliche Hirnzustände* besäßest – und das ist prinzipiell unmöglich! Was stört dich daran?

Das fragst du im Ernst?! Was du da sagst, wirft doch unsere gesamte Vorstellung vom Menschen über den Haufen! Wir gehen doch davon aus, dass die Entscheidungen, die wir treffen, frei sind – und nicht von irgendwelchen »Ursachen« bestimmt werden, die wir gar nicht durchschauen können.

Okay, vielleicht sollten wir an dieser Stelle etwas gründlicher über das Thema »Freiheit« sprechen. Was verstehst du denn unter »Freiheit«? Wovon möchtest du »frei« sein?

Wovon ich frei sein möchte? Nun, ich würde sagen: Ich will frei sein von allem, was mich in irgendeiner Weise einengt.

Du möchtest also frei sein von *Zwängen*, die dich daran hindern, das zu tun, was du tun willst.

Ja, genau!

Es engt deine Freiheit aber nicht ein, dass du genau die Musik hören willst, die du hören willst.

Nein, warum sollte mich das einengen?

Nun, immerhin gibt es ja Ursachen dafür, dass du genau die Musik hörst, die du hörst, und keine andere! Wärst du in einen anderen Kulturkreis hineingeboren worden, würdest du sehr wahrscheinlich auf eine ganz andere Musik stehen.

Gut möglich, aber das stört mich nicht! Ich habe kein Problem damit, dass ich genau die Musik mag, die ich mag, und nicht eine andere, die ich vielleicht mögen würde, wenn ich woanders aufgewachsen wäre.

Okay! Aus dem, was du gerade gesagt hast, können wir etwas sehr Wesentliches für unser Thema ableiten, nämlich:

Die Freiheit, die wir meinen, wenn wir von »Freiheit« sprechen, ist eine *Freiheit von Zwängen* – keine *Freiheit von Ursachen*! Niemand von uns leidet ernsthaft darunter, dass es Ursachen dafür gibt, dass wir ausgerechnet *das wollen, was wir wollen*, und dass wir genau *das ablehnen, was wir nicht wollen*. Wir leiden jedoch darunter, wenn es Zwänge gibt, die verhindern, dass wir das *tun können*, was wir *tun wollen*.

Stimmt!

Also brauchen wir ein Gehirn, das darauf hinarbeitet, solche Zwänge zu überwinden – und genau das tut das Gehirn, so gut es das eben kann. Was aber hätten wir davon, wenn unser Gehirn losgelöst von Ursachen, etwa nach dem Zufallsprinzip, Entscheidungen treffen würde?

Hmmm ... Mit einem solchen Gehirn kämen wir wohl nicht sonderlich weit!

Nein, denn nur ein Gehirn, das nach dem Ursache-Wirkungs-Prinzip arbeitet, ist *lernfähig*. Wäre es unempfindlich gegenüber äußeren Reizen, also durch äußere Ursachenfaktoren nicht veränderbar, so würden wir uns in der Welt nicht zurechtfinden. Bei jeder Entscheidung, die dein Gehirn trifft, greift es auf unzählige Lernerfahrungen zurück. Selbst bei der trivialen Entscheidung zwischen einer Party und dem Pauken von mathematischen Formeln führt dein Gehirn unglaublich viele Rechenoperationen durch: Es berücksichtigt unter anderem all deine Erfahrungen, die du mit den einzelnen Gästen der Party gemacht hast, deine Erfahrungen mit Partys überhaupt, deine Erfahrungen mit Prüfungen, deine Erfahrungen mit dem speziellen Lehrer, der die Prüfung durchführt. Auf dieser Basis prognostiziert dein Gehirn das Wohl oder Wehe, das mit dieser oder jener Wahl verbunden sein könnte – und auf dieser Basis trifft es bzw. triffst du dann eine Entscheidung.

Von all diesen »Rechenoperationen des Gehirns« bekomme ich aber gar nicht so sehr viel mit, oder?

Nein. Auf dem Bildschirm deines Bewusstseins taucht nur

eine Auswahl der Gründe auf, die für diese oder jene Entscheidung sprechen könnten. Und das ist auch gut so! Denn der Arbeitsspeicher deines Bewusstseins ist sehr viel kleiner als der Arbeitsspeicher der unbewussten Denkoperationen, die in deinem Gehirn ablaufen. Pro Sekunde können wir höchstens 50 Bits bewusst verarbeiten, doch allein unsere Augen senden pro Sekunde etwa 10 Millionen Bits, die neuronal verarbeitet werden müssen! Würde dein Gehirn alle Rechenoperationen ins Bewusstsein übermitteln, würde dein bewusstes Selbst angesichts der gigantischen Datenmenge abstürzen wie ein Computer, auf dem viele tausend Programme gleichzeitig gestartet werden.

Ich ahne jetzt, worauf du hinauswillst: Wir bilden uns zwar ein, dass wir uns in einem bestimmten Moment so oder so entscheiden könnten. Das ist aber nur darauf zurückzuführen, dass uns gar nicht bewusst ist, wie viele Faktoren daran beteiligt sind, dass wir genau das wollen, was wir wollen. Sehe ich das richtig?

Absolut korrekt! Auch wenn wir den Eindruck haben, dass wir in einer bestimmten Situation alles Beliebige wollen könnten, so *können* wir in Wirklichkeit doch nur das wollen, was wir aufgrund unserer Veranlagung und unserer Erfahrungen in just diesem Moment *wollen müssen*. Das heißt auch, dass wir zu keinem Zeitpunkt unseres Lebens klüger, weiser, liebevoller, attraktiver oder erfolgreicher *sein können*, als wir es in eben diesem Moment *sind*.

Und deshalb gibt es auch keinen Grund dafür, stolz zu sein?

Richtig! Möglicherweise können wir ja zufrieden sein mit dem, was wir erreicht haben, aber es wäre unsinnig, diesen Erfolg auf unser ach so unabhängiges Selbst zurückzuführen. *Denn dieses Selbst existiert nicht unabhängig von der Welt!* Es ist nur die Simulation eines Gehirns, das so ist, wie es ist, weil unglaublich viele Ursachenfaktoren zu genau diesem – und keinem anderen! – Ergebnis geführt haben. Schon kleinste Änderungen in den Umweltbedingungen hätten ausgereicht, um zu bewirken, dass dieses Selbst völlig andere Eigenschaften hätte, als es heute hat.

Okay, ich verstehe jetzt etwas besser, warum du meinst, dass Stolz auf einer falschen Interpretation der Wirklichkeit beruht... Am Anfang hast du aber auch behauptet, dass Stolz einem glücklichen Leben im Wege stehen würde. Warum ist das deiner Meinung nach so?

Das hat verschiedene Gründe: Erstens kann jede Eigenschaft, auf die man stolz ist, irgendwann einmal verloren gehen. Wie du weißt, ist nicht nur Schönheit, sondern sind auch Sportlichkeit oder intellektuelle Brillanz vergänglich. Wer stolz auf derartige Eigenschaften ist, der leidet viel stärker unter ihrem Verlust als jemand, der den Besitz solcher Eigenschaften auf eine zufällige, glückliche Fügung von Ursachenfaktoren zurückführt.

Gut, das kann ich nachvollziehen.

Zweitens hat Stolz eine sehr unschöne Kehrseite, die für das Individuum mit erheblichen psychischen Kosten verknüpft sein kann: Denn wer seine Erfolge in besonderem Maße auf sein angeblich »freies Selbst« zurückführt, der wird das Gleiche auch bei Misserfolgen tun müssen! Aus dieser Zuschreibung aber resultieren verheerende Minderwertigkeits- und Schuldgefühle, mit denen sich ein Individuum manchmal ein Leben lang herumplagen muss. Gibt man die Vorstellung auf, dass Erfolg und Misserfolg auf das eigene grandiose Selbst zurückzuführen sind, so kann man sich diese psychischen Kosten ersparen. Mir jedenfalls hat das sehr geholfen.

Du willst doch nicht etwa behaupten, dass es dir egal ist, ob du Erfolge feierst oder auf ganzer Linie scheiterst, oder?

Nein. Natürlich bin ich nicht zufrieden, wenn ich irgendetwas nicht erreicht habe, was ich unbedingt erreichen wollte. Aber: Im Unterschied zu früher, als ich noch anders dachte, verurteile ich mich nicht mehr dafür, dass ich gescheitert bin, denn ich weiß ja, dass ich in der maßgeblichen Situation gar nicht besser sein konnte, als ich es war! Ich kann mir meine eigenen Fehler besser vergeben, da ich davon ausgehe, dass es *überhaupt nicht in meiner Macht lag, die Fehler, die ich begangen habe, nicht zu begehen.* Diese Erkenntnis bedeutet eine enorme psychische Entlastung: Man wird entspannter, wenn man sein eigenes Selbst nicht mehr ganz so tödlich ernst nimmt.

Du warst also früher nicht so entspannt wie heute?

Oh nein! Ich habe mir oft schreckliche Sorgen gemacht, wie dies oder jenes bei anderen ankommen würde. Und ich empfand es immer wieder als hochnotpeinlich, wenn sich herausstellte, dass ich in irgendeiner Weise versagt hatte. Das ist heute anders: Seit mir klar geworden ist, dass ich nur der *sein kann,* der ich aufgrund meiner Lebensgeschichte *sein muss,* habe ich Frieden mit mir selbst geschlossen. Wenn du so willst, ist das zu meiner persönlichen »Wohlfühlformel« geworden: *Wer von seinem Selbst lassen kann, entwickelt ein gelasseneres Selbst!*

Das klingt logisch. Wenn man also zu sehr an seinem Selbst hängt, erreicht man wahrscheinlich genau das Gegenteil, nicht wahr?

So ist es: Wer die Welt sehr »selbstisch« wahrnimmt, also penibel danach schaut, ob seinem »ach so tollen Ich« genau die Aufmerksamkeit zukommt, die ihm angeblich gebührt, setzt sich einem permanenten Psychostress aus. Schließlich muss er sich und den anderen immer wieder beweisen, was für ein »toller Hecht« er ist. Das geht aber nur in den allerseltensten Fällen gut. Denn jeder von uns muss hin und wieder Niederlagen einstecken. Und wer sich selbst zu wichtig nimmt, kann damit schlecht umgehen.

Wenn man dich so reden hört, könnte man meinen, du wärst so ein »Schluffi«, der sich total gelassen durchs Leben treiben lässt. In Wirklichkeit aber bist du permanent mit irgendwelchen Projekten beschäftigt. Ich kann mich an kaum einen Tag erinnern, an dem du nicht irgendwie gearbeitet hättest. Selbst im Urlaub hast du über Büchern gesessen oder Notizen für Aufsätze gemacht. Wie passt denn das zusammen?

Zwischen innerer Gelassenheit und äußerer Betriebsamkeit besteht kein Widerspruch, denn das eine bezieht sich darauf, was ich *tue*, das andere darauf, wie ich meine Tätigkeiten *interpretiere*. Früher habe ich viele Dinge hauptsächlich deshalb gemacht, weil ich mir und der Welt beweisen wollte, wie »großartig« ich bin. Heute tue ich die Dinge, weil ich sie als sinnvoll erachte oder weil sie mir Spaß machen. Natürlich versuche ich noch immer, das Optimum herauszuholen. Aber: Ich bilde mir nichts mehr darauf ein, wenn irgendetwas besonders gut gelingt, und ich verzweifle auch nicht mehr, wenn irgendetwas total in die Hose geht. Diese andere Haltung zu mir und dem, was ich tue, ist sehr entlastend! Nach außen lässt sich dieser Unterschied in der Selbstwahrnehmung jedoch nur schwer vermitteln.

Ich kann mir vorstellen, dass dich viele Leute ganz anders wahrnehmen. Wahrscheinlich halten sie dich für einen total eingebildeten Pinsel, der sich mit seinen Aktivitäten permanent in den Mittelpunkt rücken muss...

Natürlich! Und dafür habe ich auch größtes Verständnis, denn sie können ja nicht wissen, wie es ist, ich zu sein, ebenso wenig, wie ich wissen kann, wie es ist, jemand anderes zu sein. Was ich aber weiß, ist, dass sich mein Umgang mit mir selbst merklich entspannt hat, seitdem mir klar ist, dass dieses »Ich« längst nicht so bedeutsam ist, wie es mir früher erschien.

Dass man von außen nicht einschätzen kann, wie es ist, jemand anderes zu sein, hatten wir ja schon in einem unserer ersten Gespräche. Aber ist es nicht so, dass jeder von uns Signale aussendet, die uns dabei helfen, einzuschätzen, wie die anderen ticken? Bei dir fällt mir auf, dass du meist ungewöhnlich gelassen reagierst, wenn dich jemand angreift. Hat das auch etwas mit deiner Haltung zum Stolz zu tun?

Sicher! Schließlich weiß ich ja: Nicht nur ich muss unter

den gegebenen Bedingungen so sein, wie ich bin, auch die anderen können nur so sein, wie sie sein müssen. So wie ich es nicht verhindern konnte, die Fehler zu begehen, die ich begangen habe, konnten auch sie die Fehler nicht vermeiden, die sie begangen haben. Ich sehe darin eine große Quelle für Toleranz: Denn wer gelernt hat, sich selber zu vergeben, kann auch anderen besser vergeben.

Das heißt aber nicht, dass dir gleichgültig ist, was die anderen so treiben, oder?

Nein. Es gibt selbstverständlich Handlungen, die objektiv nicht in Ordnung sind und die dringend unterbleiben sollten! Das muss man gegebenenfalls auch deutlich zur Sprache bringen. Aber Kritik an einer spezifischen Handlung bedeutet nicht, dass wir unterstellen müssten, dass der andere in dem Moment, in dem er eine Fehlhandlung beging, sich auch anders hätte entscheiden können. Wenn es in unserem Universum mit »rechten Dingen« zugeht, so ist eben dies ja gar nicht möglich. Also sollten wir uns zurückhalten, wenn wir über andere urteilen. So verurteilungswürdig eine bestimmte Handlung auch immer sein mag: Es gibt keinen Grund für Überheblichkeit! Denn wären wir den gleichen Ursachenfaktoren ausgesetzt gewesen wie der Täter, hätten wir die gleichen Dinge getan.

Meinst du das im Ernst?

Na klar! Ich erinnere mich gut daran, wie ich früher mit aller moralischen Entrüstung und Verachtung, die man sich nur vorstellen kann, über all jene geurteilt habe, die im Nazi-Regime mitgemacht haben. Ganz selbstverständlich ging ich davon aus, dass *ich* damals zu den »Guten« gehört und Widerstand geleistet hätte. Mittlerweile aber weiß ich, dass ich mit meiner heutigen Identität unter den Bedingungen der Nazidiktatur gar nicht existiert hätte. Ich wäre ein anderer gewesen, und vielleicht hätte sich dieses »andere Ich« sogar zu einem besonders grausamen Nazischergen entwickelt. Das heißt: Für moralischen Stolz, also die Einbildung, wir seien etwas prinzipiell Besseres, gibt es keinerlei Veranlassung! Auch wenn wir Verbrechen mit guten Gründen ethisch verurteilen, sollten wir nicht den Fehler begehen, uns moralisch über die Täter zu erheben. Denn unter bestimmten Umständen hätten wir selbst auf der Seite derer gestanden, über die wir uns heute so sehr empören.

Du bist aber dennoch der Meinung, dass man Hitler & Co. zur Strecke hätte bringen müssen, oder?

Selbstverständlich – was für eine Frage! Wenn man *versteht*, warum Menschen Schreckliches tun, heißt das ja nicht, dass man in irgendeiner Weise *rechtfertigt*, was sie getan haben! Natürlich müssen wir uns gegen Unrecht zur Wehr setzen, auch wenn die Täter tragischerweise nicht anders handeln konnten, als sie es taten. Aber wir sollten *Gerechtigkeit* nicht mit *Selbstgerechtigkeit* verwechseln!

Wenn ich dich richtig verstanden habe, ist Selbstgerechtigkeit das Ergebnis einer stolzen Fehlinterpretation der Wirklichkeit: Man hält sich für etwas Besseres, weil man meint, dass man es »aus freien Stücken« geschafft hat, ein guter, anständiger und erfolgreicher Mensch zu sein, während die anderen mit ihrem »freien Willen« entweder hoffnungslos versagt oder sich sogar für »das Böse« entschieden haben.

Das hast du schön auf den Punkt gebracht! Ich bin überzeugt, dass wir viel fairer und freundlicher miteinander umgehen würden, wenn wir unsere Neigung zu stolzer Selbstüberschätzung überwinden könnten. Und in diesem Punkt bin ich sogar ausnahmsweise einmal einverstanden mit der Lehrmeinung der katholischen Kirche: In der katholischen Tradition wurde Stolz ja als eine der »sieben Todsünden« betrachtet. Von meinem eigenen Denkansatz her würde ich natürlich niemals von einer »Todsünde« sprechen, aber der dahinterstehende Gedanke scheint mir richtig zu sein: *Stolz trägt in der Tat eher zu unserem Unglück als zu unserem Glück bei!* Wer große Erfolge in seinem Leben feiern kann, der hat natürlich allen Grund dazu, sich daran zu erfreuen, aber er sollte sich beim besten Willen nichts darauf einbilden! Erfolgreich zu sein, das heißt doch nur, dass man in der »Lotterie des Lebens« ein glückliches Los gezogen hat, während es andere übel getroffen hat. Wer auf so etwas stolz ist, hat, wie ich meine, nur sehr wenig vom Leben begriffen.

Okay, lass uns das Thema damit erst einmal abschließen. Ich weiß ja nicht, wie es dir geht, aber ich fand, dass unser heutiges Gespräch besonders anstrengend war! Wahrscheinlich liegt das daran, dass du doch einige sehr zentrale Dinge über den Haufen geworfen hast, von denen die meisten Menschen, so auch ich, im Alltag ausgehen. Ich muss zwar zugeben, dass das, was du gesagt hast, überzeugend klingt, dennoch habe ich das Gefühl, dass da irgendetwas nicht stimmt! Gib mir ein paar Tage, damit ich meine Gedanken zu dem Thema ordnen kann. Vielleicht schaffe ich es ja, das besser auszudrücken, was mich an deinen Ausführungen stört. Und falls nicht: Na, dann habe ich ja jetzt zumindest eine gute Entschuldigung dafür: Ich kann halt auch nicht klüger sein, als ich es bin ...

● ● »Unser Handeln sei getragen von dem stets lebendigen Bewusstsein, dass die Menschen in ihrem Denken, Fühlen und Tun nicht frei sind, sondern ebenso kausal gebunden wie die Gestirne in ihren Bewegungen.« Der Mann, der dies sagte, hat unser Wissen über »die Gestirne in ihren Bewegungen« revolutioniert wie kein Zweiter: **Albert Einstein** (1879–1955). Im Unterschied zu Arthur Schopenhauer, der in der fehlenden Willensfreiheit des Menschen ein weiteres Indiz für die Trostlosigkeit der menschlichen Existenz sah (siehe S. 142), erkannte Einstein darin eine »unerschöpfliche Quelle« der Toleranz und des Humors. In seinem kurzen Text »Wie ich die Welt sehe« beschrieb der große Physiker seine Lebensphilosophie folgendermaßen: »Schopenhauers Spruch: ›Der Mensch kann zwar tun, was er will, aber nicht wollen, was er will‹, hat mich seit meiner Jugend lebendig erfüllt und ist mir beim Anblick und beim Erleiden der Härten meines Lebens immer ein Trost gewesen und eine unerschöpfliche Quelle der Toleranz. Dieses Bewusstsein mildert in wohltuender Weise das leicht lähmend wirkende Verantwortungsgefühl und macht, dass wir uns selbst und die andern nicht gar zu ernst nehmen; es führt zu einer Lebensauffassung, die auch besonders dem Humor sein Recht lässt.«

Vermutlich wurde Einsteins humorvolle Interpretation des unfreien Willens von ebenso wenigen Menschen verstanden wie seine Relativitätstheorie. Im Grunde jedoch griff er bloß auf Gedanken zurück, die der niederländische Philosoph **Baruch de Spinoza** (1632–1677) bereits im 17. Jahrhundert formuliert hatte. In seiner »Ethik«, einem Buch, das noch heute durch die bestechende Präzision der Argumente beeindruckt, erläuterte Spinoza, dass die Menschen nur glaubten, sie seien frei, »weil sie ihrer Handlungen bewusst, der Ursachen aber, von denen sie bestimmt werden, unkundig sind«. Spinozas Fazit war klar: »Wer also glaubt, dass er nach freiem Entschluss des Geistes rede oder schweige oder irgend etwas tue, der träumt mit offenen Augen.«

Wer einer derartigen Einbildung unterliege, meinte Spinoza, der neige dazu, von sich selber bei Erfolg oder Niederlage entweder eine zu hohe oder zu geringe Meinung zu haben. Die Folgen davon seien Hochmut (Stolz) oder Kleinmut (Niedergeschlagenheit), beides Zeichen der »größten Unkenntnis seiner selbst«, die Neid und Niedertracht in der Gesellschaft hervorrufen und größten Schaden anrichten würden. Nur durch die Einsicht in die Naturkausalität (ursächliche Bestimmtheit aller Vorgänge in der Natur) könne sich der Mensch von derartig schädlichen Affekten befreien und ein zufriedenes, freudvolles, gerechtes Leben in Freiheit führen.

Unter »Freiheit« verstand Spinoza ganz nüchtern die Abwesenheit von Zwängen, welche »Unlust« in uns erzeugen, »Willensfreiheit« im Sinne einer »Freiheit von natürlichen Ursachen« gestand er weder dem menschlichen Geist noch

»Gott« zu, den er mit dem »Naturganzen« gleichsetzte. Darüber waren die Vertreter der Religionen verständlicherweise alles andere als amüsiert: Schon 1656, Spinoza war zu diesem Zeitpunkt erst 23 Jahre alt, traf ihn der Bann der jüdischen Gemeinde Amsterdams. Die Rabbiner untersagten den Gläubigen jeden schriftlichen oder mündlichen Kontakt mit ihm. Auch die holländische Kirche blieb nicht untätig: 1674 erwirkte sie ein Verbot der anonym veröffentlichten, religionskritischen Schrift »Tractatus Theologico-politicus«. Wenig später landete das Gesamtwerk Spinozas auch auf dem katholischen Index der verbotenen Bücher. Noch im 20. Jahrhundert war der Hass auf Spinoza in gebildeten religiösen Kreisen weit verbreitet. So meinte der einflussreiche katholische Staatsrechtler **Carl Schmitt** (1888–1985), der sich durch seine Aktivitäten in der Nazidiktatur den unrühmlichen Titel »Kronjurist des Dritten Reichs« erworben hatte, Spinozas Ethik sei »die dreisteste Beleidigung, die jemals Gott und dem Menschen zugefügt worden ist«.

Was Spinozas Philosophie für viele so unerträglich machte, war, dass sie eine der Grundannahmen der abendländischen Kultur verwarf, nämlich die Trennung von Leib und Seele, Körper und Geist, auf der unter anderem die christliche Vorstellung des »Lebens nach dem Tode« basiert. Im Unterschied zu **René Descartes** (1596–1650) oder **Immanuel Kant** (1724–1804) ging Spinoza davon aus, dass das Psychische (unsere Gedanken, Gefühle und Bedürfnisse) und das Physische (die Vorgänge im Körper) Erscheinungsformen *ein und desselben* natürlichen Prozesses sind, weshalb man seine Philosophie als »monistisch« (Einheitslehre) bezeichnet – im Gegensatz zur klassischen, »dualistischen« (auf zwei Prinzipien, nämlich der Trennung von Geist und Materie gründenden) Philosophie des Abendlandes.

Im Zuge der Erforschung des Gehirns mehrten sich im letzten Drittel des 20. Jahrhunderts Belege, die für Spinozas monistische Position sprechen. Deshalb ist es nicht verwunderlich, dass **Antonio Damasio** (*1944), einer der führenden Neurowissenschaftler unserer Zeit, die Auseinandersetzung mit Spinoza ins Zentrum eines seiner Bücher rückte (»Der Spinoza-Effekt«).

Albert Einstein, der Spinoza bewunderte wie kaum einen anderen Philosophen, meinte einmal, dass sich der Spinozismus nur deshalb nicht durchgesetzt habe, weil er den Menschen »nicht nur Konsequenz des Denkens, sondern auch eine ungewöhnliche Lauterkeit, Seelenstärke und – Bescheidenheit« abverlange. Es mag im ersten Moment arrogant klingen, dass Einstein davon ausging, dass er selbst über diese »ungewöhnliche Lauterkeit, Seelenstärke und – Bescheidenheit« verfügte. Doch Einstein bildete sich ganz gewiss nichts darauf ein, Spinoza verstehen zu können, denn er wusste nur zu genau, dass nur derjenige Spinoza verstehen kann, der sich nichts darauf einbildet, ihn verstanden zu haben. Wie auch könnte man stolz auf die Erkenntnis sein, dass Stolz die »größte Unkenntnis seiner selbst« ist?

Und so sah es Einstein auch als eine »Ironie des Schicksals« an, dass ausgerechnet ihm so viel »Bewunderung und Verehrung« entgegengebracht wurde. Mit steigender Berühmtheit, klagte er augenzwinkernd, werde er selbst »immer dümmer«, was allerdings eine »ganz gewöhnliche Erscheinung« sei: »Das Missverhältnis zwischen dem, was man ist, und dem, was die anderen von einem glauben oder wenigstens sagen, ist gar zu groß. Man muss es mit Humor tragen.« Treffender hätte es Spinoza auch nicht formulieren können.

Wie sehr können wir uns verändern?

Ich habe in den letzten Tage mal nach Begriffen wie »freier Wille«, »Schuld« oder »Verantwortung« gegoogelt, und ich hab auch in ein paar Bücher reingeschaut, die solche Themen behandeln. Dabei ist mir klarer geworden, was mich an deinen Ausführungen gestört hat: Wenn wir, wie du sagst, wirklich nur das tun können, was wir unter den gegebenen Bedingungen tun müssen, dann muss doch niemand von uns mehr Verantwortung für das tragen, was er tut! Und wenn wir uns nicht mehr schuldig dafür fühlen müssen, was wir getan haben, so gibt es doch auch gar keinen Grund mehr dafür, unser Verhalten zu verändern, oder? Ohnehin frage ich mich, inwieweit wir uns überhaupt verändern können, wenn doch alles von Ursachen bestimmt ist...

Oha, das sind aber viele Fragen auf einmal! Lass uns mit der Frage nach Schuld und Verantwortung beginnen, okay? Hier sollten wir, wie ich meine, zwischen dem *objektiven Begriff der Verantwortung* und dem *subjektiven Verständnis der Schuld* unterscheiden.

Darunter kann ich mir im Moment überhaupt nichts vorstellen!

Ich versuche es mal mit einem Beispiel: Wenn du volltrunken Auto fährst, ist das objektiv unverantwortlich, denn du gefährdest die berechtigten Interessen anderer. Wirst du dabei von der Polizei erwischt oder verursachst du gar einen Unfall, so wirst du zur Rechenschaft gezogen, du musst die Verantwortung für dein objektives Fehlverhalten übernehmen – und das ist auch gut so!

Okay. Aber inwiefern unterscheidet sich dieses »Verantwortung-Übernehmen« vom »Schuldigsein«?

Nun, beim Schuldbegriff kommt zur Feststellung des objektiven Fehlverhaltens noch eine subjektive Unterstellung hinzu, nämlich die Annahme, dass du in dem Moment, in dem du den Alkohol zu dir nahmst, dich auch dagegen hättest entscheiden können. Das aber ist, wie wir gesehen haben, nicht möglich! Schließlich beruhte deine Entscheidung auf einem spezifischen Hirnzustand – und zum *gleichen Zeitpunkt* konntest du nun einmal keinen *zweiten, alternativen Hirnzustand* haben. Folglich sollten wir den Begriff der *subjektiven Schuld* aufgeben und uns stattdessen auf die Frage konzentrieren, ob eine Tat *objektiv zu verantworten* war oder nicht.

Meinetwegen. Aber wie kann man denn jemanden für eine Tat verurteilen, wenn er gar nicht die Möglichkeit besaß, sich anders zu verhalten, als er es tat?! Ist das nicht total unfair?

Dass du das als unfair empfindest, kann ich gut nachvollziehen. Leider ist es so, dass selbst die beste Rechtsprechung die fundamentalen Ungerechtigkeiten des Lebens nicht aufheben kann. Fakt ist ja: Wer ein glückliches Los in der »Lotterie des Lebens« gezogen hat, wird niemals auf der Anklagebank landen, während andere schon von frühester Jugend auf eine kriminelle Karriere zusteuern. Vor Gericht lässt sich das nicht ausgleichen. Man hätte zuvor für bessere Ausgangsbedingungen sorgen müssen!

Dennoch bleibt es dabei: Wenn wir wissen, dass kein Täter anders handeln konnte, als er handeln musste, dann müssten wir doch eigentlich auf eine Verurteilung verzichten, oder?

Nein, denn was wären die Folgen? Wenn wir keine Kosten mehr für unerwünschtes Verhalten wie Betrug, Diebstahl, Raub, Erpressung, Mord oder auch nur alkoholisiertes Autofahren erheben würden, dann würde ein solches Verhalten in der Gesellschaft viel häufiger auftreten. Und genau das soll die Rechtsprechung ja verhindern! Die Justiz hat nicht die Aufgabe, eine »universelle Gerechtigkeit« herzustellen, denn um uns diesem Ideal anzunähern, braucht es nicht nur juristische, sondern auch ökonomische, soziale, kulturelle Maßnahmen. Das Rechtssystem hat in diesem Kontext nur eine beschränkte Aufgabe, nämlich die, die Rechtsgüter zu schützen, auf die wir uns geeinigt haben. Und um diese Funktion erfüllen zu können, müssen die Gerichte Sanktionen aussprechen können – auch wenn niemand im streng moralischen Sinne Schuld daran trägt, ob er auf die schiefe Bahn gerät oder nicht.

Es nutzt also niemandem, wenn er vor Gericht sagt: »Tut mir leid, aber ich konnte einfach nichts dafür, dass ich so geworden bin, wie ich bin, und das getan habe, was ich tat?«

Natürlich müssen wir die Motive berücksichtigen, die zu einer Tat geführt haben, denn nur so können wir beispielsweise zwischen Mord und Totschlag unterscheiden. Aber letztlich zählt vor Gericht nur, ob du objektiv einen Rechtsbruch begangen hast oder nicht. Wenn du einen Menschen ermordet hast, dann kannst du *objektiv etwas dafür*, dass dieser Mensch nun tot ist. Dieses *objektive Dafür-Können* ist juristisch entscheidend, nicht dein *subjektives Nicht-anders-Gekonnthaben*.

Hmmm ... Wir müssen also Verantwortung für das tragen, was wir getan haben, auch wenn wir in dem Moment der Tat gar keine anderen Möglichkeiten besaßen? Nun gut, ich will das mal so stehen lassen. Aber das beantwortet ja noch nicht meine zweite Frage: Wenn wir uns nicht mehr schuldig fühlen müssen, warum sollten wir unser Verhalten dann überhaupt noch ändern? Oder meinst du, dass wir unser Verhalten nur deshalb ändern wollen, weil wir Angst vor negativen Konsequenzen wie Gefängnisstrafen haben? Das käme mir total unmenschlich vor! Ich wollte nicht in einer Gesellschaft leben, in der sich ein Mörder für einen Mord gar nicht schuldig fühlen müsste und weitere Morde nur aus dem Grund unterlassen würde, weil er nicht noch einmal ins Gefängnis kommen möchte.

Du hast recht: In einer Gesellschaft von Psychopathen, die schreckliche Taten nicht bereuen, wollte ich auch nicht leben.

Aber läuft dein Abgesang auf das Schuldprinzip nicht genau auf eine solche Gesellschaft hinaus?

Nein, denn wir müssen zwischen Schuld- und Reuegefühlen unterscheiden.

Ist das nicht das Gleiche?

Das mag auf den ersten Blick so erscheinen, weil sich beide Gefühle aus der gleichen Wurzel speisen: Wir empfinden Schuld beziehungsweise Reue, wenn wir feststellen, dass wir uns falsch verhalten und dadurch irgendeinen Schaden ausgelöst haben. Aber wie beim Stolz kommt beim Schuldgefühl noch eine zusätzliche, *fehlerhafte Zuschreibung* hinzu: Wir meinen fälschlicherweise, dass wir uns in der Situation auch anders hätten verhalten können, als wir uns verhielten. Erst diese fehlerhafte Zuschreibung löst die moralische Selbstverurteilung aus. Wir meinen, »fürchterliche Menschen« zu sein, die »aus freien Stücken« anderen Schaden zugefügt haben, übersehen also, wie viele Faktoren dazu geführt haben, dass wir zu denen wurden, die wir sind. Paradoxerweise führen solche Schuldgefühle oft nicht dazu, dass sich das reale Verhalten der Menschen ändert. Sie kreisen vielmehr um ihr »ach so böses Selbst«, statt sich darauf zu konzentrieren, was sie an sich und ihrem Verhalten ändern müssten, damit es in Zukunft nicht wieder zu einem ähnlichen Fehlverhalten kommt. Ein typisches Beispiel für ein solches zirkuläres Muster ist ein Alkoholiker, der sich wegen seines Schnapskonsums schuldig fühlt und gleich wieder zur nächsten Flasche greift, um diese leidigen Schuldgefühle wieder loszuwerden.

Und so etwas bleibt uns bei Reuegefühlen erspart?

Ja. Wir können etwas bereuen, auch wenn wir genau wissen, dass wir uns in dem Moment unseres Fehlverhaltens nicht anders verhalten konnten, als wir uns verhalten haben. Dadurch bleibt unser Kopf frei, um herauszufinden, was wir tun könnten, um den erzeugten Schaden wieder zu beheben. Wir können zwar die Vergangenheit nicht ändern, aber wir können uns selbst ändern und daran arbeiten, in Zukunft klüger, vernünftiger, liebevoller zu sein. Reuegefühle sind wichtige Anstoßgeber für eine solche persönliche Weiterentwicklung, Schuldgefühle hingegen stehen ihr im Wege, denn sie sind Kriegserklärungen an das eigene Selbst.

Wir brauchen also eine Art »inneren Frieden«, um uns optimal weiterentwickeln zu können?

So würde ich das sehen. Schließlich sind Schuldgefühle nicht nur an der Entstehung vieler psychischer Erkrankungen beteiligt, sie hemmen auch unsere Kräfte, Lebenskrisen zu überwinden. Umgekehrt führt die Überwindung von Schuldgefühlen zu einer Freisetzung zuvor verschütteter Kräfte. Ich habe es einmal so formuliert: Wer sich nicht mehr schuldig fühlt, der zu *sein*, der er *ist*, kann viel leichter daran arbeiten, der zu *werden*, der er *sein könnte*.

Das klingt gut, aber mir ist nicht wirklich klar, worauf du damit hinauswillst...

Albert Einstein hat einmal gesagt, dass die Erkenntnis der ursächlichen Bestimmtheit unseres Denkens und Handelns den großen Vorteil hat, dass sie »in wohltuender Weise das leicht lähmend wirkende Verantwortungsgefühl« abmildert [siehe hierzu S. 162]. In der Tat führen Schuldgefühle und Versagensängste zu einer Lähmung unserer Kräfte. Wir sind deprimiert, weil wir in der Vergangenheit gescheitert sind, und haben Angst, das in Zukunft wieder zu tun. Wenn es uns aber gelingt, uns selbst nicht mehr »gar zu ernst zu nehmen«, wie es Einstein empfahl, dann führt dies dazu, dass sich in uns eine Art »psychische Handbremse« löst und wir angstfreier, unverzagter agieren können. Die Folge davon klingt einigermaßen paradox, aber so habe ich es in den letzten Jahren selbst an mir erlebt: Wenn man nicht mehr stolz auf eigene Leistungen ist, dann kann man viel eher Leistungen erbringen, auf die man stolz sein *könnte*, wenn man noch stolz sein können wollen müsste!

Haha, das hört sich lustig an! Hmmm… Aber was ich dabei noch immer nicht verstehe: Wie können wir uns denn überhaupt verändern, wenn doch alles von Ursachen bestimmt ist? Besteht da nicht ein totaler Widerspruch? Irgendwie geht mir das nicht in den Kopf!

Ich glaube, dein Problem ist, dass du die *ursächliche Bestimmung* unseres Denkens und Handelns mit der Idee einer *Vorherbestimmung* verwechselst! Doch wir Menschen sind keine Automaten, die auf dem Laufband der Zeit das abspulen müssen, was einer vermeintlich vorangegangenen Programmierung entspricht. Würden unsere Gene tatsächlich alles vorherbestimmen, was in unserem Leben passiert, so könnten wir es uns natürlich abschminken, irgendetwas Bedeutsames an uns und unserem Verhalten zu verändern. Doch dem ist nicht so! Nicht ohne Grund tragen wir ein so ressourcenintensives Gehirn mit uns herum! Das Gehirn hat die Aufgabe, neue Erfahrungen zu speichern und diese zur Grundlage von Entscheidungen zu machen, die wir in jedem Moment unseres Daseins treffen müssen. Deshalb sind wir ständig in Bewegung. Wir können gar nicht verhindern, dass wir uns permanent verändern, gleichgültig, ob wir nun an die ursächliche Bestimmung unserer Entscheidungen glauben oder nicht.

Ich werde also nach diesem Gespräch nicht mehr die Gleiche sein, die ich vorher war?

Nein, wir beiden werden nicht mehr die Gleichen sein, da unser Gehirn die Informationen, die es jetzt erhält, nutzt, um künftig möglichst optimale Entscheidungen treffen zu können. Vergiss nicht, dass das Gehirn stets das Beste für uns will! Deshalb ist auch dieser Werbespot mit dem Mann und der Frau im Restaurant so komisch. Ich weiß gar nicht mehr, was in dem Spot genau beworben wird. Jedenfalls bestellt da ein Mann für sich und seine Frau das »zweitbeste Steak« und den »zweitbesten Wein«...

Ach ja, den kenne ich!

Der Spot wirkt auf uns so komisch, weil er unseren Intuitionen diametral widerspricht: Wir wollen eben nicht *das Zweitbeste* für uns und die, die wir lieben, sondern stets *das Beste*! Natürlich könnte der zweitteuerste Wein für uns die beste Wahl sein, weil er ein optimaler Kompromiss zwischen unser Genießerlust und unserem begrenzten Geldbeutel wäre. Aber das ändert nichts daran, dass wir stets nach dem Optimum streben.

Und wie ist es dann zu erklären, dass wir trotzdem so häufig dumme Entscheidungen treffen und Dinge tun, die alles andere als vorteilhaft für uns sind?

Auch das beste Gehirn macht hin und wieder Fehler und trifft die falschen Entscheidungen. Oft hat das damit zu tun, dass uns nicht alle notwendigen Informationen vorliegen, die für eine vernünftige Entscheidung erforderlich wären. Außerdem erhält unser Hirn aus seiner Umwelt ja häufig auch falsche Informationen, die unglückliche Entscheidungen nach sich ziehen. »Ein Kopf denkt nie allein«, hat Karlheinz Deschner einmal gesagt. Tatsächlich ist das Gehirn ein »Beziehungsorgan«, das hochgradig abhängig ist von den Informationen, die es von »draußen« erhält.

Deshalb ist es auch so problematisch, wenn Menschen von Kindesbeinen an mit falschen oder menschenverachtenden Informationen gefüttert werden, oder? Ich denke da beispielsweise an Kinder, die zu Selbstmordattentätern erzogen werden...

Natürlich, denn nur den wenigsten gelingt es, sich später von solchen anerzogenen Vorstellungen zu befreien. Dazu braucht es alternativer Informationen von außen – und die meisten haben es nie gelernt, nach solchen Informationen Ausschau zu halten. Werden sie zufällig mit alternativen Informationen konfrontiert, so wehren sie diese in einem automatischen Reflex ab, statt sie kritisch zu überprüfen.

Das ist der Grund dafür, warum so viele Menschen niemals auf den Gedanken kommen, ihre Sicht der Dinge zu hinterfragen.

Aber diese Menschen können nichts dafür, dass sie solche Betonköpfe sind, stimmt's?

Genau, sie haben es schließlich nicht anders gelernt. Trotzdem wäre es natürlich besser, wenn sich dieser Dogmatismus überwinden ließe, denn er gefährdet nicht nur das Zusammenleben der Menschen untereinander, sondern auch das individuelle gute Leben. Schließlich kann man nur dann eine gescheite Entscheidung treffen, wenn man weiß, welche Möglichkeiten es überhaupt gibt! Dazu muss man auch Kritik an seinen eigenen Überzeugungen zulassen können. Und dabei ist wiederum die Haltung zum Stolz- und Schuldprinzip von großer Bedeutung: Denn wer sich selbst allzu wichtig nimmt, kann Kritik nicht als Geschenk begreifen. Er wird sie vielmehr als schlimme Herabwürdigung seiner Position und seiner Überzeugungen begreifen.

Aber Kritik ist doch nun wirklich etwas Unangenehmes! Warum sollten wir sie als Geschenk betrachten?

Weil sie uns hilft, uns von unseren Irrtümern zu befreien! Schon Epikur meinte, dass der »Unterlegene« in einer Auseinandersetzung »den größeren Gewinn« habe, »und zwar in dem Maße, in dem er etwas hinzulernt«. Das kann aber nur derjenige so empfinden, dem es tatsächlich um eine Verbesserung der Einsichten geht. Wer hingegen in Diskussionen sein »stolzes Ich« fokussiert, der ist dazu verdammt, unbedingt recht behalten zu müssen, selbst wenn es ganz offensichtlich ist, dass er sich irrt. Dadurch reduzieren sich die Potenziale zur Selbstveränderung in gewaltigem Ausmaß. Schließlich kann man aus seinen Fehlern nur dann etwas lernen, wenn man sich eingestehen kann, überhaupt Fehler gemacht zu haben. Das aber fällt einem »stolzen Ich« ungeheuer schwer, denn es bildet sich ja ein, für seine

Stärken und Schwächen selbst verantwortlich beziehungsweise »schuldig« zu sein. Und so neigt der stolze Mensch dazu, um es einmal biblisch auszudrücken, eher den Splitter im Auge des anderen zu sehen als den Balken vor dem eigenen Auge.

Gut! Ich kann nachvollziehen, dass Stolz- und Schuldgefühle uns ausbremsen, wenn wir uns verändern wollen. Doch bevor wir uns fragen, ob wir uns verändern *wollen*, müssten wir doch wohl erst mal klären, wie sehr wir uns überhaupt verändern *können*. Wie groß ist denn unser Handlungsspielraum? Gibt es dazu irgendwelche Untersuchungsergebnisse?

Na ja, unser Veränderungspotenzial lässt sich in Zahlenwerten nur schwer beziffern. Immerhin: Aus Untersuchungen an Zwillingen und Adoptionsstudien können wir schließen, dass Unterschiede in der Körpergröße in höherem Maße genetisch bedingt sind als Unterschiede in der Intelligenz. Deinen IQ wirst du also, entsprechende Bedingungen vorausgesetzt, eher steigern können als deine Körpergröße. Bei Persönlichkeitsmerkmalen ist der Veränderungsrahmen noch größer und bei der Wahl deines Weltbildes spielen genetische Faktoren kaum eine Rolle.

Also ist es uns nicht in die Wiege gelegt, was wir denken oder woran wir glauben ...

Nein. Homo sapiens ist eine äußerst wandlungsfähige Spezies. Man könnte sagen: *Wir sind genetisch darauf programmiert, keinem strikten genetischen Programm zu folgen,* sondern uns an *wandelbare Umweltbedingungen anzupassen.* Diese Wandlungsfähigkeit zeigt sich nicht nur an den unterschiedlichen Eigenschaften, die Menschen weltweit aufweisen, sondern auch daran, dass manche Menschen in ihrem Leben Dinge erreichen, die ihnen niemand zugetraut hätte. Kannst du eigentlich etwas mit dem Namen »Johnny Weissmueller« anfangen?

War das nicht dieser Tarzan-Darsteller in den Schwarzweißfilmen, der den berühmten Tarzan-Schrei erfand?

Genau den meine ich. Weissmueller ist ein gutes Beispiel dafür, was Menschen erreichen können, auch wenn die Ausgangsbedingungen alles andere als günstig sind: Du musst wissen, dass der kleine Johnny ein sehr schmächtiges, krankes Kind war, dem die Ärzte keine lange Lebenszeit einräumten. Einer der Ärzte gab ihm den Rat zu schwimmen, um seine angegriffene Gesundheit zu stabilisieren. Der Junge hielt sich an den Rat, trainierte eifrig und wurde mit der Zeit ein immer besserer Schwimmer. Mit 17 Jahren stellte er seinen ersten Weltrekord auf, dem 50 weitere offizielle Weltrekorde folgten. Allein bei der Olympiade 1924 gewann er fünf Goldmedaillen. Später wurde er als Tarzan weltweit berühmt als Prototyp eines Modellathleten, was sicherlich niemand dem schmächtigen, kranken Jungen aus der armen Einwandererfamilie Weissmueller zugetraut hätte.

Erstaunlich!

Mindestens ebenso beeindruckend war das Leben von Wilma Rudolph, die als Kind an Kinderlähmung erkrankte. Ihr linkes Bein war gelähmt, die Ärzte bereiteten sie auf ein Leben als Behinderte vor. Doch die kleine Wilma gab nicht auf, sie trainierte eisern, und mit 9 Jahren legte sie zur Überraschung ihrer Ärzte die Schienen ab, mit deren Hilfe sie zuvor mehr schlecht als recht gegangen war. Mit 11 konnte sie schon ohne besondere orthopädische Schuhe gehen, mit 12 forderte sie sämtliche Jungen in der Nachbarschaft zu Laufduellen auf, mit 16 Jahren qualifizierte sie sich das erste Mal für das amerikanische Olympia-Team, und mit 20 Jahren gewann sie dreimal olympisches Gold auf der 100- und 200-Meter-Strecke sowie in der 4-mal-100-Meter-Staffel.

Die schnellste Frau der Welt begann ihre Karriere als Gehbehinderte? Wow! Das ist wirklich beeindruckend! Aber deine Beispiele stammen beide aus dem Sport. Hast du gar keine anderen auf Lager?

Doch. Ich hätte da noch ein schönes Beispiel für Leute mit Schulproblemen: Thomas Edison.

Moment mal ... War das nicht der Erfinder der Glühbirne?

Ja, und nicht nur das: Edison war für mehr als 2000 Erfindungen verantwortlich, die das Gesicht der Welt nachhaltig veränderten. Neben der Glühbirne erschuf er mit seinem Team die ersten funktionsfähigen Systeme der Stromerzeugung, -verteilung und -speicherung. Edison war der erste Mensch, der die menschliche Stimme aufnehmen und wiedergeben konnte. Er verbesserte das Telefon durch das Kohlekörnermikrofon, entwickelte den Vorläufer der Filmkamera und wurde durch die Gründung des ersten Filmstudios zu einem der Pioniere der Filmkunst. Wie sehr Edison, der wohl größte Erfinder der Menschheit, unser Leben beeinflusst hat, lässt sich kaum abschätzen. Er verblüffte mit der Genialität seiner technischen Lösungen und der Vielfalt seiner Interessen die größten Wissenschaftler und Ingenieure seiner Zeit – und das, obwohl Edison nicht einmal die Grundschule abgeschlossen hatte! Schon nach wenigen Monaten Schulunterricht wurde der kleine Thomas von seinem Lehrer nach Hause geschickt. Der Junge galt als hochgradig verwirrt, unbelehrbar, unaufmerksam, als notorischer Störer.

Aber wie konnte er dann zu einem der größten Erfinder der Menschheit werden?

Na ja, zunächst brachte ihm seine Mutter zu Hause das Nötigste bei. Er konnte also lesen, schreiben und rechnen. Da seine Familie arm war, musste er schon mit 11 Jahren als Zeitungsjunge in der Eisenbahn ein Zubrot verdienen. Während der Bahnfahrten blieb ihm glücklicherweise ein wenig Zeit, um Bücher und Zeitungen zu lesen und sich selbst weiterzubilden. Dieses Selbststudium führte er fort, als er mit 16 Jahren einen Job als Telegrafist übernahm. Er beschäftigte sich nicht nur mit der Bedienung der Telegrafentechnik, sondern studierte auch deren Grundlagen.

Mit 21 Jahren meldete er sein erstes Patent an, insgesamt waren es später mehr als 1500.

Der Mann hatte offenbar einen eisernen Willen!

In der Tat! Als Edison einmal gefragt wurde, wie er so enorm erfolgreich werden konnte, antwortete er: »Der sicherste Weg, erfolgreich zu sein, ist, es immer noch einmal zu versuchen.« Die Hartnäckigkeit, mit der Edison seine Ziele verfolgte, war zweifellos die Grundlage seines phänomenalen Erfolgs. Das drückt sich auch in seiner berühmten Definition von »Genialität« aus: »Genialität«, sagte er, »besteht zu 1 % Prozent aus Inspiration und zu 99 % aus Transpiration.« Wie kaum ein anderer hat Edison beherzigt, dass man ohne »Transpiration«, also ohne Schweiß, ohne harte Anstrengung, kaum etwas Bedeutsames erreichen wird.

Ohne Fleiß kein Preis! Hmmm... Aber ohne das nötige Quäntchen Glück wird man es dennoch nicht allzu weit bringen, oder?

Nein. Natürlich muss man Glück haben, um erfolgreich zu sein. Hätte Wilma Rudolph nicht eine Familie gehabt, die sie so aufopferungsvoll unterstützte, hätte sie die Folgen der Kinderlähmung niemals überwunden. Und wäre sie nicht zufällig von einem Leichtathletiktrainer bei einem Basketballmatch entdeckt worden, hätte sie es später kaum zur Olympiasiegerin gebracht. Auch bei Edison war der Zufall Pate des Erfolgs: So bewahrte er als 15-Jähriger zufälligerweise den Sohn eines Telegrafisten vor einem Unfall und wurde von diesem aus Dankbarkeit in der Bedienung der Telegrafentechnik unterwiesen. Dieses Wissen nutzte Edison später nicht nur, um vom Zeitungsjungen zum Telegrafisten aufzusteigen, sondern auch für seine ersten Erfindungen. Da das Telefon zur damaligen Zeit nicht ausgereift war, war die Fernübermittlung von Texten mittels Telegrafie von enormer Bedeutung. Entsprechend wertvoll waren daher Edisons Erfindungen auf diesem Gebiet. Ohnehin hatte Edison Glück, genau zu diesem Zeitpunkt seine Karriere als

Erfinder zu beginnen. Denn Ende des 19. und Anfang des 20. Jahrhunderts folgte eine technische Pionierleistung auf die andere. Dennoch: Auch wenn Edison auf günstige Umstände traf, ohne die Zähigkeit, mit der er seine Projekte verfolgte, hätte er niemals das erreichen können, was er letztlich erreichte.

Also ist der Wille doch von Bedeutung?

Selbstverständlich. Das hat auch kein vernünftiger Hirnforscher oder Philosoph je infrage gestellt! Wer bestreitet, dass es einen *ursachenfreien Willen* gibt, bestreitet noch lange nicht, dass der Wille selbst *Ursache* für mannigfaltige Wirkungen in der Welt ist. Klar ist doch: Wer seine Ziele mit festem Willen verfolgt, hat größere Chancen, sie zu erreichen, als derjenige, der vorschnell aufgibt.

Aber gibt man nicht eher auf, wenn man nicht an den ursachenfreien Willen glaubt?

Das ist offensichtlich nicht der Fall! Denk nur an die großen Denker der Moderne, an Charles Darwin, Albert Einstein, Karl Marx, Friedrich Nietzsche oder Sigmund Freud: Keiner von ihnen hat an die »Freiheit des Willens« geglaubt – und was haben sie alles geleistet! Auch Thomas Edison war kein Freund der Willensfreiheitsidee. Er bezeichnete sich als »Haeckelianer«, also als ein Anhänger von Darwins Mitstreiter Ernst Haeckel, der in seinem Buch »Die Welträtsel« den »freien Willen« als Illusion entlarvt hatte.

Du willst doch jetzt nicht etwa behaupten, dass nur derjenige Erfolge feiern kann, der die Idee des freien Willens aufgegeben hat?

Nein. Aber es ist auch keineswegs so, dass derjenige, der den Glauben an den »ursachenfreien Willen« aufgegeben hat, deshalb den Glauben aufgeben müsste, dass er das erreichen kann, was er sich vorgenommen hat. Ich denke sogar, dass es für die Verwirklichung unserer Ziele Vorteile hat, wenn wir von der ursächlichen Bestimmtheit unseres Willens und unserer Fähigkeiten überzeugt sind.

Wieso?

Weil man unter dieser Voraussetzung Niederlagen besser verkraften und somit Edisons Ratschlag leichter befolgen kann, »es immer noch einmal zu versuchen«. Das Problem ist doch, dass sich die meisten für ihr Scheitern verurteilen und voreilig resignieren, da sie die Notwendigkeit ihres Scheiterns nicht anerkennen. Ist man sich jedoch im Klaren darüber, dass man unter den gegebenen Bedingungen gar nicht erfolgreicher sein konnte, als man es war, so ist dies eine große Hilfe. Auf diese Weise nämlich kann man so etwas wie »brennende Geduld« entwickeln, das heißt: die Fähigkeit, einerseits mit Elan an der Verwirklichung seiner Ziele zu arbeiten, es andererseits aber zu verkraften, wenn sich zeigt, dass sich das Angestrebte doch nicht realisieren lässt.

Demnach wäre »brennende Geduld« das Erfolgsrezept von Johnny Weissmueller, Wilma Rudolph und Thomas Edison gewesen?

Ja. Man darf weder zu ungeduldig noch zu phlegmatisch sein, um das zu entfalten, was in einem steckt. Natürlich kann nicht jeder zu einer Wilma Rudolph oder einem Thomas Edison werden, aber ich bin überzeugt, dass in uns allen verborgene Potenziale schlummern, die nur darauf warten, abgerufen zu werden. Tragischerweise bleiben jedoch die meisten Menschen weit unter ihren Möglichkeiten. Daran sind sie, wie wir gesehen haben, nicht »selber schuld«, dennoch ist es bedauerlich, wie wenig wir in der Regel aus unseren Talenten machen. Jedenfalls ist das Wachküssen unserer eigenen Potenziale ein wesentlicher Baustein in der »Kunst des Lebens« – auch wenn es nur die allerwenigsten auf diesem Gebiet zu wahrer Meisterschaft gebracht haben ...

• • »Ich war lediglich ein Werkzeug in der Hand stärkerer Kräfte und eines unerfindlichen Schicksals.« Mit diesen Worten versuchte sich SS-Obersturmbannführer **Adolf Eichmann** (1906 bis 1962) der Verantwortung zu entziehen, die auf ihm als einem der Hauptverantwortlichen für die nationalsozialistischen Verbrechen an den Juden lastete. Zwar hatte Eichmann recht, als er schrieb, dass er nur durch die »Formung der Umwelt« zu dem wurde, was er war, und es stimmte auch, dass er (wie jeder andere!) nicht über seinen »eigenen Schatten zu springen« vermochte, aber das legitimierte seine Handlungen natürlich in keiner Weise.

Man kann in Adolf Eichmann gewissermaßen den Prototyp des »autoritären Charakters« sehen, den der Psychoanalytiker und Sozialphilosoph **Erich Fromm** (1900–1980) 1941 in seinem wegweisenden Buch »Die Furcht vor der Freiheit« beschrieb: »Der Mut des autoritären Charakters ist im Wesentlichen ein Mut, das zu ertragen, was das Schicksal oder sein persönlicher Repräsentant oder ›Führer‹ für ihn bestimmt hat. Zu leiden, ohne zu klagen, ist seine höchste Tugend – und nicht der Mut zum Versuch, das Leiden zu beenden oder wenigstens zu mildern. Nicht das Schicksal zu ändern, sondern sich ihm zu unterwerfen, macht den Heroismus des autoritären Charakters aus.«

Besser lässt sich Eichmanns Charakter kaum beschreiben. Jedenfalls war der Gedanke, dass sich ein Einzelner in irgendeiner Weise dem »machtvollen Walten des Schicksals« entgegenstellen könne, in seinem Weltbild nicht vorhanden. Das Beispiel Eichmann zeigt. Wird das Individuum erfolgreich mit dem Glauben geimpft, dass es sich den Verhältnissen unterwerfen muss, wird es dies auch tun. Der Glaube an die Ohnmacht des Individuums macht es tatsächlich ohnmächtig und verhindert, dass es die Gestaltungsräume nutzt, die ihm prinzipiell offenstehen könnten.

Aus diesem Grund ist Fatalismus (Schicksalsglaube) gefährlich – ob er nun in seinem traditionellen, religiösen Gewand auftritt (man denke etwa an das Kastensystem im klassischen Indien, wo die »Unberührbaren« glaubten, zur Verrichtung niedrigster Arbeiten bestimmt zu sein) oder aber in einer moderneren, pseudowissenschaftlichen Variante, etwa dem Glauben an die »schicksalhafte Macht der Gene«.

Welche Folgen ein solcher »Gen-Fatalismus« haben kann, machte unter anderem das Buch »The Bell Curve« deutlich, das die beiden US-amerikanischen Professoren **Charles Murray** (*1943) und **Richard Herrnstein** (1930–1994) im Jahr 1994 vorlegten. Murray und Herrnstein gingen nicht nur davon aus, dass Intelligenz größtenteils erblich sei, sondern meinten auch, dass Arbeitslosigkeit, Schulversagen, Armut, Vernachlässigung von Kindern sowie eine Reihe anderer sozialer Probleme auf niedrige Intelligenzquotienten (IQ) zurückgeführt werden könnten. Die Autoren schlugen daher vor, Hilfen für ledige Mütter zu streichen, da derartige Sozialprogramme dazu führen würden, dass unterdurchschnittlich intelligente Frauen überdurchschnittlich viele Kinder bekommen und somit die ganze Gesellschaft in den Abgrund reißen.

»The Bell Curve« wurde von rechtskonservativen Kreisen in Amerika heftig begrüßt, von vielen renommierten Wissenschaftlern jedoch ebenso heftig kritisiert. Der Psychologe **Martin Seligman** (*1942) etwa bemängelte den von Murray und Herrnstein unterstellten Zusammenhang von IQ und Armut. Im Unterschied zu ihnen führte Seligman die schlechteren Ergebnisse, die Menschen aus ärmeren Schichten in IQ-Tests erzielten, wesentlich auf das Phänomen der »erlernten Hilflosigkeit« zurück. Schlechtere kognitive Leistungen seien, so Seligman, weniger die Ursache von Armut, sondern eher die Folge von Armut und fehlenden Aufstiegschancen.

Der Evolutionsbiologe **Stephen Jay Gould** (1941–2002) bekräftigte diese Kritik an »The Bell Curve«, indem er auf die wichtige Differenz von »genetischem Determinismus« und »genetischer Potenzialität« hinwies. Gould zufolge bestimmen die Gene nicht unser Leben, sie geben vielmehr den Rahmen vor, innerhalb dessen sich verschiedenste Möglichkeiten realisieren lassen (»genetische Potenzialität«).

Ganz ähnlich ließe sich dies auch in Bezug auf die gesellschaftlichen Verhältnisse formulieren, in die wir hineingeboren werden. Auch sie legen nicht fest, wie unser Leben verlaufen wird. Denn wir kommen nicht als »unbeschriebenes Blatt« zur Welt, auf das die Umwelt beliebige Einträge vornehmen könnte, wie der berühmte amerikanische Psychologe **Burrhus Frederic Skinner** (1904–1990) annahm. Vielmehr ist unser Denken und Handeln das Ergebnis einer einzigartigen Wechselwirkung unserer genetischen Anlage und der komplexen Umweltbedingungen, auf die wir treffen.

Wir sind also nicht bloß »Werkzeuge in der Hand stärkerer Kräfte«, wie Eichmann glaubte. Weder »die Gene« noch »die gesellschaftlichen Verhältnisse« noch das »unerfindliche Schicksal« zurren fest, wie unser Leben verlaufen wird. Als *eigensinnige Lebewesen*, die Wohl und Wehe unterscheiden, haben wir in Bezug auf das, was mit uns geschieht, durchaus ein Wörtchen mitzureden! **Karl Marx** (1818–1883) schrieb einmal: »Die Menschen machen ihre eigene Geschichte, aber sie machen sie nicht aus freien Stücken.« Das heißt: Obgleich unser Selbst von unzähligen Faktoren bestimmt ist, können wir selbst über unser Leben bestimmen – vor allem, wenn unser Selbst von der Idee der Selbstbestimmung bestimmt ist. ● ● ●

Ist es vernünftig, immer vernünftig zu sein?

Wenn ich überlege, was wir bisher über die »Kunst des Lebens« besprochen haben, kommt es mir so vor, als würde da noch etwas ganz Wesentliches fehlen. Ich verstehe schon, dass man seine Potenziale ausschöpfen und seine Ziele hartnäckig verfolgen sollte, aber irgendwie habe ich den Eindruck, dass diese Empfehlungen viel zu »kopflastig« sind. Wo bleibt denn da das Spontane, das Verrückte? Würden wir nicht ein total langweiliges Leben führen, wenn wir auf jeden Rausch verzichten würden, nur weil wir den anschließenden Brummschädel vermeiden wollen?

Ah, ich ahne, worum es dir geht: Du willst wissen, ob es vernünftig ist, immer vernünftig zu sein, oder?

Ja, das ist eine schöne Formulierung! Ich kann mir gar nicht vorstellen, dass man wirklich glücklich werden kann, wenn man immer nur mit einem kühl-rationalen Kopf an die Dinge herangeht.

Das sehe ich ähnlich: Es ist ganz bestimmt nicht vernünftig, immer vernünftig zu sein! Wir müssen hin und wieder über die Stränge schlagen, um zu spüren, dass wir am Leben sind. Zwar will ich gar nicht bestreiten, dass es gut ist, sein Leben unter Kontrolle zu haben, aber es zwanghaft kontrollieren zu müssen, das schadet uns mehr, als es uns nutzt. *Zur »Kunst des Lebens« gehört auch die Fähigkeit, loslassen zu können*, also den kontrollierenden Verstand abzuschalten. Denn ohne eine zeitweise *Befreiung von der Ver-*

nunft ist echte Hingabe gar nicht möglich. Nicht ohne Grund hat die Menschheit seit jeher Kulturtechniken entwickelt, die darauf abzielen, die rationale Kontrolle zu lockern. Und damit meine ich nicht nur die gesittete Meditation im Sitzen, sondern auch den ekstatischen Rausch infolge von Tanz und Drogenkonsum.

Wie? Du siehst in der Herstellung und im Konsum von Drogen eine »Kulturtechnik«?

Selbstverständlich. Die Idee einer völlig drogenfreien Welt ist doch nur ein Wunschtraum magenkranker Kostverächter! Ich wüsste wirklich nicht, mit welchen Gründen man dem Individuum sein »Recht auf Rausch« entziehen sollte. Wenn nicht das Individuum über seinen eigenen Körperstoffwechsel bestimmen kann, wer denn sonst? Ich finde, dass sich der Staat hier viel zu sehr in Belange einmischt, die ihn im Grunde gar nichts angehen.

Du würdest dich also nicht für die Kampagne »Keine Macht den Drogen!« zur Verfügung stellen?

Na ja, »Macht« sollten Drogen natürlich nicht über uns haben! Ich bestreite nicht, dass im Drogenkonsum ernsthafte Gefahren lauern. Von manchen Drogen sollte man auch definitiv die Finger lassen! Und bei fast allen Drogen ist es erforderlich, dass man die Kompetenz besitzt, den Konsum unter Kontrolle zu halten. Das gilt auch für die (bei uns) legalen Drogen Alkohol, Nikotin oder Koffein. Aber: Die Vorstellung, dass es prinzipiell schädlich oder gar verwerflich sei, Drogen zu konsumieren, ist Unsinn. Radikale Abstinenzprediger, die sich auf diesem Gebiet als Tugendwächter aufspielen, sind mir sehr suspekt. Meist leiden sie unter einem säkularen Gesundheitswahn oder einem religiösen Moralismus-Wahn. Manchmal kommt auch beides zusammen.

Was verstehst du denn unter einem »Gesundheitswahn«?

»Gesundheitswahn« erkennt man daran, dass Menschen ihr Leben zwanghaft auf das Ziel ausrichten, alles Erdenkliche zu tun, um nach all den harten Entbehrungen am Schluss wenigstens »gesund« sterben zu können.

Das klingt wirklich absurd.

Absurd, aber auch tragisch: Denn wer jeden Genuss, jede Speise, jede Handlung ängstlich unter dem Gesundheitsaspekt betrachtet, ist krank, ohne es zu wissen. Er führt eine Schlacht, die nicht zu gewinnen ist, denn das Leben führt nun einmal zwangsläufig zum Tode, selbst wenn man jeden Gesundheitstipp 200-prozentig erfüllt. Ich will damit nicht sagen, dass man auf seine Gesundheit nicht achten sollte, aber man sollte doch bei aller Gesundheitsfürsorge das Leben nicht verpassen! Schließlich kann es doch nicht nur darum gehen, dem *Leben mehr Jahre* zu geben, sondern auch den *Jahren mehr Leben*. Wer sich aus »Gesundheitsgründen« alles versagt, was im Leben Spaß macht, weil es zu fett, zu süß, zu risikoreich, zu unvernünftig ist, der führt ein Leben, von dem man sich fragt, warum er es denn überhaupt unter allen Umständen verlängern möchte. Mein Stiftungskollege, der Schweizer Immunologe Beda M. Stadler, sagte einmal in einer gemütlichen Runde, das Leben sei eine Rutsche, die unweigerlich nach unten führt – und es rutsche sich einfach angenehmer mit einem Glas Whiskey in der einen und einer Zigarre in der anderen Hand. Das sind, wie ich meine, weise Worte! Natürlich sollte man die Sache mit dem Whiskey und der Zigarre nicht übertreiben, aber: Wer niemals nach einer durchzechten Nacht mit einem ordentlichen Brummschädel aufgewacht ist, der hat auch nicht wirklich gelebt.

Ja, das sehe ich auch so: Was wäre das Leben ohne rauschende Partys! Aber lass uns noch mal auf das zurückkommen, was du eben gesagt hast: Du hast davon gesprochen, dass manche Abstinenzprediger von einem religiösen Moralismus-Wahn getrieben sind. Was ist denn darunter zu verstehen?

Wenn man in die Geschichte schaut, so stellt man fest, dass Drogenverbote ganz wesentlich durch religiöse Kräfte vorangetrieben wurden. So war es Papst Innozenz VIII., der in seiner berühmt-berüchtigten »Hexenbulle« von 1484 erstmals den Gebrauch von Cannabis untersagte. Als 1912 das »1. Internationale Opiumabkommen« (IOA) in Den Haag verabschiedet wurde, das Opium, Kokain und Morphium ächtete und die Grundlagen für die internationale Drogenprohibitionspolitik schuf, geschah dies nicht zufällig unter Vorsitz des protestantischen Bischofs Charles Brent, der schon das Vorbereitungstreffen in Schanghai geleitet hatte. Auch die Abstinenzbewegung, die in den USA das Verbot von Alkohol in den Jahren 1919–1933 durchsetzte (und dadurch den Aufstieg der Mafia begünstigte), wurde wesentlich von religiösen Moralisten vorangetrieben, insbesondere von der christlich-fundamentalistischen »Prohibition Party« und dem »Christlichen Frauenbund für Abstinenz«.

Warum sind religiöse Menschen denn an solchen Themen so sehr interessiert?

Das hat damit zu tun, dass die Religionen seit jeher versuchen, den Rausch zu kontrollieren. Deshalb gibt es auch so viele religiöse Vorschriften auf dem Gebiet der Sexualität und des Drogenkonsums. Die Religionen geben vor, *welche Lust* erlaubt ist und welche nicht – und gerade deswegen können sie *Macht über die Menschen* ausüben. Welche Funktion hätten die Religionen denn noch, wenn es jedem freistünde, selbst zu bestimmen, welche Lüste er ausleben möchte? Also stellen die Religionen lange Listen von Geboten und Verboten auf. Das, was sie nicht verbieten wollen oder können, bringen sie auf andere Weise unter ihre Kontrolle. Nicht umsonst gibt es in Deutschland so viele Bierbrauereien und Weingüter, die sich in Kirchenbesitz befinden.

Okay, dass religiöse Organisationen Lust und Rausch kontrollieren wollen, kann ich verstehen. Aber warum halten sich die »einfachen Gläubigen« daran?

Bekanntlich tun das nicht alle Gläubigen. Viele halten nach

außen das Bild aufrecht, doch wenn man etwas genauer hinschaut, stellt man fest, dass sie sehr wohl Wein trinken, obwohl ihnen Wasser gepredigt wird. Allerdings will ich nicht bestreiten, dass es Menschen gibt, die sich sklavisch an die religiösen Gebots- und Verbotskataloge halten, da sie diese in hohem Maße verinnerlicht haben. Sie würden sich »unrein« fühlen, wenn sie »schmutzige Gelüste« ausleben würden. Es gibt ja nicht bloß ein »Reinheitsgebot« für Bier, die meisten Religionen haben spezielle Vorstellungen von der »Reinheit des Menschen« entwickelt. Unter der Angst, diese »Reinheit« zu »beflecken«, leiden viele Gläubige. Das drückt sich nicht nur in dem »Waschzwang« aus, den viele Leute nach dem Sex und vor dem Gebet haben, sondern beispielsweise auch in den Nichtraucherkampagnen, die seit Jahren aus den USA zu uns herüberschwappen.

Was haben denn Nichtraucherkampagnen mit religiösen Reinheitsvorstellungen zu tun?

Einigen Nichtraucheraktivisten geht es nicht bloß um die gesundheitlichen Schäden, die mit dem Rauchen objektiv verbunden sind, sondern auch um die Abwehr des »Verruchten«, das seit jeher mit dem Rauchen verknüpft ist. Das war schon Anfang des 20. Jahrhunderts so, als der »Christliche Frauenbund für Abstinenz« neben dem Alkoholverbot ein gesetzliches Tabakverbot durchsetzen wollte. Mittlerweile ist aus dem Nichtrauchertum ja fast schon selbst eine Art »Religion« geworden. Es geht da längst nicht mehr bloß um rationale Gesundheitsaufklärung. Ich muss sagen, dass die Hysterie, mit der seit einiger Zeit gegen Raucher missioniert wird, mich sogar dazu getrieben hat, im reifen Alter von 30 Jahren mit dem Rauchen anzufangen.

Du weißt aber schon, dass es völlig bescheuert ist, aus Protest zu rauchen, oder?

Natürlich! Es ist absolut kindisch, und möglicherweise werde ich es irgendwann auch einmal schwer bereuen, mit dem Rauchen angefangen zu haben. Ich weiß ja sehr wohl, dass

Rauchen gesundheitsgefährdend, kostenintensiv und insofern doppelt unvernünftig ist. Aber: Egal wie unvernünftig es ist, *ich habe das verdammte Recht, unvernünftig zu sein!* Und niemand sollte mir dieses Recht abstreitig machen – zumindest nicht, solange kein anderer Mensch durch meine Unvernunft gefährdet oder über Gebühr (etwa durch unfreiwilliges Passivrauchen) in Mitleidenschaft gezogen wird.

Es stört dich also gar nicht, dass du möglicherweise an den Folgen des Tabakkonsums sterben wirst?

Nun ja, wenn ich nicht an den Folgen des Tabakkonsums sterben werde, so werde ich notgedrungen an etwas anderem sterben. Wie heißt es doch so schön: »Alkohol und Nikotin / rafft die halbe Menschheit hin / doch ohne Alkohol und Rauch / stirbt die andere Hälfte auch.«

Aber möglicherweise musst du aufgrund deines Tabakkonsums schon Jahre früher sterben, als du es ohne Rauchopfer gemusst hättest!

Das ist wahr. Ich will die Gesundheitsrisiken des Tabakrauchens ja auch keineswegs bagatellisieren. Selbst wenn die Zahlen, die in der Debatte oft genannt werden, keiner seriösen Überprüfung standhalten, so ist es nicht von der Hand zu weisen, dass Rauchen die Gesundheit gefährdet. Aber: Die Abwägung, ob ich möglicherweise für eine bestimmte Leidenschaft ein paar Jahre Lebenszeit opfere oder nicht, muss ich schon selbst treffen dürfen! Diese Entscheidung darf mir weder der Staat noch eine wohlmeinende Gemeinschaft von Gesundheitsaposteln abnehmen. Stell dir mal vor, der Staat würde alles reglementieren, was Gesundheitsrisiken in sich trägt: Dann müsste er nicht nur Zigaretten, sondern auch Sahnetorten, Schokoriegel, Reisen oder Risikosportarten verbieten. Unter einer solchen »Vernunftsdiktatur« möchte ich nicht leben! Das Recht auf individuelle Freiheit schließt auch das Recht ein, Unvernünftiges zu tun. Sosehr ich mich als Philosoph dafür engagiere, dass wir insgesamt vernünftigere Entscheidungen treffen, so entschieden wehre ich mich dagegen, das gesamte Leben einer rationalen Zensur zu unterwerfen. Denn dadurch würde vieles verloren gehen, was das Leben lebenswert macht.

Wieso?

Weil die Vernunft bei allen Vorteilen, die sie hat, leider völlig *unkreativ* ist! Im rationalistischen Menschenbild wurde die Vernunft kolossal überbewertet, besonders in der Philosophie Immanuel Kants, der meinte, alles solle vernünftig sein. Doch mit einem solchen Anspruch überfordert man die Vernunft, die bei genauerer Betrachtung bloß die Aufgabe einer »Kontrollbehörde« einnehmen kann: Wie der TÜV die Funktionstüchtigkeit von Autos überprüft, so überprüft die Vernunft die kreativen Lösungen, die zuvor in den unbewussten Zentren unseres Gehirns entwickelt wurden. Ist die »Vernunftspolizei« zu eifrig, also die rationale Kontrolle zu stark ausgeprägt, fällt die kreative Ausbeute sehr bescheiden aus. Denn Kreativität verlangt einen *spielerischen Umgang mit den Dingen*, da kann man den »großen Spielverderber Vernunft« gar nicht gebrauchen.

Ist das einer der Gründe dafür, warum Künstler zu allen Zeiten so intensiv mit Drogen experimentiert haben?

Ja, denn auf diese Weise lässt sich die rationale Phantasieblockade lockern, was dazu führt, dass man die Dinge nicht mehr *analytisch*, sondern *intuitiv* wahrnimmt. So ist man in der Lage, Gedankensprünge zuzulassen und Ideen zu verfolgen, die der phantasielosen, rationalen Vernunft als völlig aberwitzig erscheinen würden. Durch das Ausschalten des »rationalen Zensors« können neue Verknüpfungen im Hirn hergestellt werden, die kreative Lösungen erlauben, auf die man mit dem analytisch verengten Tunnelblick der Vernunft nie gekommen wäre.

Kreative Lösungen sind also eher auf unbewusste Hirnvorgänge als auf bewusste, vernünftige Überlegungen zurückzuführen?

Zweifellos. Wie ich schon sagte, verfügt unser Bewusstsein und damit der Sitz unserer »rationalen Kontrollbehörde« nur über einen klitzekleinen Arbeitsspeicher von etwa 50 Bits, während der Rest unseres Gehirns pro Sekunde viele Millionen Bits verarbeiten kann und muss. Daher wäre es unklug, würden wir unserem 50-Bit-Verstand die alleinige Entscheidungsgewalt zusprechen. Verschiedene Studien haben gezeigt, dass Spontanentscheidungen »aus dem Bauch heraus« in der Regel klüger ausfallen als Entscheidungen, die allzu sehr auf rationalen Überlegungen basieren.

Weil derjenige, der »aus dem Bauch« entscheidet, auf einen größeren Arbeitsspeicher zurückgreift?

Ja, denn so können bei einer Entscheidung mehr Faktoren berücksichtigt werden. Wer zu »verkopft«, also mit zu großer Berücksichtigung seines kleinen 50-Bit-Verstandes, an die Dinge herangeht, beraubt sich der Kraft der Intuition.

Also sollten wir unserem Bauchgefühl, unserer Intuition, einen größeren Spielraum geben?

Richtig! Gerade wenn wir vor schwierigeren Problemen stehen, ist es vernünftig, mal abzuschalten, sich treiben zu lassen, die rationale Verkrampfung zu lösen. Die besten Lösungen kommen in der Regel dann, wenn wir die Probleme nicht zu sehr fokussieren. Wenn ich beispielsweise beim Schreiben eines Textes einen Hänger habe und nicht weiß, wie es weitergehen soll, dann stehe ich auf und laufe wie ein Irrer hin und her.

Das sieht übrigens ziemlich dämlich aus: Wie ein Tiger im Käfig.

Ich kann mir vorstellen, dass das blöde wirkt. Aber dieses Hin- und Hergehen führt dazu, dass meine Gedanken abschweifen, ich denke an dieses und jenes, und plötzlich, ich kann gar nicht beschreiben, wie das genau geschieht, habe ich vor Augen, wie es im Text weitergehen könnte. Manchmal lösen sich solche Probleme auch im Schlaf. Es kommt immer wieder vor, dass ich abends mit einem ungelösten

Problem ins Bett gehe – und morgens ist dann, wie aus heiterem Himmel, der rettende Einfall da.

Das heißt, dass das Gehirn auch nachts unbewusst an den Problemen weiterarbeitet?

Das kennst du doch bestimmt auch: Abends fällt dir der Name von Film X oder Schauspielerin Y partout nicht ein, doch dann wachst du morgens auf und der Name ist wieder da. Thomas Edison hat dieses Phänomen übrigens in besonderer Weise genutzt: Er konstruierte sich einen »Erfinderstuhl«, in dem er tagsüber einnickte, der aber so beschaffen war, dass er im Moment der ersten Tiefenentspannung wieder aufwachte. Dank dieser kreativen Schlafpausen, meinte Edison, seien ihm einige seiner wichtigsten Erfindungen geglückt.

Abgefahren! Aber diese unbewussten Denkvorgänge spielen doch sicherlich nicht nur bei der kreativen Lösung von Problemen eine Rolle, oder?

Nein. Denk nur an die Liebe: Niemand hat sich je in einen anderen Menschen verliebt, nur weil das *vernünftig* ist ...

Du meinst, es ist keine rationale Entscheidung, dass man ausgerechnet mit dem Menschen zusammenkommt, mit dem man zusammen ist?

Man stellt doch keine Listen der Eigenschaften möglicher Liebeskandidaten auf und entscheidet sich dann für denjenigen, der in dieser Kosten-Nutzen-Bilanz die höchsten Punktwerte erzielt! Wer in der Partnerwahl nach solch rational-nüchternen Kriterien vorgehen würde, könnte sich gar nicht verlieben. Denn Liebe verlangt *Hingabe* – und Hingabe ist nur möglich, wenn die reglementierende Vernunft ausgeschaltet ist, wenn man *lustvoll die Kontrolle verliert*. Liebende befinden sich in einem regelrechten Rauschzustand, schon der Anblick des Fotos des Partners führt dazu, dass im Körper ein regelrechter Drogencocktail ausgeschüttet wird. Wer Angst davor hat, die rationale Kontrolle zu verlieren, kann sich nicht wirklich verlieben und wird den Glückstaumel echter Leidenschaft niemals erleben.

Aber diese unkontrollierte Leidenschaft kann ja auch umkippen: Aus Liebe entsteht oft Eifersucht, manchmal sogar regelrechter Hass! Wie oft ist es schon passiert, dass Menschen, die sich am Anfang »ewige Liebe« geschworen haben, später nur noch abgrundtiefe Verachtung füreinander empfanden!

Klar, aus jedem liebenden Romeo kann schon im nächsten Moment ein eifersüchtiger Othello werden und aus jeder Julia eine rachsüchtige Furie. Was kann man dagegen unternehmen? Ich meine: Spätestens in dem Moment, in dem Liebe in Eifersucht umzukippen droht, sollte man die »rationale Kontrollbehörde« alarmieren. Natürlich ist es nicht leicht, mit einem 50-Bit-Verstand gegen eine 20-Millionen-Bit-Intuition anzukämpfen. Schließlich ist Eifersucht ein starker Vorschlag der Evolution! Trotzdem ist die Vernunft nicht völlig mittellos: Wenn man sich wirklich bewusst macht, dass man gegenüber einer anderen Person *niemals* einen *Besitzanspruch* erheben kann, fällt es leichter, die Gefühle der Eifersucht unter Kontrolle zu bringen, ja vielleicht sogar gänzlich zu überwinden.

Du meinst, es ist möglich, Eifersuchtsgefühle loszuwerden?

Dass man zutiefst unglücklich ist, wenn man von einem geliebten Menschen verlassen wird, ist nur allzu verständlich. Aber warum sollte man deshalb notwendigerweise »eifersüchtig« sein? Wenn man etwas genauer hinschaut, stellt man fest, dass die aggressiven Gefühle, die eifersüchtige Menschen empfinden, vor allem aus Selbstwertproblemen resultieren: Wer eifersüchtig ist, der hasst den anderen dafür, dass dieser ihm nicht die Wertschätzung entgegenbringt, von der man denkt, dass sie einem gebührt.

Wir haben es hier also wieder mit dem Problem des »stolzen Ichs« zu tun?

So ist es! Wie Stolz beruht auch Eifersucht auf einer fehlerhaften Interpretation der Wirklichkeit. Gelingt es dir, deinen Stolz zu überwinden, hast du den ersten Schritt getan, Eifersuchtsgefühle hinter dir zu lassen! Wer es gelernt hat, sein eigenes Selbst nicht mehr gar so ernst zu nehmen, dem fällt es leichter, Eifersuchtsgefühle zu überwinden, denn er steht nicht mehr unter dem Druck, sich selbst durch die Wertschätzung anderer aufwerten zu müssen.

Aber ist das nicht genau der Punkt, der die romantische Liebe ausmacht? Fühlt man sich als Verliebter nicht gerade deshalb so phantastisch, weil man durch die besondere Wertschätzung eines anderen aufgewertet wird?

Natürlich. Deshalb meine ich ja auch, dass man die »Vernunftspolizei« aus dem Liebesspiel heraushalten sollte! Stell dir vor, man würde beim sexuellen Akt darüber nachdenken, dass man seinen Partner nur deshalb begehrt, weil sich unsere Gene fortpflanzen wollen, die Sexuallockstoffe des Partners zufälligerweise auf das eigene Profil passen und das Glückshormon Oxytocin gerade unsere Stimmung aufhellt! Wie prickelnd wäre die rationale Überlegung, dass unser Partner, der uns gerade »ewige Liebe« schwört, uns womöglich schon bald abservieren wird, weil er auf einen Menschen trifft, der in ihm einen noch intensiveren Cocktail von Glückshormonen auslösen kann? Die Vernunft ist, wie du siehst, nicht nur fürchterlich unkreativ, sondern auch schrecklich unromantisch! Sie ist Sand im Getriebe der Leidenschaft. Aber genau diese Eigenschaft der Vernunft kann uns helfen, wenn es in der Liebe mal nicht ganz so dolle läuft. Denn mithilfe der nüchternen Vernunft können wir überzogene Erwartungen an unsere Partner herunterpegeln und fatale Leidenschaften, die nur Leiden schaffen, eindämmen.

Heißt das, dass wir die Vernunft je nach Situation an- und ausschalten sollten?

Ja. Genau das sollten wir lernen! In romantischen Situationen sollte die Vernunft nur im »Standby-Betrieb« laufen, da sie in der Lage ist, selbst die schönsten, leidenschaftlichsten

Momente zu ruinieren. Bei Problemen wie Eifersucht sollte sie jedoch in den absoluten »High-Level-Modus« geschaltet werden, denn derartige Leidenschaften zu ruinieren, ist für uns alle nur von Nutzen!

Ist es denn möglich, die Vernunft so einfach an- und auszuschalten?

Ich sage nicht, dass das »einfach« ist, aber man kann es trainieren! Leider wird so etwas in unseren Schulen nicht unterrichtet, obwohl es dringend vonnöten wäre: Denn die Fähigkeit, im richtigen Augenblick zwischen rationaler Kontrolle und bedingungsloser Hingabe hin und her zu schalten, ist zweifellos eine der wichtigsten Kompetenzen in der »Kunst des Lebens«. So wenig vernünftig es ist, immer vernünftig zu sein, so unvernünftig ist es, die Vernunft nicht zu gebrauchen, wenn blinde Leidenschaften uns ins Unglück stürzen.

Hmmm... Wenn ich darüber nachdenke, wie eifersüchtig ich in der Vergangenheit manchmal reagiert habe, könnte ich so einen »An-und-aus-Schalter für die Vernunft« schon gebrauchen. Aber sei's drum: Was hältst du davon, wenn wir jetzt statt weiter über die Unvernunft zu reden, etwas richtig Unvernünftiges tun? Wir könnten doch zum Beispiel runter in die Stadt fahren, in verruchten, verrauchten Lokalen herumhängen, völlig überteuerte Cocktails trinken und uns anschließend für viel Geld mit dem Taxi wieder nach Hause fahren lassen! Was meinst du? Ich beteilige mich auch an den Kosten.

Das hört sich nach einem äußerst vernünftigen-unvernünftigen Vorschlag an! Wie könnte ich dazu »nein« sagen? Wer zuletzt am Auto ist, zahlt die erste Runde...

● »Solange man nicht die Moral des Christentums als *Kapitalverbrechen am Leben* empfindet, haben dessen Verteidiger gutes Spiel«, schrieb **Friedrich Nietzsche** (1844–1900), der wohl die schärfste Anklage formulierte, die jemals gegen das Christentum erhoben wurde. Die christliche Moral habe, so Nietzsche, zur »Abwertung der Lüste« sowie zur »Verachtung des Leibes« geführt und dadurch zur »Vergiftung, Verleumdung, Verneinung des Lebens« beigetragen. Der »Philosoph mit dem Hammer« und »Umwerter aller Werte« (Nietzsche über Nietzsche) setzte dagegen die »Bejahung des Lebens«. Wortreich verteidigte er die natürlichen Triebe sowie den »dionysischen Rausch« (Dionysos: griechischer Gott des Weines, der Freude, Fruchtbarkeit und Ekstase) gegen die »Tyrannei« einer kränklichen und krankmachenden Moral, die Nietzsche nicht nur in der theologischen Literatur erblickte, sondern auch in der Vernunftsphilosophie Immanuel Kants.

Kants Auffassung, der Mensch habe die Pflicht, den allgemeinen Prinzipien der Vernunft zu gehorchen und sich dabei notfalls gegen die eigenen, sinnlichen Bedürfnisse zu entscheiden, stufte Nietzsche als »lebensgefährlich« ein, ja: als Ausdruck eines philosophischen »Idiotismus«. Ganz so weit wollte der klassische Dichter und Philosoph **Friedrich Schiller** (1759–1805) nicht gehen, aber auch ihm war (trotz aller Kant-Verehrung) die Leib- und Sinnesfeindlichkeit des Königsberger Philosophen aufgefallen. Schiller kritisierte, dass in der kantschen Moralphilosophie die »Idee der Pflicht in einer Härte vorgetragen« werde, »die alle Grazien zurückschreckt und einen schwachen Verstand leicht versuchen könnte, auf dem Weg einer finstren und mönchischen Asketik die moralische Vollkommenheit zu suchen«. Gegen die Tyrannei der Vernunft über die Triebe setzte Schiller ein harmonisches Miteinander von »Sittlichkeit« und »Sinnlichkeit«. Nur auf diese Weise, meinte er, hätten vernünftige Einsichten eine Chance, sich gegen widerstrebende Vorstellungen durchzusetzen, schließlich seien die Triebe die »einzigen bewegenden Kräfte in der empfindenden Welt«. Eine rein rationale Aufklärung, wie Kant sie betrieben hatte, sei nicht genug, denn »der Weg zu dem Kopf« müsse »durch das Herz geöffnet werden«.

Schillers Vorstellung eines harmonischen Miteinanders von

Vernunft und Gefühl nahm einiges von dem vorweg, was Ende des 20. Jahrhunderts unter dem Begriff »emotionale Intelligenz« (EQ) gefasst wurde. Der amerikanische Psychologe und Wissenschaftsjournalist **Daniel Goleman** (*1946) definierte »emotionale Intelligenz« als »die Fähigkeit, unsere eigenen Gefühle und die anderer zu erkennen, uns selbst zu motivieren und gut mit Emotionen in uns selbst und in unseren Beziehungen umzugehen«. Dass eine solche emotionale oder personale Intelligenz über die Erfolge im Leben letztlich mehr aussagt als der IQ, meinte auch der amerikanische Psychologe **Howard Gardner** (*1943): »Viele, die einen IQ von 160 haben, arbeiten für Leute mit einem IQ von 100, wenn die Ersteren eine geringe und die Letzteren eine hohe intrapersonale Intelligenz haben.« Daher plädierten Gardner und Goleman dafür, Kinder nicht nur in der sprachlichen oder mathematischen Intelligenz zu fördern, sondern auch im Hinblick auf die Ausbildung ihrer emotionalen Intelligenz.

Ob Friedrich Nietzsche, der »Umwerter aller Werte«, eine besonders ausgeprägte emotionale Intelligenz besaß, darf bezweifelt werden. Zwar war Nietzsche zweifellos einer der größten Psychologen unter den Philosophen, doch er vermochte weder mit seinen eigenen Emotionen noch mit den Emotionen anderer sonderlich gut umzugehen. Sein gewaltiges Werk erscheint wie eine tragisch gescheiterte Selbsttherapie. Denn so sehr sich Nietzsche von Vorurteilen zu befreien hoffte, so sehr blieb er doch am Ende in den Vorurteilen seiner Zeit verhaftet. Anders lassen sich seine verheerenden Urteile über Frauen, Juden oder Sozialisten kaum erklären.

Wenn *ein* Philosoph der Moderne die nietzscheanische Auszeichnung der »fröhlichen Wissenschaft« verdient hätte, dann der geniale, lebenslustige, französische Arzt und Philosoph **Julien Offray de La Mettrie** (1709–1751). La Mettrie war, wie der »aufgeklärte Hedonist« **Bernulf Kanitscheider** (*1939) schrieb, »zweifellos der kompromissloseste und offenherzigste Verteidiger der Lebenslust unter den Philosophen«. Schon 1747 musste er aus Frankreich fliehen, nachdem seine ersten »ketzerischen« Schriften dort verbrannt worden waren. Anfang 1748 geriet er nach der Veröffentlichung seines wegweisenden Buchs »Der Mensch als Maschine«, in dem er schonungslos die naturwissenschaftlichen Grundlagen unseres Denkens und Empfindens aufdeckte, auch im liberalen Holland in Gefahr. La Mettrie gelang die Flucht nach Potsdam, wo er als Leibarzt und Gesellschafter am Hofe des »aufgeklärten Monarchen« **Friedrich des Großen** (1712–1786) seine letzten Jahre verbrachte.

Der »alte Fritz«, wie Friedrich II. später genannt wurde, hatte als junger König erklärt, jeder solle »nach seiner Façon selig werden«. Gemäß dieser Auffassung lockerte er die Zensurbestimmungen in Preußen und umgab sich auf Schloss Sanssouci mit führenden Freigeistern seiner Zeit, unter anderem **Voltaire** (1694–1778) und La Mettrie. Doch bei Letzterem stieß die sprichwörtliche Toleranz des »alten Fritz« bald an ihre Grenzen: Auf die Veröffentlichung von La Mettries bedeutendstem Werk »Über das Glück oder das höchste Gut« reagierte er mit dem »Edict wegen der wieder hergestellten Censur«. Friedrich soll sogar eigenhändig zehn Exemplare der Schrift ins Feuer geworfen haben.

Obwohl Friedrich II. das Buch über das Glück sowie La Mettries zweites Hauptwerk »Die Kunst, Wollust zu empfinden« als Gefahr für die Sittlichkeit seiner Untertanen betrachtete und ihre Verbreitung untersagte, behielt er den aufmüpfigen Franzosen in seiner Hofgesellschaft. Warum? Offenbar wusste er den persönlichen Umgang mit ihm sehr zu schätzen. Als La Mettrie 1751 unter mysteriösen Umständen starb (die offizielle Version lautet, La Mettrie habe eine verdorbene Pastete gegessen, es spricht jedoch vieles dafür, dass er vergiftet wurde), schrieb Friedrich II. persönlich einen Nachruf, in dem es hieß: »Die Natur hatte La Mettrie einen Schatz unerschöpflicher natürlicher Heiterkeit verliehen. Er war zum Redner und Philosophen geboren, aber eine noch kostbarere Gabe war seine reine Seele und sein zuvorkommendes Wesen. Wer sich von den

Schmähungen der Theologen nicht beeindrucken lässt, betrauert in La Mettrie einen ehrbaren Menschen und fähigen Arzt.«

Dennoch zog La Mettrie, der »amoralische Atheist«, der sich über alle moralischen Schamgrenzen hinwegsetzte und nicht nur den Herren, sondern auch den Damen die wollüstige Erfüllung ihrer sexuellen Leidenschaften zugestand, allergrößte Verachtung auf sich. Voltaire, ohnehin eifersüchtig auf La Mettries »strotzende Gesundheit«, bezeichnete ihn als »Narren« und »Idioten«, der große französische Schriftsteller **Denis Diderot** (1713–1784) sah in ihm einen »Verteidiger des Lasters« und meinte sogar, einen »in seinen Sitten und Anschauungen so verdorbenen Menschen« aus der »Gemeinschaft der Philosophen« ausschließen zu müssen.

Der Hass, der dem heiteren Menschenfreund La Mettrie entgegenschlug, belegt, dass selbst die bedeutendsten Aufklärer nicht in der Lage waren, sich vom moralischen Korsett ihrer Zeit zu befreien. Und so gilt La Mettrie bis heute als »Unperson« in der Philosophie, obwohl er eigentlich zu ihren großen Lichtgestalten gezählt werden müsste. Denn wer hätte je eindrucksvoller gezeigt, was es heißt, einen »freien Geist ohne Vorurteile« zu besitzen? La Mettrie war nicht nur ein mutiger Vordenker des modernen, naturalistischen Menschenbildes, sondern auch ein wahrer Meister der Kunst des Lebens und der Liebe. Und so ist sein »unmoralischer« Rat an die Wollüstigen noch heute bedenkenswert: »Trinken wir, singen wir, und lieben wir die, die uns lieben! Spielen und lachen wir! Genießen wir die Freuden, wie sie kommen. Wie kurz das Leben auch sei: Wir werden gelebt haben.« ● ● ●

Vom guten Leben und guten Sterben

Mannomann, heute spüre ich aber deutlich, dass ich am Leben bin ...

> Du hast wohl einen Brummschädel, was? Ich hatte dir ja abgeraten, ausgerechnet einen »Zombie« zum Abschluss zu trinken. Der Cocktail hat es in sich.

Ich weiß, aber ich wollte doch mal so richtig unvernünftig sein! Egal. Beim Wort »Zombie« fällt mir etwas ein, worüber wir unbedingt reden sollten: Wir haben doch gestern darüber gesprochen, dass jede Person das Recht haben sollte, über ihr eigenes Leben zu bestimmen. Sollte das nicht auch für ihren Tod gelten? Worauf ich hinauswill: Haben wir das Recht, uns selbst zu töten, oder nicht?

> Was denkst du denn darüber?

Also, ich meine schon, dass wir das Recht haben sollten, über unseren Tod selbst zu bestimmen. Aber mich würde interessieren, welche Gedanken sich Philosophen dazu gemacht haben. Oder hat das Thema »Selbstmord« in der Philosophie gar keine Rolle gespielt?

> Doch, natürlich! Albert Camus begann seine berühmte Abhandlung über den »Mythos des Sisyphos« sogar mit der Behauptung, es gäbe »nur ein wirklich ernsthaftes philosophisches Problem: den Selbstmord. Sich entscheiden, ob das Leben es wert ist, gelebt zu werden oder nicht«, heiße, »auf die Grundfrage der Philosophie antworten.« Ich kann Camus im Wesentlichen zustimmen, allerdings würde ich

es vorziehen, von »Selbsttötung« oder »Suizid« zu sprechen statt von »Selbstmord«.

Warum?

Weil »Mord« eine heimtückische Tötung einer Person *gegen deren Willen* und aus sogenannten »*niederen*« *Motiven* (etwa Habgier) bedeutet. Doch genau das kann auf die Selbsttötung logischerweise nicht zutreffen! Insofern ist der Begriff »Selbstmord« ein Widerspruch in sich. Er kann allenfalls noch in einem streng religiösen Kontext Sinn machen, nämlich, wenn man unterstellt, dass das Leben »an sich« heilig ist und die Selbsttötung gegen den »Willen Gottes« verstößt – aber derartige Spekulationen haben wir ja hinter uns gelassen...

Manchmal hört man auch den Begriff »Freitod«. Wäre das nicht ein treffenderer Begriff als dieses klinische Wort »Suizid«? Ich muss da immer gleich an »Insektizid« denken.

Wenn jeder Suizid ein »Freitod« wäre, würde ich dir zustimmen. Aber das ist leider nicht der Fall! Viele, die einen Suizidversuch unternehmen, sind nicht »frei zum Tode und frei im Tode«, wie Nietzsche es in »Also sprach Zarathustra« formulierte. Vielmehr werden sie durch Depressionen, Liebeskummer, Versagensängste, Schuldgefühle in den Suizid getrieben. Sie folgen auch nicht der Empfehlung »Stirb zur rechten Zeit!«, die Nietzsche als *das* Bestimmungsmerkmal eines »freien Todes« betrachtete, sondern sterben zu früh, zur Unzeit. Denk nur an den deutschen Nationaltorhüter Robert Enke, der sich im November 2009 vor einen Regionalzug warf und damit in ganz Europa Bestürzung auslöste.

Du meinst, Enke hatte nicht das Recht, sich das Leben zu nehmen?

Selbstverständlich hatte er das *Recht, sich so zu entscheiden*, aber das heißt nicht, dass er *recht hatte, als er sich so entschied*! Zu dem Schluss, dass sich sein Leben nicht mehr zu leben lohne, kam Enke ja nicht aus freien Stücken, sondern unter dem Eindruck einer tiefen Depression. Wäre diese Erkrankung angemessen therapiert worden, hätte er eine andere, eine vernünftigere Wahl getroffen, was nicht nur ihm selber, sondern auch seiner Familie, seinen Freunden, nicht zuletzt wohl auch dem Zugführer großes Leid erspart hätte.

Immerhin war Enkes Suizid der Anlass dafür, dass das Thema »Depression« sehr breit in der Öffentlichkeit behandelt wurde. Vielleicht hat seine Verzweiflungstat in dieser Hinsicht ja doch noch etwas Positives bewirkt.

Das wäre zumindest zu hoffen! In der Tat wurde in den Wochen nach Enkes Tod erstaunlich offen über Depression und Suizid gesprochen. Möglicherweise ist dadurch vielen Menschen klarer geworden, dass sie sich nicht schuldig fühlen müssen, wenn sie eine Depression entwickeln. Biologisch betrachtet ist Depression ja eine Stoffwechselstörung im Gehirn – und insofern durchaus vergleichbar mit Diabetes, der Stoffwechselstörung in der Bauchspeicheldrüse. So wenig, wie man sich schuldig fühlen muss, zuckerkrank zu sein, sollte man sich schuldig fühlen, depressiv zu sein.

Und man sollte wohl auch nicht ausgerechnet in einer depressiven Phase über den Sinn und Unsinn des Lebens nachdenken...

Nein, bevor man das tut und womöglich schicksalhafte Entscheidungen trifft, sollte man unbedingt einen kompetenten Arzt aufsuchen! Antidepressiva und Psychotherapie haben schon vielen geholfen, jene Sonnenseiten des Lebens wiederzuentdecken, die sie zuvor aus dem Blick verloren hatten.

Weißt du, was mich an der Reaktion auf Enkes Tod erstaunt hat? Kaum jemand hat ihn moralisch verurteilt! Wenn man bedenkt, wie die Kirche früher mit »Selbstmördern« umgegangen ist, ist das doch ziemlich bemerkenswert, findest du nicht?

Ja. Das zeigt, wie sehr sich die Gesellschaft mittlerweile von traditionellen Glaubensvorstellungen verabschiedet hat! Im Mittelalter wurden Menschen, die die »Sünde des Selbstmords« begangen hatten, nach ihrem Tod verurteilt, rituell hingerichtet, zerstückelt, geköpft und wie ein Tier außerhalb des Friedhofs verscharrt. Im 16. Jahrhundert wurde die nachträgliche Hinrichtung von »Selbstmördern« zwar aufgegeben, doch man begrub sie mancherorts bis ins 20. Jahrhundert hinein ohne Zeremonie in »ungeweihter Erde« in der Nähe der Friedhofsmauer. Wenn man bedenkt, dass der »überlegte Selbstmord« noch bis 1983 im katholischen Kirchenrecht als Ausschlussgrund für ein christliches Begräbnis galt, ist es tatsächlich bemerkenswert, dass sich katholische und evangelische Geistliche nicht nur an den großen Trauerzeremonien für Robert Enke beteiligten, sondern auch mit großem Respekt über den Toten sprachen.

Aber das heißt nicht, dass die Kirchen den Freitod nun akzeptieren würden, oder?

Nein, absurderweise kommen sie mit dem *tragischen Suizid*, der »Selbsttötung als Verzweiflungstat«, eher zurecht als mit dem *rationalen Freitod*, bei dem ein Mensch tatsächlich das Geschick hat, zur »rechten Zeit« aus dem Leben zu treten. Im »Katechismus der Katholischen Kirche« heißt es dazu, dass »schwere psychische Störungen« die »Verantwortlichkeit des Selbstmörders vermindern« könnten. An sich bleibt der Suizid nach katholischer Auffassung aber unverantwortlich, da er der »Liebe zum lebendigen Gott« widerspricht. Schließlich seien wir bloß »Verwalter, nicht Eigentümer des Lebens, das Gott uns anvertraut hat«, und dürften »darüber nicht verfügen«.

Das ist ja schräg: Ich soll nur ein »Verwalter« und nicht »Eigentümer« meines eigenen Lebens sein?

Ja, und deshalb darfst du nach christlichem Verständnis auch nicht selber bestimmen, wann die »rechte Zeit« zum Sterben ist...

Was für ein Quatsch! Hmmm... Der Begriff der »rechten Zeit« meint doch nicht nur, dass man »zu früh« sterben kann wie Enke, sondern auch »zu spät«, oder?

Gut erkannt! Nietzsches Zarathustra-Kapitel »Vom freien

Tode«, aus dem später der Begriff »Freitod« abgeleitet wurde, beginnt mit dem Satz: »Viele sterben zu spät, und einige sterben zu früh.« Dahinter steckt zweifellos eine gute Portion Zynismus. Was Nietzsche über die »Überflüssigen« schrieb und über den »zahnlosen Mund«, der nicht mehr das »Recht zu jeder Wahrheit« habe, lehne ich entschieden ab! Dennoch enthält seine Diagnose, dass viele Menschen »zu spät sterben«, eine bittere Wahrheit – gerade heute, im Zeitalter der Gerätemedizin: Oftmals dienen unsere technischen Möglichkeiten nur noch dazu, das Leiden künstlich zu verlängern. Wie viel Elend dadurch produziert wird, ist kaum abzuschätzen.

Aber woran erkennt man, dass es die »rechte Zeit« zum Sterben ist?

Das ist natürlich das große Problem! Dies zeigt auch das Beispiel Nietzsches, dem es ja selbst absolut nicht gelang, den rechten Zeitpunkt abzupassen. Nach einem psychischen Zusammenbruch im Januar 1889 verbrachte er die letzten elf Jahre seines Lebens im Zustand geistiger Umnachtung. Mehrere Schlaganfälle sorgten dafür, dass er weder stehen noch sprechen konnte. Er siechte langsam vor sich hin. Der Tod ereilte ihn also auf genau jene Weise, die er am meisten verabscheute, als »grinsender Tod, der heranschleicht wie ein Dieb«. Der »freie Tod, der mir kommt, weil *ich* will«, war ihm nicht vergönnt.

Das geht wohl vielen so...

Ja, leider! Man kann zwar mit einer »Patientenverfügung« eine gewisse Vorsorge treffen und regeln, welche lebensrettenden Maßnahmen im Notfall eingesetzt werden dürfen, besser ist es jedoch, wenn man im Fall der Fälle selbst noch entscheiden kann. Glücklicherweise gibt es Menschen, denen das gelingt. So war es zum Beispiel bei einem guten Freund von mir, der unheilbar an Krebs erkrankt war. Zunächst schöpfte er alle medizinischen Möglichkeiten aus und kämpfte um sein Leben. Doch als sich zeigte, dass dieser Kampf aussichtslos war, nutzte er die ihm verbleibende Zeit, um seine Dinge zu regeln. Er verabschiedete sich von allen, die er liebte, und setzte seinem Leben durch eine Überdosis Morphin ein Ende, da er wusste, dass die nächsten Tage oder Wochen nur qualvolles Siechtum bedeutet hätten. Er starb zur rechten Zeit, weder zu früh noch zu spät. Aber das konnte er nur, weil er selbst Arzt war. Den meisten Menschen wird ein solch würdevoller Abschied verweigert – nicht zuletzt aufgrund abergläubischer Spekulationen über die angebliche »Heiligkeit« des von »Gott verliehenen Lebens«! Dass die Religionen den Menschen noch immer das Recht auf Selbstbestimmung am Lebensende verweigern, ist, wie ich finde, ein Verbrechen an der Menschheit, das in der Summe vielleicht sogar größeres Elend verursacht hat als alle blutigen Glaubenskriege zusammengenommen!

Das klingt, als wärst du ein sehr entschiedener Befürworter der Sterbehilfe.

Das bin ich in der Tat! Wie du vielleicht weißt, gibt es verschiedene Formen von Sterbehilfe: »Direkte aktive Sterbehilfe« meint die gezielte Herbeiführung des Todes aufgrund des Wunsches dieser Person. Unter »passiver Sterbehilfe« versteht man den Verzicht auf eine lebensverlängernde Behandlung. »Indirekte aktive Sterbehilfe« bedeutet, dass man die Beschleunigung des Todeseintritts als Nebenwirkung beispielsweise einer gezielten Schmerzbekämpfung in Kauf nimmt. Daneben gibt es noch die »Beihilfe zur Selbsttötung«, auch bekannt als »assistierter Suizid«. Ein »assistierter Suizid« liegt vor, wenn man einem Menschen, der nicht mehr weiterleben möchte, ein geeignetes Mittel (etwa ein Barbiturat) zur Verfügung stellt, das er selbst einsetzen kann, um selbstbestimmt, schmerzfrei und friedlich aus dem Leben zu scheiden.

Sind all diese Formen von Sterbehilfe verboten?

Nein. Die passive und indirekte aktive Sterbehilfe sind unter bestimmten Auflagen erlaubt. Die direkte, aktive Sterbe-hilfe ist jedoch weltweit – außer in den Niederlanden, Belgien und Luxemburg – verboten. Die Gründe, die für dieses Verbot angegeben werden, halte ich nicht für überzeugend. Denn warum, frage ich dich, sollte es humaner sein, einen Menschen ohne lebensverlängernde Maßnahmen langsam dahinvegetieren zu lassen, als ihm seinen Wunsch nach einem schnellen, schmerzfreien Tod zu erfüllen? Einen Hund, für den das Leben nur noch eine Qual bedeutet, lassen wir einschläfern, aber einem Menschen, der seinen Wunsch, zu sterben, klar artikuliert hat, verweigern wir diese »letzte Hilfe«? Das ist doch absurd!

Dass man in Deutschland besondere Probleme mit der aktiven Sterbehilfe hat, kann man doch angesichts der Nazi-Verbrechen verstehen, oder?

Tatsächlich verweisen manche Gegner der Sterbehilfe auf die nationalsozialistischen »Euthanasieprogramme«. Doch den Nazis ging es ja keineswegs um »Euthanasie«, also um den »guten, schönen, leichten Tod«, sondern um systematischen Massenmord an behinderten und psychisch kranken Menschen! Wer den vernebelnden Sprachgebrauch der Nazis übernimmt, der verhöhnt erstens die Opfer dieses Massenmords und vergeht sich zweitens an den berechtigten Interessen der Menschen, die sich heute mit guten Gründen gegen eine Verlängerung ihres Leidens entscheiden. Ich meine: Die Tatsache, dass *Menschen fremdbestimmt sterben mussten*, kann doch beim besten Willen nicht dafür herhalten, dass *Menschen nicht selbstbestimmt sterben dürfen!* Das Prinzip der Selbstbestimmung muss gerade auch am Lebensende gelten, denn zum »guten Leben« gehört auch das »gute Sterben«.

Du meinst also, die Gesellschaft sollte den Menschen das Recht auf einen selbstbestimmten Tod ermöglichen?

Ja, und deshalb habe ich auch größten Respekt vor den Ärzten, die den Wunsch ihrer Patienten ernst nehmen und

»Beihilfe zur Selbsttötung« leisten, obwohl sie sich damit in eine gefährliche, rechtliche Grauzone begeben.

Ist denn die »Beihilfe zur Selbsttötung« in Deutschland verboten?

Nein, nicht direkt. Aber der Arzt darf die für die Selbsttötung geeigneten Wirkstoffe nicht zu diesem Zweck verordnen. Tut er es trotzdem, so verstößt er nicht nur gegen das »ärztliche Standesrecht«, sondern unter Umständen auch gegen das Arzneimittel- beziehungsweise Betäubungsmittelgesetz. Übrigens sind diese Gesetze mitverantwortlich dafür, dass Kranke meist nicht ausreichend mit den Mitteln versorgt werden, die ihnen die letzte Zeit erleichtern könnten. Wir verfügen zwar über die Möglichkeiten, schwerstkranken Menschen nicht nur die Schmerzen zu nehmen, sondern auch ihre Ängste und Depressionen zu lindern. Aber das Zerrbild einer möglichst »drogenfreien Welt« verhindert, dass diese Mittel in ausreichendem Maße eingesetzt werden. Das ist ein echter Skandal! Hier müssen wir in der Tat eine neue »Sterbekultur« entwickeln, wie es der Arzt Michael de Ridder unlängst gefordert hat. Wir brauchen eine Medizin, in deren Mittelpunkt der »kranke Mensch« – nicht das »kranke Organ« – steht, eine Medizin, die »zwischen sinnvoller Lebensverlängerung und qualvoller Sterbeverzögerung zu unterscheiden vermag«! Wenn die Ärzte endlich einsehen, dass es nicht ihre Pflicht ist, *unbedingt* Leben zu erhalten, sondern dass ihnen unter Umständen auch die Aufgabe zufällt, ihren Patienten zu helfen, würdevoll aus dem Leben zu scheiden, würde das viel Leid ersparen.

Okay, das finde ich alles sehr nachvollziehbar. Aber: Besteht nicht die Gefahr, dass die Freigabe der Sterbehilfe missbraucht werden könnte? Würde dadurch nicht beispielsweise der Druck auf alte oder kranke Menschen steigen, ihrem Leben frühzeitig ein Ende zu setzen?

Dieses »Dammbruch-Argument« klingt im ersten Moment

vernünftig, ist aber erstens *empirisch widerlegt* (in den Ländern, die die direkte aktive Sterbehilfe erlaubt haben, ist es nicht zu den befürchteten Folgen gekommen) und steht zweitens *logisch* auf äußerst wackligen Füßen: Denn ebenso wenig, wie sich aus dem *Recht zu leben* eine *Pflicht zu leben* ableiten lässt, kann aus dem *Recht zu sterben* eine *Pflicht zu sterben* entstehen! Ich kenne viele Menschen, die aktiv für die Liberalisierung der Sterbehilfe kämpfen, Ärzte, die Beihilfe zum Suizid leisten, die führenden Köpfe von »Dignitas«, »Dignitate« oder der »Deutschen Gesellschaft für humanes Sterben« – all diese Menschen sind entschiedene Humanisten! Die Vorstellung eines »sozialverträglichen Ablebens« alter, kranker Menschen ist ihnen völlig fern. Und deshalb setzen sie sich auch nicht bloß für klare Regeln bei der Sterbehilfe ein, die Missbrauch verhindern, sondern ebenso für eine Veränderung der Gesellschaft, die die Nöte und Bedürfnisse der Alten, Kranken und Schwachen viel stärker berücksichtigen müsste, als dies heute geschieht.

Wer sich für das »gute Sterben« engagiert, sollte sich also auch dafür einsetzen, dass möglichst viele ein möglichst »gutes Leben« führen können...

Absolut! Unser Ziel sollte eine *humanere Gesellschaft* sein, in der möglichst jeder von uns eine positive Antwort auf die Frage geben kann, ob es sich zu leben lohnt! Der Freitod sollte nur die allerletzte Option sein, ein Ausweg, den man wirklich nur unter der Voraussetzung wählen sollte, dass tatsächlich keine realistischen Chancen mehr auf ein lohnendes Leben bestehen.

Wäre es dann nicht sinnvoll, wenn wir jetzt darüber reden würden, was es bedeutet, für eine »humanere Gesellschaft« zu streiten?

Das ist eine gute Idee! Auf unserem Streifzug durch die Philosophie haben wir ja bislang fast ausschließlich Fragen der Erkenntnis und des individuellen guten Lebens behandelt, zur Philosophie gehört aber natürlich auch die Frage des guten Zusammenlebens: Wie sollen wir miteinander umgehen? Welche Regeln sollten die Gesellschaft bestimmen? Wie können wir diese fürchterlichen Konflikte vermeiden, die die Geschichte der Menschheit über weite Strecken zu einer Geschichte der Unmenschlichkeit machten? Solche ethischen und politischen Fragestellungen gehören zu den spannendsten Themengebieten der Philosophie. Wir sollten zumindest einen kurzen Blick auf sie werfen ...

•• 3

Der Traum von einer besseren Welt

»Der Mensch is guad, de Leit' san schlecht!«

KARL VALENTIN (1882–1948)
Bayerischer Komiker, Volkssänger und Autor

»Liebe Nachwelt!
Wenn Ihr nicht gerechter, friedlicher und überhaupt
vernünftiger sein werdet, als wir sind bzw. gewesen sind,
so soll Euch der Teufel holen!«

ALBERT EINSTEIN (1879–1955)
Deutsch-schweizerisch-amerikanischer Physiker, Autor
und Pazifist

Dürfen wir töten?

Nachdem wir festgestellt haben, dass das Individuum das Recht zur Selbsttötung hat, sollten wir, finde ich, auch über das Töten allgemein sprechen: Dürfen wir töten? Für gläubige Christen ist die Sache klar, denn »Gott« hat ihnen das Töten in den Zehn Geboten untersagt. Als Ungläubige können wir uns auf solche »göttlichen Gebote« aber nicht berufen. Wir müssen auf andere Weise begründen, warum es nicht erlaubt sein sollte, jemanden gegen seinen Willen zu töten, oder?

Richtig. Allerdings möchte ich hier gleich anmerken, dass das Töten in der Bibel keineswegs prinzipiell untersagt ist. So heißt es im zweiten Buch Mose nur wenige Verse nach »Du sollst nicht töten!«: »Eine Hexe sollst du nicht am Leben lassen. Jeder, der mit einem Tier verkehrt, soll mit dem Tod bestraft werden. Wer einer Gottheit außer Jahwe Schlachtopfer darbringt, an dem soll die Vernichtungsweihe vollstreckt werden.« Es wird dich vielleicht wundern, aber insgesamt findet man in der Bibel weit mehr Tötungsgebote als -verbote: »Ausgerottet« werden sollen nicht nur Mörder und Räuber, sondern auch diejenigen, die homosexuellen Verkehr haben, die Ehebruch begehen oder Sex mit einer Frau während ihrer Periode haben. Todgeweiht sind auch diejenigen, die Gott lästern, ihre Eltern verfluchen, Arbeiten am Sabbat verrichten, als Männer nicht beschnitten sind, falsche Nahrung zu sich nehmen oder die falsche (nur für Priester bestimmte) Salbe gebrauchen. Was die Anwendung der Todesstrafe betrifft, ist der biblische Gott nicht gerade zimperlich ...

Okay, okay, ich hab's ja begriffen! Aber wenn man die Zehn Gebote für sich alleine nimmt, dann sind sie doch ganz in Ordnung, oder?

Auch das ist leider falsch! Denn schon das erste der Zehn Gebote enthält höchst unethische, ja sogar verfassungswidrige Normen: »Gott« befiehlt seinem Volk nämlich nicht nur, dass es keine Götter neben ihm haben darf (was dem Verfassungsprinzip der Religions- und Weltanschauungsfreiheit widerspricht), er outet sich sogar als Verfechter der Sippenhaft: »Denn ich, der Herr, dein Gott, bin ein eifersüchtiger Gott: Bei denen, die mir feind sind, verfolge ich die Schuld der Väter an den Söhnen, an der dritten und vierten Generation.« Nimmt man »Gott beim Wort«, so heißt das auf uns bezogen, dass nicht nur *ich* vom »Allmächtigen« für meine Religionskritik verfolgt werde, sondern auch Julian [Leas 9-jähriger Bruder] sowie dessen ungeborene »Söhne, Sohnessöhne und Sohnessohnessöhne«! Das ist nicht gerade ein besonders modernes Rechtsverständnis, oder?

Nein, ganz bestimmt nicht! Aber warum geht es da eigentlich nur um die Söhne? Was ist denn mit mir als deiner Tochter und meinen ungeborenen Kindern, Enkeln und Urenkeln?

Töchter werden im ersten Gebot nicht erwähnt, was kein Zufall ist: Denn der »Gott« der Bibel ordnet die Frauen den Männern unter, weshalb sie in den Zehn Geboten nicht als gleichberechtigte Subjekte angesprochen werden, sondern vielmehr als Objekte männlicher Interessen. So heißt es im letzten der Zehn Gebote: »Du sollst nicht nach der Frau deines Nächsten verlangen, nach seinem Sklaven oder seiner Sklavin, seinem Rind oder seinem Esel oder nach irgendetwas, das deinem Nächsten gehört.«

Was?! Die Frauen sind nur Besitztümer der Männer wie Esel oder Rinder? Und die Sklaverei wird in den Zehn Geboten auch noch erlaubt?

Ja, das sollte dich aber nicht verwundern: Denn zu allen Zeiten übertrugen die Menschen ihre historisch gewachsenen Vorstellungen von Recht und Unrecht auf die »Götterwelt«. So war es auch in jener kriegerischen Hirtenkultur, aus der heraus die biblischen Texte entstanden sind. Wirklich erstaunlich wäre es gewesen, wenn »Gott« vor 3000 Jahren für die Gleichberechtigung von Mann und Frau und die Abschaffung der Sklaverei eingetreten wäre oder wenn er gar eine Charta der universellen Menschenrechte aufgestellt hätte. Dergleichen ist verständlicherweise nie geschehen, denn die »Götter« waren immer nur so klug und vernünftig wie die Menschen, als deren Phantasiegebilde sie erschaffen wurden.

In Ordnung. Bist du denn wenigstens mit den mittleren der Zehn Gebote einverstanden? Die Gebote »Du sollst nicht lügen!« und »Du sollst nicht töten!« klingen doch ganz vernünftig.

Tut mir leid: Auch da kann ich nicht mitgehen! Denn Lügen und Töten sind nicht »an sich« unethisch. Es gibt durchaus Situationen, in denen solche Verhaltensweisen gefordert sind: Wer beispielsweise in der Nazizeit nicht log, sondern der Gestapo treuherzig den Aufenthaltsort jüdischer Menschen verriet, verhielt sich unethisch. Im Unterschied dazu war das Anliegen der Verschwörer um Graf Stauffenberg, die Hitler töten und damit unzähligen Menschen das Leben retten wollten, sehr wohl ethisch legitimiert.

Es ist also prinzipiell falsch, irgendwelchen Geboten oder Verboten blind zu folgen?

Ja. Wer wirklich ethisch handeln will, muss überprüfen, mit welchen positiven oder negativen Konsequenzen eine bestimmte Verhaltensweise verbunden ist. Wer etwas nur deshalb tut oder unterlässt, weil es von einer Autoritätsperson moralisch gefordert wird, ist in seiner ethischen Entwicklung auf einer recht niedrigen Stufe stehen geblieben.

Warte mal: Das erinnert mich an etwas, was wir im Ethikunterricht durchgenommen haben: die »Stufentheorie der Entwick-

lung des moralischen Verhaltens« nach … Verdammt, wie hieß
der Mann noch einmal?

Ich denke, du meinst Lawrence Kohlberg. Er untersuchte
die Entwicklung ethischer Urteile und unterschied dabei
drei Hauptstufen, die wir Menschen erreichen können,
nämlich die *präkonventionelle Stufe*, die *konventionelle Stufe*
und die *postkonventionelle Stufe*. Konventionell denkende
Menschen halten das für richtig, was den Konventionen, also
den »sozialen Übereinkünften«, entspricht. Präkonventionelle unterschreiten dieses Niveau, postkonventionelle gehen darüber hinaus.

Richtig. Ich erinnere mich dunkel, dass jede dieser drei Hauptstufen noch mal zwei Unterstufen hatte. Und so kam Kohlberg
letztlich auf sechs Stufen der moralischen Entwicklung. Wie die
aber genau heißen, habe ich vergessen …

Das ist im Moment auch nicht so wichtig. Schauen wir uns
die Unterschiede zwischen den Stufen an: In der »präkonventionellen Phase«, die für Kinder, aber auch für einige
notorische Straftäter typisch ist, werden Regeln nur aus
einem Grund befolgt, nämlich um auf diese Weise *Strafen
zu vermeiden* (Stufe 1) oder *persönliche Vorteile zu erzielen*
(Stufe 2). Ein wirkliches Verständnis des *Sinns*, den die Regeln für das Zusammenleben haben, liegt auf diesen beiden
unteren Stufen noch nicht vor.

Das tritt erst mit der konventionellen Stufe auf, nicht wahr?

Ja, hier hat man die sozialen Regeln der eigenen Gruppe so
weit verinnerlicht, dass man aus eigenem Antrieb heraus
versucht, den moralischen Erwartungen der anderen Gruppenmitglieder zu entsprechen. Man möchte ein »*guter Junge*«
oder ein »*gutes Mädchen*« sein und hat »Gewissensbisse«,
wenn man gegen die geltenden Regeln verstößt (Stufe 3).
Ebenfalls Ausdruck des konventionellen Moralverständnis-
ses ist die Orientierung an *Gesetz und Ordnung* (»law and
order«) auf Stufe 4. Auf dieser Stufe akzeptiert man die Bedeutung der bestehenden Regeln, weil man erkannt hat,

dass solche Regeln zur Aufrechterhaltung der sozialen Ordnung erforderlich sind.

Stimmt, langsam erinnere ich mich wieder: Das postkonventionelle Denken geht über das bloße Verstehen und Akzeptieren der vorhandenen Regeln hinaus, oder?

Korrekt! Auf Stufe 5 orientieren sich die Menschen an der Idee des *Gesellschaftsvertrags*. Soziale Regeln werden auf dieser Stufe nur noch unter der Voraussetzung akzeptiert, dass diese Regeln für die Gesellschaftsmitglieder von Nutzen sind. Stellt sich heraus, dass die geltenden Normen den rationalen Interessen der Gesellschaftsmitglieder widersprechen, zieht ein postkonventionell denkender Mensch daraus den Schluss, dass diese Normen aufgegeben werden müssen. Denk etwa an die Überwindung der Diskriminierung von Frauen oder Schwulen, die einst mit »heiligen Werten« begründet wurde. Auf Stufe 6 wird diese ethische Perspektive noch einmal erweitert: Hier orientiert man sich nicht mehr an gesellschaftlichen Nutzenserwägungen, sondern an *höheren Prinzipien* (beispielsweise am Ideal einer »universellen Gerechtigkeit«, die nicht nur die Mitglieder der eigenen Gesellschaft berücksichtigt), anhand derer man die Angemessenheit ethischer Entscheidungen in konkreten Situationen beurteilt.

Hmmm ... Die religiöse Moral scheint mir eine Mixtur aus präkonventionellem und konventionellem Moralverständnis zu sein, oder? »Gott« droht den Menschen in der Bibel mit schrecklichen Strafen, wenn sie seine Gebote überschreiten, oder garantiert ihnen seinen Segen, wenn sie sich an die Gebote halten. Das entspricht etwa der präkonventionellen Stufe.

Stimmt!

Gleichzeitig versuchen die Gläubigen »gute Mädchen und Jungs« zu sein und haben »Gewissensbisse«, wenn sie die Glaubensregeln übertreten. Ihre Geistlichen wiederum behaupten, dass die Einhaltung der von ihnen geforderten Gebote und Verbote notwendig ist, um Gesetz und Ordnung aufrechtzuerhalten. So ist ja beispielsweise der Papst felsenfest davon überzeugt, dass unsere soziale Ordnung zusammenbrechen würde, wenn wir die alten Moral-Konventionen über Bord werfen, etwa indem wir die Homo-Ehe fördern oder Empfängnisverhütung beim Sex praktizieren.

Gut beobachtet! Religiöse Moral ist in der Tat meist *konventionelle Moral*. Sie sucht nicht nach *neuen Lösungen für ethische Konflikte*, sondern beruft sich auf *alte Traditionen*, die angeblich »heilig«, also »unantastbar«, sind. Daher wird man kaum je einen Text eines Papstes finden, der das postkonventionelle Niveau erreichen würde. Wahrscheinlich ist die Tatsache, dass man auf der vierten Stufe der Moralentwicklung stehen geblieben ist, sogar eine Grundvoraussetzung dafür, um sich für die »höheren Weihen« eines Papstes, Kardinals oder Bischofs qualifizieren zu können!

Hahaha! Das wird dem Herrn Ratzinger aber nicht gefallen...

Na ja, er wird auch kaum in die Verlegenheit kommen, dieses Buch zu lesen. Aber sei's drum: Eine moderne, philosophische Ethik darf sich im Unterschied zur religiösen Dogmatik keinesfalls auf geltende Konventionen stützen, sondern muss diese anhand höherer Denkprinzipien hinterfragen. Sie sollte also auf der höchsten, der sechsten Stufe der kohlbergschen Entwicklungspyramide angesiedelt sein.

Dass eine moderne Ethik auf höchstem Niveau argumentieren sollte, ist logisch, aber ist damit nicht auch ein Problem verbunden? Es könnte doch sein, dass eine solch hochtrabende Ethik von der Mehrheit der Menschen gar nicht mehr verstanden wird! Wenn ich mich nicht irre, erreichen nach Kohlberg nur die allerwenigsten Menschen die 6. Stufe der Moralentwicklung, oder?

Das ist richtig! Kohlberg fand bei seinen Studien heraus, dass nur ein Viertel der Menschen Stufe 5 und magere fünf Prozent Stufe 6 erreichen. Doch woran liegt das? Sollen wir wirklich davon ausgehen, dass die Mehrheit der Menschen biologisch dazu bestimmt ist, auf der konventionellen Stufe der Moralentwicklung stehen zu bleiben? Das wäre nicht nur ein zynisches Urteil, sondern auch sachlich falsch! Denn in Wahrheit stehen wir hier weniger vor einem *biologischen* als vor einem *sozialen Problem*: Dass die Menschen in ethischen Fragen meist konventionell denken, liegt daran, dass sie von Staat und Religion seit Jahrhunderten darauf gedrillt werden, sich den geltenden Konventionen zu unterwerfen, ohne diese zu überprüfen.

Heißt das, dass man aus einer philosophischen Perspektive daran arbeiten müsste, diese Orientierung an Konventionen zu überwinden?

Ja. Wir wären einen guten Schritt weiter, wenn der blinde Gehorsam gegenüber Konventionen nicht mehr ge*achtet*, sondern ge*ächtet* würde! Anders formuliert: Wir sollten dafür sorgen, dass das *postkonventionelle Denken selbst zur Konvention wird*! Wenn es einmal selbstverständlich wäre, dass man gesellschaftliche Übereinkünfte hinterfragen muss, dass Handlungen nur dann ethisch angemessen sein können, wenn sie im Einklang mit *universellen Prinzipien der Gerechtigkeit* stehen, so würden weit mehr Menschen die postkonventionelle Stufe der Moralentwicklung erreichen.

Okay, aber was, bitte schön, verstehst du unter »universellen Prinzipien der Gerechtigkeit«? Darunter kann ich mir im Moment gar nichts vorstellen...

Damit meine ich vor allem das »*Prinzip der gleichen Berücksichtigung gleichrangiger Interessen*«. Wer dieses Prinzip beachtet, wird seine eigenen Interessen nicht einfach über die Interessen anderer stellen und auch nicht die Interessen einer bestimmten Gruppe (etwa »der Männer«, »der Weißen«, »der Deutschen«) von vornherein höher gewichten als die Interessen anderer Gruppen. Er wird sich von partikularen, also von auf Teilgruppen beschränkten Vorstellungen lösen und darauf pochen, dass *gleichrangige Interessen gleichrangig berücksichtigt* werden – unabhängig davon, *wer* der jeweilige Träger eines Interesses ist.

Das »Prinzip der gleichen Berücksichtigung gleichrangiger Interessen« zielt also darauf ab, niemanden zu diskriminieren.

Genau! Wer ethisch denkt, sollte die Interessen eines *jeden* berücksichtigen, der von einer Handlung betroffen ist. Allerdings bedeutet das nicht, dass *alle Interessen* das *gleiche Gewicht* haben: So ist es natürlich unethisch, einen anderen aus Habgier zu töten, denn das *Interesse an der Vermehrung des eigenen Besitzes* ist keinesfalls gleichrangig mit dem *Interesse am Überleben*.

Ich verstehe: Das Verbot, jemanden zu töten, gilt also nicht deshalb, weil uns das von irgendeinem »Gott« vorgegeben wurde, sondern weil wir dadurch gegen höhere Interessen des Opfers verstoßen würden. Nun hast du aber eben gesagt, dass das Stauffenberg-Attentat auf Hitler ethisch gerechtfertigt war. Wie kann das sein? Schließlich hatte doch auch Hitler ein Interesse am Überleben ...

Das Töten eines Menschen gegen dessen Willen ist stets ein schlimmes Übel. Es kann nur im extremsten Notfall legitimiert werden, nämlich dann, wenn allein dadurch größeres Übel verhindert werden kann. Diese Extrembedingung war beim Stauffenberg-Attentat erfüllt, denn der nationalsozialistische »Führerstaat« konnte ab einem bestimmten Zeitpunkt nur noch durch die Eliminierung des »Führers« gekippt werden. Wäre das Attentat auf Hitler geglückt, so hätte das Millionen von Menschen das Leben gerettet – deshalb waren die Handlungen des Stauffenberg-Kreises legitim.

Und wie verhält sich das beim Töten aus Notwehr?

Das ist ebenfalls ein solcher ethisch legitimer Sonderfall. Das Gleiche gilt für den »finalen Rettungsschuss«, der bei Geiselnehmern eingesetzt werden darf, wenn dies die einzige Möglichkeit ist, die von ihnen bedrohten Opfer zu befreien. Das »Prinzip der gleichen Berücksichtigung gleichrangiger Interessen« legitimiert jedoch *nicht* die Anwendung der *Todesstrafe* bei Gefangenen. Denn weder der Wunsch nach Rache noch das eventuell vorhandene ökonomische Interesse der Gesellschaft, »Schwerverbrecher nicht durchfüttern« zu wollen, sind gleichrangig mit dem Interesse der Gefangenen am eigenen Überleben.

Wenn das Interesse am Überleben so hoch gewichtet werden muss, was bedeutet das dann für den Schwangerschaftsabbruch? Müsste man nicht das Überlebensinteresse eines ungeborenen Kindes höher einstufen als den Wunsch der Mutter, dieses Kind nicht zu bekommen? Wie du weißt, ist das nicht meine eigene Position, aber es scheint mir fast so, als ob man aufgrund des »Prinzips der gleichen Berücksichtigung gleichrangiger Interessen« den christlichen Lebensschützern recht geben müsste, wenn sie behaupten, dass Schwangerschaftsabbruch »Mord« sei...

Das wäre in der Tat so, wenn der Embryo oder später der Fötus eine eigenständige *Person* wäre, deren Interessen man *gleichrangig* mit den Interessen der Frau behandeln könnte. Doch das ist *nachweislich nicht der Fall*! Bei seiner Einnistung ist der Embryo bloß ein Zellhaufen, der zu keinerlei Empfindungen fähig ist. Ab der achten Schwangerschaftswoche bilden sich zwar erste Nervenzellen im Gehirn, doch bis zur 18. Schwangerschaftswoche ist das zentrale Nervensystem mit den anderen Teilen des Körpers kaum verschaltet. Erst ab der 20. Schwangerschaftswoche beginnt die Entwicklung der Großhirnrinde, mit deren Hilfe Erfahrungen gespeichert werden können. In der 34. Schwangerschaftswoche ist die Entwicklung zwar weitgehend abgeschlossen, doch selbst zu diesem Zeitpunkt ist der Fötus ganz gewiss noch keine eigenständige Person.

Warum nicht?

Weil er noch nicht über ein »personales Ich-Bewusstsein« und daher auch nicht über ein »echtes Überlebensinteresse« verfügt, das über den »bloßen Überlebensinstinkt«

etwa eines Huhns hinausreicht. Aus diesem Grund wäre es absurd, die Interessen einer Frau als gleichrangig mit den »Interessen« eines Fötus oder gar eines Embryos einzustufen. Gerade bei einem frühen Schwangerschaftsabbruch sind die moralischen Einwände der Abtreibungsgegner nichtig: Denn warum sollte man ethische Bedenken haben, eine Zellformation zu eliminieren, die weder Schmerz noch Freude kennt?

Also ist die Formel »Schwangerschaftsabbruch ist Mord!« unsinnig ...

Absolut! Mord meint, wie ich schon sagte, das absichtliche, von niederen Motiven getragene Töten einer Person gegen ihren Willen. Da aber beim Schwangerschaftsabbruch keine Person zu Schaden kommt, ist es Unsinn, in diesem Zusammenhang von »Mord« zu sprechen.

Du hast eben angedeutet, dass ein früher Schwangerschaftsabbruch unbedenklicher sei als ein später. Warum?

Weil mit der Entwicklung des Fötus auch sein Empfindungsreichtum wächst. Zwar ist er in einem späteren Reifezustand noch immer keine *Person,* aber doch ein *empfindungsfähiges Lebewesen,* dessen »Interessen« wir berücksichtigen müssen. Wenn also jemand eine Spätabtreibung durchführen will, so müssen dafür schon gewichtige Gründe sprechen, beispielsweise, dass das Leben der Mutter gefährdet ist. In dem Fall steht das Interesse einer Person, die sich ihrer eigenen Existenz bewusst ist, gegen das Interesse eines Lebewesens, das zwar Schmerzen empfinden kann, aber von seiner Erlebnisqualität noch sehr eingeschränkt ist. Von dem Empfindungsreichtum eines gewöhnlichen Hausschweins ist ein Fötus jedenfalls noch sehr weit entfernt.

Moment mal: Heißt das, dass wir die Interessen eines Schweins stärker gewichten sollten als die Interessen eines ungeborenen Kindes?

Es würde zumindest nicht schaden, wenn diesen eifrigen christlichen »Lebensschützern« bewusst würde, dass das

Schinkenbrot, das sie abends genüsslich verspeisen, den Tod eines Lebewesens erforderte, das weit höhere Bewusstseins- und Empfindungsfähigkeiten besaß als jeder menschliche Fötus! Der entscheidende Punkt ist doch: Wenn wir das »Prinzip der gleichen Berücksichtigung gleichrangiger Interessen« ernst nehmen, so dürfen wir die *Interessen nicht menschlicher Lebensformen* nicht allein deshalb übergehen, weil sie einer anderen Spezies angehören! Der australische Philosoph Peter Singer hat, wie ich meine, den »*Speziesismus*«, das heißt: die unreflektierte Bevorzugung der Mitglieder der eigenen Spezies, in dieser Hinsicht zu Recht mit Sexismus und Rassismus verglichen. Sowenig es rechtmäßig sein kann, die Interessen eines anderen zu missachten, weil er eine andere Hautfarbe oder andere Geschlechtsmerkmale hat, sowenig sollten wir andere Lebewesen aus speziesistischen Gründen diskriminieren.

Du meinst also, dass wir Menschen und Tiere gleich behandeln sollten?

Nein, *gleich behandeln* sollten wir nur *gleichrangige* Interessen! Das Überlebensinteresse eines Menschen ist natürlich nicht gleichrangig mit dem Überlebensinstinkt einer Stechmücke, die ihn in der Nacht zur Verzweiflung bringt. Wie wir am Beispiel des Embryos oder Fötus gesehen haben, ist es ethisch entscheidend, welche Bewusstseins- und Empfindungsfähigkeit ein Lebewesen besitzt. Zwar sollten wir *keinem* Lebewesen unnötiges Leid zufügen, aber es macht einen großen Unterschied, ob man ein Insekt tötet oder ein höheres Wirbeltier, das Lust und Schmerz in einer durchaus vergleichbaren Weise empfinden kann wie wir.

Also müssen insbesondere die Interessen von Tieren, die Lust und Schmerz empfinden, ethisch berücksichtigt werden.

So ist es. Wir müssen akzeptieren, dass Tiere keine bloßen Dinge sind, über die wir ohne Rücksichtnahme verfügen könnten. Besonders bedeutsam ist das natürlich bei jenen Tieren, die bereits über eine Form von »Ich-Bewusstsein«

und somit auch über eine Art »personales Überlebensinteresse« verfügen. Daher sollten Schimpansen, Bonobos, Gorillas und Orang-Utans unbedingt ein »Recht auf Leben« erhalten, individuelle Freiheiten genießen können und vor Folter geschützt sein, wie es vom »Great Ape Project« in der »Deklaration über die Großen Menschenaffen« gefordert wird.

Im Falle der Menschenaffen werden das sicherlich viele einsehen. Ganz anders sieht es aber aus, wenn es darum geht, die Interessen eines Schweins oder einer Kuh zu berücksichtigen ... Was mir noch nicht ganz klar ist: Läuft das »Prinzip der gleichen Berücksichtigung gleichrangiger Interessen« nun auf ein Verbot der Tötung höherer Wirbeltiere hinaus oder nicht? Müssen wir also aus ethischen Gründen Vegetarier werden?

Es gibt in der Tat viele gute, ethische Gründe, die für eine vegetarische oder eine vegane Lebensweise, bei der auch auf andere tierische Produkte wie Eier, Milch oder Leder verzichtet wird, sprechen. Allerdings gibt es auch eine Reihe von Gegenargumenten, die man bedenken sollte: So dürfen wir nicht außer Acht lassen, dass der Mensch von seiner biologischen Anlage her ein »Allesfresser« ist. Die bemerkenswerte Zunahme des Hirnvolumens im Verlauf der hominiden Entwicklung ist, wie wir heute wissen, in hohem Maße auf den Konsum »veredelter« tierischer Eiweiße und Fette zurückzuführen. Deshalb ist es nicht unproblematisch, wenn sich Schwangere, Kinder oder Jugendliche rein pflanzlich ernähren. Ab einem bestimmten Reifegrad des Gehirns können wir jedoch ohne große Bedenken auf tierische Nahrungsmittel verzichten.

Verhält sich also ein Erwachsener, wenn man mal von schwangeren Frauen absieht, unethisch, wenn er Fleisch isst, obwohl er das eigentlich gar nicht müsste?

Früher hätte ich dir auf diese Frage mit einem klaren »Ja« geantwortet. Heute bin ich in diesem Punkt zurückhaltender. Denn: Warum sollte es per se verwerflich sein, einem

Lebewesen die Existenz zu nehmen, das sich seiner eigenen Existenz gar nicht bewusst ist? Eindeutig unethisch sind meines Erachtens andere Aspekte, die mit der Fleischproduktion verbunden sind, nämlich, dass wir empfindsamen Lebewesen vermeidbare Schmerzen zufügen und sie unter Bedingungen halten, die ihren Bedürfnissen in keiner Weise entsprechen. So sollte es verboten sein, Hühner in Legebatterien unterzubringen, in denen sie ihrem Bedürfnis, zu scharren, nicht nachkommen können. Besonders entsetzlich sind die Bedingungen in der industriellen Schweinemast: Denn Schweine sind außergewöhnlich intelligente und sensible Lebewesen, die wir unter keinen Umständen zu einer erbärmlichen Existenz verdammen dürfen! Leider ist nur den wenigsten Menschen bewusst, dass Schweine ähnliche kognitive Fähigkeiten besitzen wie Primaten.

Der Ausdruck »dummes Schwein« stimmt also gar nicht?

Nein, er zielt meilenweit an der Realität vorbei! Schweine sind sehr viel intelligenter und empfindsamer als beispielsweise Kühe, deren Gehirne tatsächlich nicht sonderlich weit entwickelt sind. Deshalb müsste man im Hinblick auf die Schweinezucht besonders hohe ethische Anforderungen stellen. Vielleicht kommen wir ja irgendwann einmal zu der Einsicht, dass wir es prinzipiell unterlassen sollten, Schweine aus kulinarischen Gründen zu töten, so wie wir uns hierzulande auch dazu durchgerungen haben, das Abschlachten von Walen zu ächten.

Aber wenn wir kein Schweinefleisch mehr essen würden, dann würden Schweine doch bald zu den vom Aussterben bedrohten Arten gehören, oder? Warum sollte man auch Schweine halten, wenn nicht zur Fleischproduktion?

Stimmt. Das ist ein Argument, das hin und wieder von Kritikern des Vegetarismus vorgebracht wird. Der englische Schriftsteller Leslie Stephen schrieb im 19. Jahrhundert: »Das Schwein hat ein stärkeres Interesse an der Nachfrage nach Speck als irgendjemand sonst. Wären alle Juden, gäbe es überhaupt keine Schweine.« Stephen hätte statt »Juden« natürlich auch »Muslime« oder »Vegetarier« schreiben können. Tatsache ist, dass es nur deshalb so viele Schweine gibt (allein in Deutschland sind es 27 Millionen!), weil ein Großteil der Menschen keine Juden, Muslime oder Vegetarier sind. Die Situation ist paradox: Schweine verdanken ihr Leben ausgerechnet jenen Menschen, die danach trachten, ihnen das Leben zu nehmen. Aber sollte man deshalb gleich davon ausgehen, dass Schweine ein »stärkeres Interesse an der Nachfrage nach Speck« haben sollten »als irgendjemand sonst«? Nein! Dieses Argument wäre allenfalls dann berechtigt, wenn das durchschnittliche Schweineleben mehr Freude als Leid bedeuten würde. Das aber ist unter den Bedingungen der industriellen Schweinemast ganz gewiss nicht der Fall!

Heißt das, dass man aus dem »Prinzip der gleichen Berücksichtigung gleichrangiger Interessen« nicht notwendigerweise einen strikten Vegetarismus ableiten muss, wohl aber eine Reduzierung unseres Fleischkonsums?

Gut erkannt! Der Vegetarismus ist selbstverständlich *ethisch legitim* (und entspricht auch meinen persönlichen Neigungen), aber er ist deshalb noch lange nicht *ethisch zwingend*. Zwingend ist jedoch die Reduktion des Fleischkonsums: Wenn wir für eine artgerechte Haltung der Tiere sorgen, können wir nicht mehr so viel Fleisch konsumieren, wie dies in den modernen Industriestaaten die Regel ist. Wir müssten verstärkt auf andere Lebensmittel zurückgreifen, aber das wäre ja kein Weltuntergang...

Nein. Allerdings frage ich mich schon, wie viele Menschen bereit dazu wären, aus ethischen Gründen auf ein Steak zu verzichten. Ich meine: Was du über das »Prinzip der gleichen Berücksichtigung gleichrangiger Interessen« gesagt hast, klingt ziemlich logisch und vernünftig. Aber reicht das aus, um Menschen zu einer Veränderung ihres Verhaltens zu bewegen? Warum sollten sie das »Prinzip der gleichen Berücksichtigung gleichrangiger Interessen« überhaupt akzeptieren, wenn seine Anwendung möglicherweise mit Nachteilen im eigenen Leben verbunden ist?

Du sprichst hier eine der ganz zentralen Fragen der Philosophie an, nämlich: *Warum sollen wir unser Leben überhaupt nach ethischen Maßstäben ausrichten? Warum ethisch handeln?* Du hast völlig recht, wenn du darauf hinweist, dass es nicht genügt, festzustellen, dass ein ethisches Prinzip logisch oder vernünftig ist. Handlungsrelevant ist ein solches Prinzip nur, wenn es unseren Interessen dient, das heißt: wenn wir in seiner praktischen Anwendung eher ein *Wohl* als ein *Übel* sehen.

Demnach müsstest du zeigen, dass das »Prinzip der gleichen Berücksichtigung gleichrangiger Interessen« unseren eigenen Interessen entspricht. Aber wie willst du das begründen?

Nehmen wir das generelle Tötungsverbot: Als Person hast du ein natürliches Interesse daran, nicht von anderen gegen deinen Willen getötet zu werden.

Klar. Ich will nicht getötet werden, aber mal ganz theoretisch gesprochen: Warum sollte ich deshalb auf das Recht verzichten, andere töten zu dürfen, wenn das für mich nützlich wäre?

Ganz einfach: Weil du die Norm »Niemand darf töten außer Lea Salomon« in der Gesellschaft kaum durchsetzen wirst! Wenn jeder für sich das Recht herausnehmen würde, andere zu töten, wäre das generelle Tötungsverbot schnell hinfällig – und das stünde im Widerspruch zu deinen eigenen Interessen. Anders formuliert: Der mögliche Nutzen der Freiheit, andere töten zu dürfen, ist geringer als der Schaden, der durch die Aufhebung des generellen Tötungsverbots entstehen würde. Insofern kann man zeigen, dass es sehr wohl den eigennützigen Interessen des Individuums dient, das »Prinzip der gleichen Berücksichtigung gleichrangiger Interessen« zu akzeptieren.

Okay. In Bezug auf das Töten anderer Menschen kann ich das nachvollziehen. Aber im Hinblick auf das Töten oder Quälen von

Tieren muss man anders argumentieren: Denn wenn wir uns alle das Recht herausnehmen würden, Tiere zu foltern, hätte ich als Person doch keinen Schaden zu befürchten!

Das ist richtig. Warum also trittst du nicht für eine solche Tierquäler-Norm ein?

Warum ich nicht für das Recht eintrete, Tiere zu quälen? Dumme Frage! Ich will natürlich nicht, dass Tiere leiden müssen.

Eben! Und das zeigt uns, dass wir unser Verständnis von »Interessen« erweitern müssen: Unser Verhalten wird nämlich nicht nur von *egoistischen* (auf das eigene Wohl begrenzten), sondern auch von *altruistischen* (auf das Wohl anderer bezogenen) Motiven bestimmt. Im Normalfall sind wir Menschen *mitfühlende Lebewesen*, das heißt: wir nehmen am *Wohl und Wehe anderer* teil, indem wir *Mitfreude* oder *Mitleid* empfinden. Arthur Schopenhauer sah darin sogar die Grundvoraussetzung aller Ethik – und ich denke, er hatte recht: Wenn wir nicht in der Lage wären, nachzuempfinden, was andere subjektiv erleben, so würden wir uns über ethische Fragestellungen keine Gedanken machen.

Dass ich nicht will, dass Tiere leiden, liegt also daran, dass ich selbst leiden würde, wenn ich ihr Leid wahrnehmen müsste...

Ja. Durch unsere Fähigkeit, uns emotional in die Lage anderer hineinzuversetzen, wird *fremdes Wohl und Wehe* zu *eigenem Wohl und Wehe*. Und deshalb haben wir auch ein *eigennütziges Interesse* daran, fremdes Leid, das uns zu Mitleid veranlassen würde, zu vermeiden. So gesehen ist das »Prinzip der gleichen Berücksichtigung gleichrangiger Interessen« nichts anderes als eine rationale Konsequenz unseres emotionalen Vermögens, uns in die Perspektive eines anderen einzufühlen: Da wir die Fähigkeit haben, uns emotional in andere hineinzuversetzen, können wir uns vorstellen, was es bedeuten würde, wenn wir uns in ihrer Lage befänden. Und aus dieser »*Perspektive des anderen*« heraus würden wir uns wünschen, dass seine Interessen ebenso fair berücksichtigt würden wie unsere eigenen Interessen.

Nichts anderes verlangt das »Prinzip der gleichen Berücksichtigung gleichrangiger Interessen«.

Okay. Aber du wirst doch sicher zugeben, dass eine solche Per-
spektivenübernahme manchmal nur schwer möglich ist, oder?
Bei netten Leuten aus unserem persönlichen Umkreis mag das
ja noch leichtfallen, aber wie sieht das bei Menschen aus, die wir
gar nicht kennen oder die Dinge tun, die wir verabscheuen? Darüber hinaus kann ich mir auch nur sehr schwer vorstellen, was
es bedeuten soll, die Perspektive eines Huhns oder einer Sau
einzunehmen und von dieser Warte aus zu beurteilen, welche
Interessen wir wie berücksichtigen sollten.

Natürlich fällt es uns leichter, gegenüber Menschen aus unserem nächsten Umfeld Mitgefühl zu entwickeln. Deshalb
ist es auch kein Wunder, dass es in der Bibel heißt: »Liebe
deinen Nächsten wie dich selbst!« – statt: »Liebe deinen
Fernsten wie dich selbst!« Dennoch kann man im Verlauf
der Menschheitsgeschichte eine zunehmende *Erweiterung
des Adressatenkreises für altruistische Empfindungen* feststellen
(auch wenn es dabei schreckliche Einbrüche – wie in der
Zeit des Nationalsozialismus – gab): Am Anfang bezogen
sich die ethischen Empfindungen fast ausschließlich auf
die eigene Sippe, danach auf gesellschaftliche Teilgruppen,
später auf alle Mitglieder einer Gesellschaft und schließlich
(etwa mit der UNO-Menschenrechtserklärung) auf alle An-
gehörigen der Spezies Homo sapiens. Warum sollten wir an
dieser Stelle haltmachen und das »Prinzip der gleichen Berücksichtigung gleichrangiger Interessen« nicht auch auf
andere Lebewesen ausdehnen? Ich gebe zwar zu, dass es
schwerer ist, sich in Individuen hineinzuversetzen, die
nicht zu unserer Art gehören. Doch mittlerweile verfügen
wir über genügend Daten hinsichtlich der Fähigkeiten
und Bedürfnisse nicht menschlicher Tiere. Wir wissen, dass
hoch entwickelte Tiere die grundlegenden Emotionen mit
uns teilen: Sie empfinden Lust und Schmerz, Freude und
Trauer. Natürlich können wir unsere Empfindungen nicht

eins zu eins auf sie übertragen, aber dass wir uns überhaupt keine Vorstellungen davon machen können, was es für ein Schwein bedeutet, in einer Fleischfabrik sein Dasein zu fristen, ist definitiv falsch!

In Ordnung. Wie du weißt, sehe ich das ja eigentlich genauso. Ich frage mich aber, was wir aus dem, was du eben gesagt hast, folgern sollten: Wenn Mitgefühl letztlich der Grund dafür ist, dass wir ethisch handeln, heißt das nicht, dass unethische Handlungen auf fehlendem Mitgefühl beruhen? Wären demnach ungerechte Verhaltensweisen weniger ein Problem des Verstandes als ein Problem unserer Gefühle?

Nun, ich würde nicht so strikt zwischen Verstand und Gefühl trennen, schließlich werden unsere Emotionen durch unsere Kognitionen beeinflusst – und umgekehrt. Im Großen und Ganzen stimme ich dir aber zu: Wenn wir zu größerer Empathie, also zu tieferem Mitgefühl, fähig wären, würde es in der Weltgesellschaft zweifellos gerechter zugehen! Unter dieser Voraussetzung könnten wir auch das wirklich erstaunliche Potenzial entfalten, das in uns »nackten Affen« steckt: Denn der Mensch hat, wie der Evolutionsbiologe Stephen J. Gould einmal anmerkte, von seiner biologischen Veranlagung her nicht nur das Talent, ein besonders *kluges*, sondern auch ein besonders *freundliches Tier* zu sein ...

Ach ja?! Dann hat der Mensch es aber in der Geschichte hervorragend geschafft, dieses Talent zu verbergen!

Stimmt. Doch die Gründe dafür, warum wir unser Talent zur Freundlichkeit nur so selten verwirklichen konnten, sind ein Thema für sich. Wenn du magst, können wir gerne morgen darüber sprechen ...

● ● ● ● »Was ist Gerechtigkeit?« Bis in die Neuzeit hinein dominierten religiöse Antworten auf diese Frage. Als »gerecht« galt, was »Gottes Geboten« entsprach. Folglich wurde das Töten von

»Hexen« nicht als Unrecht empfunden. Schließlich hatte **Jahwe** (vor rund 3500 Jahren als »Berggottheit« eines kleinen Beduinenstammes am Fuße des gleichnamigen Gebirges im Ostjordanland »geboren«, später zum »Gott Israels« aufgestiegen, heute auch als »Gottvater« der Christenheit und »Allah« der Muslime bekannt) im zweiten Buch Mose (Exodus 22,17) ausdrücklich dazu aufgerufen, keine »Hexe« am Leben zu lassen.

Im 17. Jahrhundert begann allmählich der Prozess der Säkularisierung (Verweltlichung) der Gerechtigkeitsvorstellungen. An die Stelle der »göttlich vorgegebenen Gerechtigkeitsordnung« trat die Idee des »Gesellschaftsvertrages«, die von den Philosophen **Thomas Hobbes** (1588–1679), **John Locke** (1632–1704) und **Jean-Jacques Rousseau** (1712–1778) entwickelt und im 20. Jahrhundert durch den amerikanischen Philosophen **John Rawls** (1921–2002) präzisiert wurde. Grundlegend für das Konzept des Gesellschaftsvertrages ist die Vorstellung, dass ethische oder politische Werte den Menschen nicht von einer »höheren Instanz« vorgegeben sind, sondern von den Gesellschaftsmitgliedern untereinander im eigenen Interesse ausgehandelt werden. In gewisser Weise griffen die Vertragstheoretiker damit eine Idee **Epikurs** (341–271) auf, der »Gerechtigkeit« nicht als eine von den »Göttern« oder der »Natur« vorgegebene *objektive Tugend* betrachtete, sondern als eine *intersubjektive Übereinkunft,* »die einen Nutzen im Auge hat, nämlich einander nicht zu schädigen«.

Die Überzeugung, dass gesellschaftliche Normen nur dann akzeptabel sein können, wenn sie mit einem *individuellen und gesellschaftlichen Nutzen* verbunden sind, wurde Anfang des 19. Jahrhunderts bestärkt durch die philosophische Schule des *Utilitarismus* (vom lateinischen Wort »utilitas« = »Nutzen«), die maßgeblich durch die britischen Philosophen **Jeremy Bentham** (1748–1832) und **John Stuart Mill** (1806–1873) geprägt wurde. Bentham und Mill zeigten auf, dass ethische Normen nicht »an sich« gültig sind, sondern nur unter der Voraussetzung, dass sie zum »größtmöglichen Glück der größtmöglichen Zahl« beitragen. Von diesem Prinzip ausgehend kamen sie zu Denkergebnissen, die ihrer Zeit weit voraus waren: So forderten sie *allgemeine Wahlen* inklusive *Frauenstimmrecht* (was in den meisten europäischen Ländern erst nach dem 1. Weltkrieg verwirklicht wurde), die *Abschaffung der Todesstrafe* (die in Deutschland nach dem 2. Weltkrieg erfolgte, in den USA noch immer nicht) und die *Legalisierung der Homosexualität* (was in Deutschland erst in den 1970er-Jahren geschah). Wegen derart »ungebührlicher Forderungen« waren Bentham und Mill in religiös-konservativen Kreisen schnell als »Atheisten« (Gottesleugner) und »Demokraten« (zur Zeit der »Vermählung von Thron und Altar« noch ein Schimpfwort) verschrien. Auch in der (weitgehend von konservativen Kräften bestimmten) deutschen Universitätsphilosophie wurden sie nicht ernst genommen – mit Nachwirkungen bis in die heutige Zeit hinein.

Rufschädigend für die Utilitaristen war nicht bloß, dass sie Vorreiter der Demokratie, des Feminismus, des Antirassismus und der rechtsstaatlich garantierten Freiheitsrechte waren, sie waren sogar »verrückt« genug, sich für Tierrechte zu engagieren! So schrieb Bentham in den Tagen der Französischen Revolution: »Die Franzosen haben bereits entdeckt, dass die Schwärze der Haut kein Grund ist, ein menschliches Wesen hilflos der Laune eines Peinigers auszuliefern. Vielleicht wird eines Tages erkannt werden, dass die Anzahl der Beine, die Behaarung der Haut oder die Endung des Kreuzbeins ebenso wenig Gründe dafür sind, ein empfindendes Wesen diesem Schicksal zu überlassen. Was sonst sollte die unüberschreitbare Linie ausmachen? Ist es die Fähigkeit des Verstandes oder vielleicht die Fähigkeit der Rede? Ein voll ausgewachsenes Pferd aber oder ein Hund ist unvergleichlich verständiger und mitteilsamer als ein einen Tag oder eine Woche alter Säugling oder sogar als ein Säugling von einem Monat. Doch selbst wenn es anders wäre, was würde das ausmachen? Die Frage ist nicht: können sie verständig denken? oder: können sie sprechen? sondern: können sie leiden?«

Welches Dynamit in diesen Zeilen steckte, zeigte sich 200 Jahre später, als der australische Philosoph **Peter Singer** (*1946) Benthams Argumente aufgriff und systematisierte. Kein philosophisches Werk der jüngeren Vergangenheit hat einen derartigen Sturm der Entrüstung ausgelöst wie Singers Buch »Praktische Ethik«, das 1979 in englischer und 1984 in deutscher Sprache erschien. Leider wurden Singers Argumente in der Debatte meist völlig entstellt: Sein Anliegen, die Rechte der Tiere aufzuwerten, wurde als Versuch gedeutet, fundamentale Rechte des Menschen zu entwerten. Aus seinen humanen Argumenten zur Legitimation der Sterbehilfe machten seine Kritiker inhumane Aufrufe zum Töten von Behinderten. Die Anti-Singer-Hysterie ging so weit, dass der antifaschistisch und linksliberal denkende Philosoph, dessen Großeltern im KZ ermordet worden waren, von Kirchenvertretern, Politaktivisten und Journalisten als Vertreter von Nazi-Parolen verunglimpft wurde und nach massiven Protesten in Deutschland nicht mehr auftreten konnte. Nur sehr wenige hatten den Mut, sich diesem Wahn entgegenzustellen: Die Frauenrechtlerin **Alice Schwarzer** (*1942) zeigte diese Courage, als sie 1994 in der Zeitschrift »Emma« einen Artikel mit dem Titel »Freund Singer« abdrucken ließ, was jedoch postwendend mit einem Überfall auf die »Emma«-Redaktion geahndet wurde.

Auch der deutsche Sozialphilosoph **Norbert Hoerster** (*1937) sah sich heftigen Angriffen ausgesetzt, da er in Fragen der Sterbehilfe und des Embryonenschutzes zu ähnlichen (keineswegs identischen!) Ergebnissen gekommen war wie Peter Singer. Es half Hoerster nicht, dass seine Beiträge zu einer »interessenfundierten Ethik« äußerst differenziert waren, denn diejenigen, die gegen seine Veranstaltungen protestierten (einige konnten nur unter Polizeischutz stattfinden), kannten seine Werke meist nur vom Hörensagen. Die Anfeindungen nahmen letztlich solche Ausmaße an, dass Hoerster seinen Philosophie-Lehrstuhl an der Universität Mainz aufgab und sich 1998 vorzeitig pensionieren ließ.

Man fragt sich, woher der irrationale Hass gegenüber rationalen Ethikern wie Bentham, Mill, Singer oder Hoerster herrührt: Sehen wir hier bloß das Ergebnis einer gut funktionierenden ideologischen Propagandamaschine? Oder steckt mehr dahinter? Könnte es sein, dass die Unterschiede in den ethischen Begründungsmustern, die **Lawrence Kohlberg** (1927–1987) in seinen Studien zur moralischen Entwicklung entdeckte [siehe das vorangegangene Gespräch], dabei eine tragende Rolle spielen? Immerhin waren Bentham und Mill beziehungsweise sind Singer und Hoerster dezidiert *postkonventionelle Denker*. Dass ihre Argumente bei konventionell eingestellten Menschen auf Widerstand stoßen, ist nicht verwunderlich: Wer selbst auf der vierten Stufe der Moralentwicklung stehen geblieben ist, der sieht in postkonventionellen Überlegungen keinen »Fortschritt«, sondern den »Untergang aller Sittlichkeit«.

Doch so verständlich die konventionelle Abneigung gegen postkonventionelle Gedankengänge sein mag, sie wird zunehmend zu einem Problem: Denn die brennenden Fragen der *Bioethik* (unter anderem: »Ist Gentherapie zulässig?« »Dürfen wir Gehirne optimieren?« »Sollten wir therapeutisches Klonen erlauben?«) lassen sich auf konventionelle Weise nicht mehr beantworten. Wir sind hier dringend auf postkonventionelle Lösungsmodelle angewiesen. Wie solche Lösungsmodelle aussehen könnten, haben in Deutschland neben Norbert Hoerster vor allem die Philosophen **Dieter Birnbacher** (*1946) und **Franz Josef Wetz** (*1958) gezeigt. Würden wir ihre wohldurchdachten Vorschläge beherzigen, könnten wir viel unnötiges Leid vermeiden und für gerechtere Verhältnisse sorgen. Doch dürfen wir damit rechnen, dass dies in absehbarer Zeit geschieht? Wohl kaum! Denn noch immer gibt es viel zu viele politische Entscheidungsträger, die sich von der Zwangsjacke althergebrachter Konventionen nicht befreien können. Und so wird die Politik des 21. Jahrhunderts noch immer von Traditionalisten bestimmt, die ausgerechnet von einer 3500 Jahre alten

Berggottheit aus dem Ostjordanland Antworten auf die drängenden Fragen unserer Zeit erwarten ...

Dabei hat schon der geniale britische Mathematiker, Philosoph und Literaturnobelpreisträger **Bertrand Russell** (1872 bis 1970) deutlich gemacht, wie notwendig die Befreiung von konventionellen Moralvorstellungen für den gesellschaftlichen Fortschritt wäre. In seinem (von John Stuart Mill inspirierten) Essay »*Warum ich kein Christ bin*« heißt es: »Eine gute Welt braucht Wissen, Güte und Mut, sie braucht keine schmerzliche Sehnsucht nach der Vergangenheit, keine Fesselung der freien Intelligenz durch Worte, die vor langer Zeit von unwissenden Männern gesprochen wurden.« Russell schrieb seine eindringliche Warnung vor den »Gegnern des Fortschritts und aller Verbesserungen, die das Leiden in der Welt verringern könnten«, vor mehr als 80 Jahren. Bedauerlicherweise ist sie bis zum heutigen Tag aktuell geblieben.   • • •

Warum sind Menschen oft so grausam?

Du hast gestern gesagt, dass der Mensch das Talent besitzt, ein besonders kluges und freundliches Tier zu sein. Aber wenn das stimmt: Warum sind wir Menschen dann oft so grausam? Liegt das nur an den »bösen Verhältnissen«? Du meinst doch sicherlich nicht, dass wir von Natur aus »gut« sind und uns nur die gesellschaftlichen Umstände »schlecht« machen, oder?

Nein. Das wäre ja auch unlogisch: Denn wenn der Mensch von Natur aus »gut« wäre, also friedliebend, gerecht, fürsorglich und solidarisch – wie hätten sich dann überhaupt »schlechte«, das heißt ungerechte, kriegerische, unsolidarische Verhältnisse entwickeln können? Die romantische Idee des »edlen Wilden«, der in völligem Einklang mit sich und der Natur lebt, widerspricht allen Daten, über die wir heute verfügen. Die Menschen der Frühzeit befanden sich nicht in einem »idyllischen Urzustand«, sondern mussten in der Regel einen harten Überlebenskampf führen. Natürlich gab es hier und da ökologische Nischen, in denen genügend Nahrung zur Verfügung stand und die Lage entspannter war. Doch in den meisten Fällen waren die Ressourcen knapp, was Verteilungskämpfe *innerhalb* der Gruppen und vor allem *zwischen* den Gruppen zur Folge hatte. Insbesondere im Zuge solcher *Inter-Gruppen-Konflikte* dürften sich die grausigsten Szenen abgespielt haben. Denn die Sieger werden sich nicht damit begnügt haben, die Habseligkeiten der Besiegten in ihren Besitz zu bringen. Viel wahrscheinlicher ist, dass sie die Frauen vergewaltigten und ihre Männer und Kinder töteten.

Krass! Aber du hast wohl recht: Immerhin sind solche Verhaltensweisen ja nicht erst mit dem Menschen aufgetreten. In deinem letzten Buch, »Jenseits von Gut und Böse«, gibt es dieses Kapitel, in dem du über den »Krieg der Schimpansen« schreibst.

Ach, wie kommt es, dass du das Buch jetzt doch liest? Du hast doch gesagt, es wäre dir zu schwierig...

Na ja, im Zusammenhang mit unseren Gesprächen hab ich gedacht, dass es vielleicht doch gut wäre, wenn ich noch einmal einen Blick in das Buch werfen würde. Seltsamerweise finde ich es jetzt auch gar nicht mehr so kompliziert. Das Kapitel über den »Krieg der Schimpansen«, das ich gestern gelesen habe, fand ich sogar richtig spannend! Es hat mir bewusst gemacht, dass all die Verhaltensweisen, die wir als grausam oder zumindest als unethisch empfinden, in gewisser Form auch schon in der Natur vorkommen.

So ist es. Selbst in Bezug auf unsere »schlechten Eigenschaften« bilden wir uns *zu viel* ein, wenn wir meinen, etwas ganz Besonderes zu sein! Denn schon in der nicht menschlichen Natur gibt es Betrug, Diebstahl, Raub, Erpressung, Ausbeutung, Versklavung, Vergewaltigung, ja sogar regelrechte Vernichtungskriege, wie den Ausrottungsfeldzug, den die Kasaleka-Schimpansen von 1974 bis 1977 gegen die Kahama führten und der erst endete, als sämtliche Männchen der Kahama liquidiert waren.

Dass wir eine Veranlagung zu schrecklichen oder unethischen Taten als evolutionäres Erbe in uns tragen, kommt in deinem Buch gut heraus, finde ich. Aber wie kommst du darauf, dass wir daneben auch ein »besonderes Talent zur Freundlichkeit« besitzen?

Auch das ist natürlich ein Erbe der Evolution! Wie ich ja schon in unserem gestrigen Gespräch sagte, zeichnen wir Menschen uns dadurch aus, dass wir »mitfühlende Lebewesen« sind, also in der Lage sind, fremdes Wohl und Wehe als eigenes Wohl und Wehe zu empfinden. Diese biologische Fähigkeit hat sich im Verlauf der Evolution entwickelt und ist tief in unseren Gehirnen verankert. Studien in den letzten Jahren haben gezeigt, dass dabei sogenannte »Spiegelneuronen« eine große Rolle spielen.

Was sind denn »Spiegelneuronen«?

Der Name deutet schon an, was diese Nervenzellen tun: Sie »spiegeln« die neuronalen Aktivitäten, die im Gehirn eines anderen stattfinden, den wir beobachten. Dadurch entsteht der subjektive Eindruck, dass wir selbst von der beobachteten Aktion betroffen wären. Die Schmerzrezeptoren in deinem Gehirn feuern also nicht nur, wenn du selbst mit einer Nadel in den Finger gestochen wirst, sondern auch, wenn du zusiehst, wie ich gepiekst werde.

Es tut aber eindeutig weniger weh, wenn ich bloß zugucken muss.

Klar! Unser Gehirn simuliert nicht hundertprozentig, was ein anderer empfindet. Wenn du selbst verprügelt wirst, fühlt sich das völlig anders an, als wenn du eine solche Szene nur von außen beobachtest. Und natürlich hast du auch andere Gefühle, wenn du selbst bei einer Lotterie das große Los gezogen hast, als wenn du dich bloß über den Gewinn einer Freundin mitfreuen kannst. Vielleicht erinnerst du dich: Wir sind diesem Sachverhalt schon mal in einem unserer früheren Gespräche begegnet, nämlich als wir darüber sprachen, dass wir uns die Gefühle eines anderen »ausborgen« können, beispielsweise indem wir uns mit einer Filmheldin oder einem erfolgreichen Sportler identifizieren.

Oh ja, an unser Gespräch über das Glück erinnere ich mich bestens! Denn da hast du versucht, mir das bequeme Leben auf der Couch madig zu machen, weil man, wie du meintest, selber aktiv werden muss, um echte Glücksgefühle erleben zu können.

Genau! Ich hatte gesagt, dass »simuliertes Glück« nur eine Schmalspurversion des »echten Glücks« sein kann. Nun wissen wir auch, woran das liegt: Unser Gehirn ist zwar in der Lage, fremde Empfindungen zu simulieren, aber es verknüpft diese Simulationen selbstverständlich nicht mit der gleichen *emotionalen Intensität*, die für unsere eigenen Erfahrungen typisch ist. Das ist zweifellos auch gut so, denn ansonsten könnten wir nicht mehr zwischen *uns* und *den anderen* unterscheiden. Dennoch ist die Simulation fremder Emotionen in der Regel stark genug, um uns davon abzuhalten, andere bewusst zu schädigen. Denn fremdes Leid, das zu »simuliertem eigenem Leid«, also zu Mitleid wird, bedeutet für uns ein Übel, das wir aus eigennützigem Interesse vermeiden.

Na ja, manche Leute scheinen gar kein Problem mit »fremdem Leid« und »eigenem Mitleid« zu haben! Wie könnten wir sonst all die grausamen Dinge erklären, die Menschen anderen Menschen antun? Doch bevor wir darüber reden, würde mich noch etwas anderes interessieren: Ich verstehe nämlich nicht, wie sich dieses »Spiegelneuronen-System« in der Evolution überhaupt durchsetzen konnte. Wo soll denn da der Vorteil liegen? Warum soll es aus evolutionärer Sicht hilfreich sein, Rücksicht auf die Interessen anderer zu nehmen? Hätte ein Lebewesen, das sich um die Empfindungen der anderen gar nicht schert, dem es völlig egal ist, wie es den anderen geht, nicht viel bessere Karten im Wettbewerb um den Fortpflanzungserfolg?

Das mag im ersten Moment plausibel klingen, doch: Würdest du einen Menschen als Freund oder gar als Sexualpartner auswählen, dem deine Empfindungen völlig egal sind, dem es absolut gleichgültig ist, ob du dich freust oder ob dich irgendetwas quält?

Natürlich nicht!

Siehst du! Und so wird es auch schon den Homo-erectus-Frauen und -Männern vor einer Million Jahren ergangen sein. Wer die Interessen anderer Gruppenmitglieder rücksichtslos übergeht, wird sozial schnell isoliert, hat also eher Selektionsnachteile als -vorteile. Schließlich geht es in der Evolution nicht nur um *Konkurrenz*, sondern auch um *Ko-*

operation! Als soziale Lebewesen arbeiten wir nicht nur *gegeneinander*, sondern auch *miteinander*, um unsere Bedürfnisse zu befriedigen. Dabei hat sich das System der Spiegelneuronen als höchst effizient erwiesen, denn es hilft uns, einzuschätzen, wie die anderen »ticken«, wie sie auf Reize reagieren, ob sie ängstlich, mutig, entspannt oder wütend sind, ob wir im Notfall auf sie zählen können oder ob sie nur auf eine Gelegenheit warten, uns eins auszuwischen.

In Ordnung. Ich sehe ein, dass es Vorteile hat, ein Gespür für fremde Empfindungen zu besitzen. Hat sich dieses System der Spiegelneuronen eigentlich nur bei uns entwickelt oder auch bei anderen Arten?

Spiegelneuronen sind keine Besonderheit des Menschen. Man hat sie zunächst bei Rhesusaffen entdeckt, danach erst bei anderen Primatenarten. Bei Schimpansen, Bonobos und Menschen ist das System der Spiegelneuronen zweifellos am weitesten entwickelt. Das hat einen guten Grund: Denn wer in komplexen Gruppenstrukturen überleben will, braucht hohe »soziale Intelligenz«. Wahrscheinlich ist das rasante Hirnwachstum, das innerhalb von zwei Millionen Jahren bei unserem Vorfahren Homo erectus stattgefunden hat, genau auf diesen Sachverhalt zurückzuführen.

Ich dachte immer, das hätte etwas mit dem zunehmenden Werkzeuggebrauch der frühen Menschen zu tun ...

Na ja, der technische Fortschritt, den Homo erectus in diesem langen Zeitraum erzielte, war doch sehr bescheiden. Dafür allein hätte es eine Verdoppelung des Hirnvolumens sicherlich nicht gebraucht. Wichtig war das Hirnwachstum vor allem für die Fortschritte in der *sozialen Intelligenz*: Im Laufe der Zeit wurden die Homo-erectus-Menschen sozial immer intelligenter, sie konnten einander besser einschätzen und dadurch auch besser zusammenarbeiten. Dabei sorgte das verbesserte System von Spiegelneuronen nicht nur dafür, dass sie ein stärkeres Gefühl von Zusammengehörigkeit entwickelten. Es führte auch dazu, dass sie mehr und mehr jene Fähigkeit ausbauten, die letztlich den Erfolg unserer Spezies begründete, nämlich das *Lernen durch exakte Imitation.* Zwar können auch Schimpansen voneinander lernen, indem sie erfolgreiche Verhaltensweisen kopieren, aber kein Tier ist darin auch nur annähernd so gut wie wir! Wenn du mich fragst, was den Menschen im Vergleich mit allen anderen Tieren biologisch besonders auszeichnet, so würde ich sagen: *Der Mensch ist der Affe, der am allerbesten nachäffen kann!* Das ist unsere große Stärke.

Was ist denn am Nachäffen so bemerkenswert?

Es ist die *Grundvoraussetzung aller menschlichen Kulturleistungen!* Denn ohne die Fähigkeit zur exakten Imitation gäbe es keine menschliche Sprache, keine Schrift, keine Kunst, keine Religion, keine Philosophie, kein Rechtssystem, kein Radio, kein Fernsehen, keine Nintendo Wii...

Warum?

Führ dir vor Augen, wie ein Kleinkind zu sprechen lernt: Das wäre ohne die genaue Imitation von Lautbildern gar nicht möglich. Auch das Erlernen der Schrift verlangt die Bereitschaft und Fähigkeit, vorhandene Verhaltensmuster exakt zu kopieren. Dank der Spiegelneuronen in unseren Köpfen sind uns diese Eigenschaften in die Wiege gelegt: Auf neuronaler Ebene imitieren wir nämlich nicht nur die *Emotionen,* die wir bei anderen beobachten, sondern auch ihr *Verhalten.* Wenn du einem Weitspringer zuschaust, hüpft ein Teil von dir automatisch im Kopf mit. So lernen wir, indem wir bloß beobachten, und üben bereits auf neuronaler Ebene, was wir später vielleicht einmal tatsächlich tun werden. Das macht uns zu einer enorm lernfähigen Spezies und erklärt auch, warum die Unterschiede zwischen uns und den Schimpansen so viel größer sind, als man es aus einer rein biologischen Perspektive erwarten würde.

Wieso? Das kapiere ich nicht...

Wie du weißt, sind die biologischen Unterschiede zwischen Mensch und Schimpanse erstaunlich gering: Schätzungen zufolge ist unser Erbgut zu etwa 98 bis 99 Prozent mit dem der Schimpansen identisch. Dennoch leben Mensch und Schimpanse in völlig unterschiedlichen Welten. Vor 50 000 Jahren war diese Differenz allerdings noch lange nicht so offensichtlich. Zwar waren die Menschen der damaligen Zeit von ihrer biologischen Anlage her gewiss nicht dümmer als wir, aber der biologische Vorteil, den sie gegenüber den Schimpansen besaßen, fiel noch nicht so sehr ins Gewicht. Denn damit sich die besondere Fähigkeit des Menschen zum Imitations-Lernen wirklich entfalten kann, muss es erst einmal *genügend kulturelle Informationen geben, die imitiert werden können*. Das aber war lange Zeit nicht der Fall: Von den rund 200 000 Jahren, die unsere Art Homo sapiens existiert, verbrachten wir etwa 190 000 Jahre als Jäger und Sammler. Erst in den letzten 10 000 Jahren nahm die kulturelle Evolution Fahrt auf: Mit der Sesshaftwerdung des Menschen, der »neolithischen Revolution«, entstanden nicht nur größere Siedlungen mit komplexeren Sozialstrukturen, sondern auch Zeichensysteme für Sprache und Mathematik, die unser Denken und Empfinden radikal veränderten. Von da an drifteten die Lebenswelten von Menschen und Schimpansen immer weiter auseinander. Der kleine biologische Unterschied hinsichtlich der Kopierfähigkeit hatte letztlich riesige kulturelle Differenzen zur Folge.

Gut. Ich verstehe jetzt etwas besser, warum du meinst, dass der Mensch von Natur aus das Talent besitzt, ein besonders kluges und freundliches Tier zu sein. Aber die Frage ist doch, warum er gerade sein Talent zur Freundlichkeit so häufig vergisst: Wie erklären wir uns all die grausamen Taten, die Menschen in der Vergangenheit begangen haben oder auch heute noch begehen? Warum empfinden manche Täter offensichtlich gar kein Mitleid mit ihren Opfern?

Teilweise lässt sich das dadurch erklären, dass das neuronale Empathievermögen der Täter gestört ist. Eine amerikanische Studie, die siebzehn Einzelstudien mit über 600 Auffälligen auswertete, kam zu dem Ergebnis, dass besonders gewaltbereite Straftäter ausnahmslos Hirnanomalien aufwiesen. Solche Menschen spüren kein Mitleid mit ihren Opfern, da sie ohnehin nicht in der Lage sind, Mitgefühl mit anderen zu entwickeln.

Aber das gilt doch bestimmt nicht für alle, die grausame Verhaltensweisen zeigen! Man weiß doch, dass einige der schlimmsten Naziverbrecher sehr liebevoll mit ihren Kindern umgegangen sind und im privaten Umfeld total nett und zuvorkommend waren.

Da hast du natürlich recht: Man würde es sich zu leicht machen, wenn man Grausamkeit nur auf Hirnanomalien zurückführen würde. Auch gesunde, empathiefähige Menschen können sehr grausame Dinge tun. Oft ist ihnen allerdings gar nicht bewusst, welches Leid sie anderen zufügen, weil sich dieses Leid hinter dem »Schleier der Abstraktion« verbirgt.

Was soll denn das schon wieder bedeuten?

Nehmen wir als Beispiel Bomberpiloten: Im Zweiten Weltkrieg wurden, wie du vielleicht weißt, über eine Million Zivilisten bei der Bombardierung von Städten getötet. Vom Leid der Menschen, die am Boden verbrannten oder von herabstürzenden Mauern erdrückt wurden, bekamen die Piloten in der Luft nichts mit. Es blieb für sie *abstrakt*. So war es auch die meiste Zeit für Adolf Eichmann, der den Abtransport der Juden in die NS-Vernichtungslager organisierte. Zwar war Eichmann ein glühender Antisemit, der hundertprozentig von der sogenannten »Endlösung«, also von der »völligen Ausrottung des europäischen Judentums«, überzeugt war, aber die Erfüllung seiner »mörderischen Pflicht« fiel ihm vor allem deshalb so leicht, weil er in der Regel nur mit Zahlen und Namen hantierte – und die

Menschen, die dahinterstanden, kaum zu Gesicht bekam. Als Eichmann jedoch einmal das KZ Auschwitz inspizierte und das reale Elend sah, für das er mitverantwortlich war, erlitt er einen Schwächeanfall. Er konnte gerade noch verhindern, sich vor versammelter Mannschaft zu übergeben, und betäubte sich auf der Rückfahrt mit Unmengen Alkohol.

Der »Schleier der Abstraktion«, wie du das nennst, kann also verhindern, dass einem das Grauen bewusst wird, an dem man beteiligt ist. Das erklärt aber nicht, weshalb diejenigen, die an vorderster Front stehen, kein Mitleid empfinden. Oder waren die vielen KZ-Wächter, die Tag für Tag bedenkenlos Männer, Frauen, Kinder ins Gas geschickt haben, allesamt Psychopathen und Sadisten?

Nein. Aus den Tagebucheintragungen dieser Leute wissen wir, dass viele von ihnen sehr wohl mit Mitleidsreaktionen zu kämpfen hatten, insbesondere, wenn sie neu im Lager ankamen. Mit der Zeit setzte dann aber bei den meisten ein gewisser Abstumpfungsprozess ein. So wurde das Morden zur Routine ...

Aber wie konnten sie da überhaupt mitmachen? Sie hätten doch einsehen müssen, dass das ganze System absolut unmenschlich ist!

Du unterschätzt die Bedeutung des Gruppendrucks sowie die besonderen Wirkungen, die von der nationalsozialistischen Ideologie ausgingen. Menschen neigen nun einmal (nicht zuletzt aufgrund ihres ausgefeilten Spiegelneuronen-Systems) zum *sozialen Opportunismus*, das heißt: Sie sind sehr anfällig dafür, sich den Regeln der Gruppe, der sie angehören, zu unterwerfen. So war es auch in der Zeit des Nazi-Terrors: Unter Hitler galt Gehorsam als höchste Bürgertugend. Nur die allerwenigsten wagten es, gegen das »Führerprinzip« zu verstoßen, zumal die Kosten, die mit einem solchen Verstoß einhergehen konnten, enorm waren. Zudem hatte die NS-Ideologie, die den ohnehin bereits grassierenden christlichen Judenhass aufgriff, die Gehirne der meisten Menschen so sehr vernebelt, dass sie das offensichtliche Unrecht gar nicht als Unrecht erkennen konnten. Ja, sie sahen es sogar als eine »gute, gerechte Sache« an, sich an der »Ausrottung des Juden« zu beteiligen.

Aber wie kann es denn irgendjemandem als eine »gute, gerechte Sache« erscheinen, wehrlose Menschen umzubringen?

Das ist relativ leicht, wenn man in den Opfern keine Menschen mehr sieht, sondern »Teufel in Menschengestalt«. Diese tödliche Differenz brachte man im »Dritten Reich« schon den Kleinsten bei, wie das Stürmer-Kinderbuch »Der Giftpilz« zeigt: Es erzählt von einer Mutter, die mit ihrem Sohn, dem kleinen Franz, Pilze sammelt. Sie erklärt ihm, warum man die guten Champignons auf keinen Fall mit den giftigen Knollenblätterpilzen verwechseln darf, die ja optisch zum Verwechseln ähnlich sind. Das Kind begreift schnell: Das ist so wie bei den Juden, die auf den ersten Blick auch wie gute Menschen aussehen, aber in Wahrheit hochgiftig sind und den »Guten« nur Unheil bringen. Die Mutter, stolz über die Auffassungsgabe ihres Kleinen, bestätigt: »Wie ein einziger Giftpilz eine ganze Familie töten kann, so kann ein einziger Jude ein ganzes Dorf, eine ganze Stadt, ja sogar ein ganzes Volk vernichten.« – Wer mit solchen oder ähnlichen Geschichten aufwächst, der wird gemarterten jüdischen Menschen kaum mit Mitleid begegnen, sondern im Gegenteil sogar eine »heilige Pflicht« darin sehen, an der Vernichtung dieser »Feinde des Guten« mitzuwirken.

Du meinst: Die Nazis haben sich tatsächlich als »moralische Helden« gesehen, als Bewahrer »des Guten« im Kampf gegen »das Böse«?

Zweifellos. Deshalb hatten sie auch kein Unrechtsbewusstsein bei dem, was sie taten. Leider ist diese Denkungsart »Wir sind die Guten im Kampf gegen das Böse« noch heute weit verbreitet! Schau nur in den Nahen Osten, auf die blutigen Konflikte zwischen den islamischen Organisationen Hamas und Hisbollah und der ultra-orthodoxen jüdischen Siedlerbewegung, oder führ dir das Selbstverständnis internationaler Terrorgruppen wie Osama bin Ladins »al-Qaida« vor Augen: Wer sich auf der Seite »des Guten« wähnt, hält im Kampf gegen »das Böse« jedes Mittel für gerechtfertigt! Denn unter dieser Voraussetzung sieht man in seinen politischen Gegnern keine Menschen mehr mit Ängsten, Wünschen, Hoffnungen, Träumen, sondern bloß »Feinde«, »Terroristen«, »Ungläubige«, »Marionetten des Bösen«. Ist der Gegner erst einmal auf solche Weise *entmenschlicht*, braucht man ihm gegenüber keinerlei Mitgefühl mehr zu zeigen. Dann fallen sämtliche Hemmschwellen und die Konflikte eskalieren. Im Tierreich lässt sich mitunter Ähnliches beobachten...

Du spielst auf den Krieg zwischen den Kahama- und den Kasaleka-Schimpansen an, oder?

Ja. Die Schimpansenforscherin Jane Goodall hat in diesem Zusammenhang von einer »De-Schimpansisierung« des Gegners gesprochen. In der Tat verhielten sich die kriegsführenden Schimpansen gegenüber ihren »Feinden« so, als ob sie keine *Artgenossen* wären, sondern *Beutetiere*. Tragischerweise hat sich in den meisten menschlichen Kulturen eine ähnliche »Doppelmoral« etabliert: Wir verhalten uns gegenüber Gruppenmitgliedern völlig anders als gegenüber Mitgliedern fremder Gruppen. Und so gehen *Nächstenliebe* und *Fernstenhass* oft Hand in Hand, getreu der Devise: »Und willst du nicht mein Bruder sein, so schlag ich dir den Schädel ein!«

Wenn diese Verhaltensweise schon biologisch in uns angelegt ist, lässt sie sich dann überhaupt überwinden?

Selbstverständlich! Das Freund-Feind-Schema kann entweder kulturell verstärkt werden wie in der Nazi-Zeit oder aber kulturell abgebaut werden, wie das nach dem Zweiten Weltkrieg hier in Europa geschah. Wichtig scheint dabei vor allem zu sein, dass wir uns von dem unsäglichen »Gut-versus-Böse«-Spielchen verabschieden, das im Konflikt der »islamischen Welt« mit »dem Westen« leider wieder bedrohliche Ausmaße angenommen hat. Denn die Unterstellung, dass die Gegner »böse« seien, war stets die beste Rechtfertigung dafür, dass man ihnen gegenüber auf sämtliche Standards der Menschlichkeit verzichtete. Ohnehin meine ich, dass die moralische Unterscheidung von Gut und Böse uns im Kampf für eine humanere Welt weit eher geschadet als genutzt hat.

Aber wie sollen wir denn ethische Entscheidungen treffen, wenn wir nicht mehr zwischen Gut und Böse unterscheiden?

Na, beispielsweise, indem wir uns am »Prinzip der gleichen Berücksichtigung gleichrangiger Interessen« orientieren, über das wir gestern gesprochen haben. Dann geht es nämlich nicht mehr darum, ob irgendetwas an sich »gut« oder »böse« ist, sondern ob eine Verhaltensweise die Interessen anderer in unangemessener Weise schädigt oder nicht.

Aber eine Verhaltensweise, die »die Interessen anderer in unangemessener Weise schädigt«, ist doch »böse«, oder?

Nein, sie ist »schlecht«, »unfair«, »ungerecht«, in manchen Fällen sogar »grausam«, aber sie ist nicht »böse«! Denn der religiös aufgeladene Begriff »böse« meint weit mehr als all diese Alternativbegriffe: Er macht nur Sinn, wenn man unterstellt, dass es erstens »das Böse an sich« gibt und dass sich Menschen zweitens aus »freiem Willen« zu diesem »Bösen« entschließen. Beide Unterstellungen haben wir in unseren Gesprächen aber schon als Täuschungen entlarvt: Mit an Sicherheit grenzender Wahrscheinlichkeit gibt es keine »Mächte der Finsternis«, wie es auch keine absoluten »Werte des Guten« gibt, die uns von einem »Gott« oder »der Natur« objektiv vorgegeben sind. Stattdessen handeln wir die Werte, die unser Zusammenleben bestimmen sollen, untereinander aus. Und was die zweite Unterstellung, die Annahme eines »ursachenfreien Willens«, betrifft, so hatten wir erkannt, dass es ein solches »Wunderding« in einem Universum, in dem es mit »rechten Dingen« zugeht, gar nicht geben kann. Deshalb ist auch die moralische Selbstgerechtigkeit, mit der »die Guten« über »die Bösen« richten, völlig unangebracht!

Okay, allerdings befürchte ich, dass es »den Guten« ganz bestimmt nicht gefallen wird, wenn du ihnen die Möglichkeit nimmst, sich über »die Bösen« moralisch erheben zu können!

Stimmt! Tatsächlich hat *dieser* Aspekt meiner Philosophie einige Leute noch mehr aufgeregt als sämtliche Beiträge, die ich zur Religionskritik formuliert habe! Ich meine aber, dass für eine *ethische Betrachtung der Welt* durch einen *Abschied vom Moralismus* viel gewonnen wäre: Denn erst wenn wir auf solch nebulöse moralische Begriffe wie »gut« und »böse« verzichten, wird unser Blick wirklich frei für das, worum es in der Ethik gehen sollte, nämlich um *gerechte, für alle Betroffenen faire Lösungen von Interessenkonflikten*. Moralische Empörung verhindert leider allzu häufig, dass wir die ethisch angemessenen Entscheidungen treffen.

Das verstehe ich nicht ganz: Wo liegt denn der Unterschied zwischen Moral und Ethik? Ich dachte immer, die Begriffe meinen ungefähr das Gleiche…

Im Alltag werden die Begriffe meist als Synonyme gebraucht. In der philosophischen Debatte hat sich jedoch eingebürgert, dass man unter »Moral« das »gelebte sittliche Empfinden« versteht und unter »Ethik« die »kritische Reflexion« dieses »sittlichen Empfindens«. In gewisser Weise setzt meine eigene Unterscheidung zwischen Ethik und Moral genau hier an. Ich sage: Wer *moralisch* denkt, der geht von den Konventionen des »gelebten sittlichen Empfindens« aus. Das heißt: Er lehnt eine bestimmte Handlungsweise ab, weil sich »so etwas« (vor dem Hintergrund der geltenden Sittlichkeits-Vorstellungen) »einfach nicht schickt«. Wer hingegen *ethisch* denkt, der hat diese konventionelle Stufe des moralischen Empfindens durch kritische

Reflexion überwunden. Er verurteilt bestimmte Verhaltensweisen nicht, weil sie an sich »unsittlich« wären, sondern weil sie die Interessen anderer in unangemessener Weise verletzen. Das heißt auch: Sind keine fremden Interessen in Mitleidenschaft gezogen, gibt es von einer ethischen Warte aus überhaupt keinen Grund, ein bestimmtes Verhalten zu kritisieren – selbst wenn dieses Verhalten in höchstem Maße gegen die gesellschaftlichen Vorstellungen von »Sittlichkeit« verstoßen sollte.

Du willst also sagen: Auf der höchsten Stufe der Moralentwicklung denkt man gar nicht mehr moralisch, sondern nur noch ethisch, weil man das »gelebte sittliche Empfinden« kritisch hinterfragt.

Genau! Man kann sich diese Differenz recht gut am Unterschied zwischen Sexual*moral* und Sexual*ethik* verdeutlichen: Aus einer *ethischen Perspektive* ist es völlig egal, ob ein Mensch masturbiert, ob er heterosexuelle oder homosexuelle Partnerschaften pflegt, ob er Anal- oder Oralverkehr praktiziert, ob er Fetische bevorzugt, sich beim Sex fesseln lässt, ob er einen oder mehrere Sexualpartner hat und so weiter. Solange nicht die Interessen anderer in unzulässiger Weise in Mitleidenschaft gezogen werden, sind diese Verhaltensweisen ethisch absolut legitim! *Moralisten* sehen das in der Regel völlig anders: Für sie sind bestimmte Verhaltensweisen an sich »unsittlich« oder »böse« – und zwar ganz unabhängig davon, ob durch sie fremde Interessen geschädigt werden oder nicht. Das hat in der Praxis oft dramatische Konsequenzen, denn dort, wo moralische Tugendwächter das Sagen haben (etwa in islamisch regierten Ländern), glauben sie mit aller Gewalt, »unsittliche Umtriebe« unterbinden zu müssen. So wird beispielsweise im Iran noch immer die Todesstrafe für Homosexuelle verhängt und in vielen Ländern der Welt Analverkehr mit langen Haftstrafen geahndet. »Ehebrecherinnen« werden mancherorts öffentlich ausgepeitscht oder gar zu Tode gesteinigt.

Ethische Begründungen für diese Grausamkeiten gibt es selbstverständlich nicht, nur empörte moralische Hinweise auf die angeblich »heiligen« Konventionen der Sittlichkeit. Für eine humanere, eine freiere Gesellschaft wäre daher schon viel gewonnen, wenn wir diesen Moralismus-Wahn endlich überwinden könnten.

In Europa hat sich in dieser Hinsicht doch einiges getan, oder?

Ja. Europa ist momentan auch der einzige Kontinent, auf dem es flächendeckend keine Verbote für homosexuelle Handlungen unter Erwachsenen mehr gibt. Allerdings haben wir diesen Stand der kulturellen Evolution erst vor Kurzem erreicht: So fanden in der Bundesrepublik Deutschland in den Jahren 1950 bis 1969 noch etwa 100 000 Strafverfahren gegen Homosexuelle statt, bei denen rund 50 000 Menschen wegen des Auslebens ihrer sexuellen Präferenz verurteilt wurden! Dieser Spuk fand erst allmählich in den 1970er-Jahren ein Ende, als hierzulande die »Große Strafrechtsreform« durchgeführt wurde. Diese Reform des Strafgesetzbuchs war ein wichtiger Schritt hin zu einer freiheitlicheren Gesellschaft – vor allem, weil sie mit einer weitgehenden »Entmoralisierung des Rechts« verknüpft war.

Was heißt das?

Mit der Strafrechtsreform setzte sich die *ethische Ansicht* durch, dass es für die rechtliche Beurteilung irrelevant ist, ob eine Handlung »*unmoralisch*« ist. Entscheidend ist vielmehr, ob durch sie andere »Rechtsgüter« (das heißt: andere rechtlich geschützte Interessen) verletzt werden oder nicht. Im Zuge dieser Neubesinnung verschwanden all die »Sittlichkeitsparagrafen«, die zuvor das Rechtsbewusstsein bestimmt hatten – nicht nur die sogenannte »Unzucht unter Männern« (der einstige »Anti-Schwulen-Paragraf« des Strafgesetzbuchs), sondern auch die strafrechtliche Verfolgung des »Ehebruchs« (der bis 1969 noch mit Gefängnis bis zu 6 Monaten bestraft werden konnte!), der »Verbreitung unzüchtiger Schriften« (womit nicht nur klassische

Pornografie, sondern auch Werke der Weltliteratur zensiert wurden) oder der »Kuppelei« (die man als »Förderung von Unzucht« ebenfalls mit empfindlichen Strafen belegte).

»Kuppelei« war strafbar? Was soll denn schlimm daran sein, wenn man zwei Leute zusammenbringt, die gut zusammenpassen?

Das hat man vor 40 Jahren noch ganz anders gesehen. Wenn man in den 1960er-Jahren einem unverheirateten Pärchen eine Wohnung für ein »Schäferstündchen« überließ, so konnte das als »Kuppelei« geahndet werden. Noch 1962 erklärte der Bundesgerichtshof, dass der »Beischlaf unter Verlobten«, also kurz vor der Heirat, »Unzucht« sei und die Bereitstellung einer Wohnung für solche »Unzucht« als »Kuppelei« strafrechtlich verfolgt werden müsse. Der Straftatbestand der »Kuppelei« war übrigens auch dann erfüllt, wenn Eltern ihrer 17-jährigen Tochter erlaubten, unter ihrem Dach gemeinsam mit ihrem Freund zu übernachten.

Auweia, da hättest du mit mir aber wirklich gute Chancen gehabt, im Knast zu landen!

Absolut! Insofern können wir uns beide bei der sozialliberalen Regierung von Willy Brandt bedanken, die in den 1970er-Jahren nicht nur den Kuppelei-Paragrafen abschaffte, sondern auch den unsäglichen Begriff der »Unzucht« aus dem Strafgesetzbuch strich. Das hat vielen religiös-konservativen Kräften natürlich gar nicht gefallen. Der damals erzielte Fortschritt erscheint moralischen Tugendwächtern selbst heute noch als der »Anfang vom Untergang des Abendlandes«. Doch für jeden unvoreingenommenen Betrachter dürfte klar sein, dass Moralbegriffe wie »Unzucht« in einem modernen, nach ethischen Prinzipien aufgebauten Rechtssystem nichts verloren haben!

Möglicherweise haben die moralisch »Züchtigen« in der Geschichte ja sogar größeres Unheil angestiftet als alle »Unzüchtigen« zusammengenommen. Was meinst du?

Ja, dafür gibt es viele gute Belege. Denk nur an die Zeit der Hexenverfolgung und der spanischen Inquisition, an die Zeit des Nationalsozialismus, an die Anti-Schwulen-Hetze des 20. Jahrhunderts oder an die Schicksale der Kinder, die nach dem 2. Weltkrieg in »christlichen Heimen« mit höchstem moralischem Anspruch geschlagen und gedemütigt wurden: Wer nach »Zucht und Ordnung« ruft, meint in der Regel »Züchtigung und Unterordnung« – und das sind Verhaltensweisen, die den Prinzipien des Humanismus und den Werten einer offenen Gesellschaft in fundamentaler Weise widersprechen...

● ● ● »Die Kritik der Religion endet mit der Lehre, dass der Mensch das höchste Wesen für den Menschen sei, also mit dem kategorischen Imperativ, alle Verhältnisse umzuwerfen, in denen der Mensch ein erniedrigtes, ein geknechtetes, ein verlassenes, ein verächtliches Wesen ist...« Mit diesen Worten skizzierte **Karl Marx** (1818–1883) den Leitgedanken des *Humanismus*, einer Weltanschauung, die sich an den Interessen und der Würde des einzelnen Menschen orientiert und jede Form der Diskriminierung aufgrund von Hautfarbe, Geschlecht, Nationalität, Bildung, sozialer Herkunft, sexueller Präferenz, Religionszugehörigkeit etc. bekämpft.

Humanistische Denker gab es zu allen Zeiten und auf allen Kontinenten. So entwickelte der chinesische Philosoph **Mozi** (auch Mo-Di oder Me-Ti genannt, er lebte im späten 5. Jahrhundert vor unserer Zeitrechnung) schon vor Jahrtausenden eine Philosophie der universellen Menschenliebe. Wie aber das Wort »Humanismus« zeigt, das aus den lateinischen Begriffen »humanus« (menschlich) und »humanitas« (Menschlichkeit) abgeleitet ist, ist der »klassische Humanismus« in besonderer Weise mit der römischen Antike verknüpft. Von größter Bedeutung ist dabei das Werk des römischen Politikers, Anwalts und Philosophen **Marcus Tullius Cicero** (106–43), der dem Begriff »humanitas« seine ursprüngliche Gestalt gab. Cicero verstand unter »humanitas« nicht nur das Streben nach politischer Gerechtigkeit und gegenseitiger Rücksichtsnahme, sondern vor allem auch das Ideal eines geistreichen Miteinanders der Menschen. *Menschlichkeit* ist laut Cicero den Menschen *nicht angeboren*, sie muss vielmehr *über Bildung erworben* werden. Erst Bildung mache den Menschen zum »wahren Menschen« und unterscheide ihn vom Tier.

Mit der Machtübernahme des Staatschristentums und dem fortschreitenden Niedergang der römischen Hochkultur ging das humanistische Bildungsideal, das den Philosophen **Seneca** (1–65) wie auch die legendäre Mathematikerin, Astronomin und Philosophin **Hypatia von Alexandria** (370–415) geleitet hatte, verloren. An die Stelle umfassender Bildung trat blinder Glaubenseifer. Alles, was der christlichen Lehre widersprach, sollte eliminiert werden. Das betraf nicht nur »ketzerische« Bücher (innerhalb von nur 150 Jahren wurden rund 99 Prozent der antiken Literatur vernichtet!), sondern auch allzu freigeistige Menschen (wie die »klügste Frau der Antike«, Hypatia, die im Jahr 415 von einem christlichen Mob gelyncht wurde).

Der kulturelle Stillstand, der mit der religiösen Vernichtung heidnischen Wissens einherging, wurde in Europa erst in der Zeit der *Renaissance* (»Wiedergeburt«) überwunden. Ende des 14. Jahrhunderts begannen die Menschen, die kulturellen Schätze der Antike wiederzuentdecken. *Renaissance-Humanisten* wie **Coluccio Salutati** (1331–1406), **Erasmus von Rotterdam** (1466–1536) und **Philipp Melanchthon** (1497–1560) brachten Ciceros Bildungsideal wieder zur Geltung. Auch im Theater wurden die antiken Vorstellungen von individueller Freiheit reaktiviert, was sich insbesondere in den grandiosen Bühnenstücken **William Shakespeares** (1564–1616) widerspiegelt. Welcher kulturelle Schub mit der Renaissance einherging, beweist aber kein Werk so eindringlich wie das des genialen **Leonardo da Vinci** (1452–1519). Der Maler der berühmten »Mona Lisa« leistete nicht nur in der Kunst Herausragendes, sondern auch auf dem Gebiet der Technik, der Architektur, der Philosophie und der Naturwissenschaften.

Der von da Vinci verkörperte Renaissance-Humanismus war vor allem eine Bildungsbewegung, die Anschluss an antike Traditionen suchte. Das lässt sich auch vom sogenannten *» Neu-Humanismus«* sagen, der sich ab 1750 in Deutschland entwickelte und mit solch klangvollen Namen wie **Gotthold Ephraim Lessing** (1729–1781), **Johann Wolfgang von Goethe** (1749–1832), **Friedrich Schiller** (1759–1805) und **Wilhelm von Humboldt** (1767–1835) verknüpft ist. Wie die Renaissance-Humanisten sahen auch die Neu-Humanisten in der antiken Kultur den Königsweg zu einem mustergültigen Menschsein.

Erst durch die Verknüpfung mit den Emanzipationsbewegungen des 18., 19. und 20. Jahrhunderts (etwa der Arbeiter-, Frauen-, Studenten- und Schwulenbewegung) entwickelte sich aus dem Neu-Humanismus der »weltanschaulich moderne«, »emanzipatorische« oder »radikale Humanismus« – Letzteres ein Schlüsselbegriff im Werk des Sozialphilosophen **Erich Fromm** (1900–1980). Bereits im Zuge der Amerikanischen Unabhängigkeitserklärung und der Französischen Revolution erhielt der Humanismus schärfere Konturen. Maßgeblich daran beteiligt war der britisch-amerikanische Schriftsteller **Thomas Paine** (1737–1809). Schon 1775 hatte Paine einen aufsehenerregenden Artikel gegen die Sklaverei geschrieben, der zur Gründung der ersten amerikanischen Gesellschaft zur Abschaffung der Sklaverei führte. Im Januar 1776 erschien seine berühmte Streitschrift »Common Sense« (»Gesunder Menschenverstand«), die die Unabhängigkeit Amerikas, eine demokratische Verfassung und die Garantie von Menschenrechten auf dem amerikanischen Kontinent forderte, was kurze Zeit später in der von **Thomas Jefferson** (1743–1826) verfassten »Unabhängigkeitserklärung der Vereinigten Staaten« aufgegriffen wurde.

Wie Jefferson war auch Paine ein aktiver Unterstützer der Französischen Revolution: Während Jefferson als amerikanischer Diplomat in Paris an der Erarbeitung der französischen »Erklärung der Menschen- und Bürgerrechte« (1789) mitwirkte, versuchte Paine mit seiner Schrift »The Rights of Man« (»Die Menschenrechte«) radikal-humanistisches Gedankengut auch außerhalb Frankreichs und den USA populär zu machen – ein Ziel, das erst zwei Jahrhunderte später, am 10. Dezember 1948, mit der Verabschiedung der »Allgemeinen Erklärung der Menschenrechte« der Vereinten Nationen erreicht wurde.

Interessanterweise waren sowohl Paine als auch Jefferson scharfe Kritiker der institutionalisierten Religion. Paine, der in seinem Buch »Age of Reason« (»Zeitalter der Vernunft«) schwere Geschütze gegen das Christentum aufgefahren hatte, bekannte freimütig: »Die Welt ist mein Land und Gutes zu tun meine Religion.« Jefferson, der von 1801 bis 1809 als Präsident der USA amtierte, begründete die von ihm vorangetriebene strikte *Trennung von Staat und Religion* damit, dass die institutionalisierte Religion eine Form der Tyrannei sei, die »der Menschheit schweres Leid zugefügt und der Geschichte über zehn bis zwölf Jahrhunderte so viele Grausamkeiten beschert hat, dass sich eine Beteiligung an der Regierung von selbst verbietet«.

Freigeistige Anschauungen dieser Art vertraten viele Vorkämpferinnen und Vorkämpfer der Moderne, etwa die mutigen Protagonistinnen der Frauenbewegung, die – wie die Frauenrechtlerin **Olympe de Gouges** (1748–1793) mit ihrer »Erklärung der Rechte der Frau und Bürgerin« von 1791 – die ursprünglich nur auf Männer bezogenen Menschenrechte erweiterten. Dabei war die Religionsabstinenz vieler Humanistinnen und Humanisten keineswegs zufällig, denn wer im 18. oder 19. Jahrhundert für Demokratie und Menschenrechte, für individuelle Selbstbestimmung, Freiheit und Gleichberechtigung eintrat, wusste, dass er mit heftigem Gegenwind vonseiten der etablierten Religionen rechnen musste. Nicht ohne Grund landeten die wichtigsten demokratietheoretischen Schriften, etwa die Darlegungen zur »Volkssouveränität«

durch **Rousseau** (1712–1778) oder zur Gewaltenteilung in Legislative (Gesetzgebung), Judikative (Rechtsprechung) und Exekutive (Regierungsgewalt) durch **Montesquieu** (1689–1755), kurz nach ihrem Erscheinen auf dem katholischen Index der verbotenen Schriften.

Auch die Menschenrechte wurden von führenden Theologen lange Zeit als »unzumutbare Anmaßungen« verteufelt, da ihnen die Vorstellung, dass der Mensch (nicht »Gott«) das »Maß aller Dinge« sei, als »Gotteslästerung« erschien. Und so konnte sich der Vatikan erst 1961 (!) zur Anerkennung der Menschenrechte durchringen. Allerdings war diese Trendwende keineswegs mit dem Eingeständnis einer weltanschaulichen Niederlage verbunden. Die Kirche versuchte vielmehr den Anschein zu erwecken, als ob sie schon immer auf der Seite der Emanzipations- und Demokratiebewegung gestanden hätte. Es wurde sogar zur Mode, humanistische Werte als »christliche Werte« zu verkaufen – so, als ob es nie einen Gegensatz zwischen der humanistischen Idee der Selbstbestimmung und der religiösen Doktrin des Glaubensgehorsams gegeben hätte.

Den katholischen Theologen **Hans Küng** (*1928) inspirierte diese »humanistische Wende in der Theologie« dazu, das »Projekt Weltethos« auf den Weg zu bringen. Küngs Hoffnung auf eine globale Ethik, die künftige Religionskriege vermeiden soll, beruht darauf, dass angeblich jede Religion das »Humanum«, das »wahrhaft Menschliche«, enthalte. Kern jeder religiösen Moral sei, so Küng, die Forderung, jeden Menschen menschlich zu behandeln, auf Gewalt zu verzichten, solidarische Lebensverhältnisse herzustellen, für Toleranz zu sorgen und eine gute Partnerschaft von Mann und Frau zu ermöglichen. Zweifellos wäre für eine Welt ohne Kriege, ohne Unterdrückung von Minderheiten, viel gewonnen, wenn Küngs Annahmen stimmen würden. Doch sie sind, Mensch sei's geklagt, viel zu schön, um wahr zu sein!

Was der Entwicklungspsychologe und Religionskritiker **Franz Buggle** (*1933) in seinem Buch »Denn sie wissen nicht, was sie glauben« zur Ethik des Christentums feststellte, lässt sich mühelos auf alle anderen Religionen ausdehnen: Man muss die jeweiligen »heiligen Schriften« schon höchst selektiv lesen, um in ihnen ausgerechnet das »Humanum« erkennen zu können. Zwar enthalten sämtliche Religionen kluge und menschenfreundliche Elemente, auf die sich liberale Gläubige stützen können, aber sie sind leider unheilbar verwoben mit tiefster Menschenverachtung sowie absurdesten Irrtümern. Die Religionen müssten also erst einmal grundlegend »entrümpelt« werden, um sich für ein humanes »Projekt Weltethos« qualifizieren zu können.

Auch das humanistische Menschenbild musste in den letzten Jahrzehnten einer Generalüberholung unterzogen werden: Traditionellerweise ging der Humanismus nämlich von einem strikten Gegensatz von Mensch und Tier, Kultur und Natur, Geist und Körper aus. Durch die Erkenntnisse der Evolutionsbiologie wurde diese klassische Unterscheidung jedoch zunehmend problematischer. Humanistische Vorstellungen und naturwissenschaftliche Erkenntnisse schienen immer weiter voneinander abzuweichen. Es war dem großen Evolutionsbiologen und Humanisten **Julian Huxley** (1887–1975) vorbehalten, beide Sichtweisen wieder miteinander zu versöhnen. 1961 stellte er seinen Ansatz des »evolutionären Humanismus« vor, der den emanzipatorischen Ansatz des Humanismus in genialer Weise mit dem empirischen Menschenbild der Evolutionsbiologie verband.

Obwohl Julian Huxley nicht nur als Mitbegründer der modernen (»synthetischen«) Evolutionstheorie, sondern auch als erster Generaldirektor der UNESCO weltweites Ansehen genoss, wurde sein Konzept des »evolutionären Humanismus« zunächst kaum aufgegriffen. Dies hing damit zusammen, dass sich Geistes- und Sozialwissenschaftler (die traditionellen Verwalter des Humanismus) lange Zeit scheuten, mit Naturwissenschaftlern zusammenzuarbeiten – und umgekehrt. Das hat sich erst in den letzten Jahren geändert. Heute gibt es mehr und mehr Philosophen, die sich mit Evolutionsbiologie und Hirnforschung beschäftigen, wie es auch zunehmend Naturwissenschaftler gibt, die sich zu philosophischen Fragestellungen äußern.

Dadurch ist Huxleys evolutionärer Humanismus für viele attraktiv geworden. Denn er bietet ein geeignetes Rahmenkonzept für die Überwindung der Gräben zwischen den Natur- und den Kulturwissenschaften. Zudem ist er mit ethischen Forderungen verbunden, die über die Forderungen vorheriger Humanismus-Varianten weit hinausgehen. So stellt er sich nicht nur gegen den »sozialdarwinistischen« Missbrauch der Evolutionstheorie (»Recht des Stärkeren«), nicht nur gegen die Diskriminierung von Menschen aufgrund von Hautfarbe, Geschlecht, Nationalität, Bildung, sozialer Herkunft, sexueller Präferenz oder Religionszugehörigkeit, sondern auch gegen eine prinzipielle (klassisch-humanistische) Abwertung nicht menschlicher Lebewesen (»Speziesismus«).

Zwar wird die humanistische »Kritik der Religion« auch weiterhin mit der Lehre enden, »dass der Mensch das höchste Wesen für den Menschen sei«. Doch der »kategorische Imperativ« kann heute nicht mehr allein darin bestehen, »alle Verhältnisse umzuwerfen, in denen *der Mensch* ein erniedrigtes, ein geknechtetes, ein verlassenes, ein verächtliches Wesen ist...« Die von Menschen geschaffenen Verhältnisse müssen auch dann verändert werden, wenn *nicht menschliche Lebewesen* unter ihnen zu leiden haben! Wer als »nackter Affe« glaubt, etwas Besseres zu sein, nur weil er die Körperbehaarung abgeworfen und die Digitalarmbanduhr angezogen hat, der hat die grundlegende Lektion des evolutionären Humanismus noch nicht begriffen.

Sollten wir toleranter sein?

Ich habe den Eindruck, dass deine Abneigung gegen »moralische Tugendwächter«, wie du sie nennst, vor allem dadurch begründet ist, dass sich diese Leute oft sehr intolerant gegenüber all jenen Menschen verhalten, die andere Vorstellungen vom Leben haben.

Ja, das ist richtig.

Heißt das, wir sollten üben, toleranter zu sein?

Ja und nein! Natürlich ist Toleranz ein großartiger Wert der Aufklärung. Vielleicht kennst du ja das berühmte Zitat, das dem französischen Aufklärungsphilosophen Voltaire zugeschrieben wird: »Ich missbillige, was du sagst, aber ich würde bis auf den Tod dein Recht verteidigen, es zu sagen.«

Ja, das habe ich schon mal gehört...

Wahrscheinlich stammt dieser Ausspruch nicht direkt von Voltaire, aber er zeigt sehr schön, worum es bei dem aufklärerischen Toleranzgedanken geht: um die Auffassung, *dass man fremde Überzeugungen und Handlungsweisen auch dann noch ertragen muss, wenn sie den eigenen Ansichten völlig zuwiderlaufen.* Dies war nach den vielen Jahrhunderten der Ketzerverfolgungen ein wirklich revolutionärer Gedanke in Europa – und um seine politische Durchsetzung wurde entsprechend erbittert gekämpft. In diesem Zusammenhang spielte übrigens die *Reformation* eine große Rolle: Zwar war Martin Luther selbst alles andere als eine Ausgeburt von Toleranz, wie u. a. seine schrecklichen Angriffe gegen Juden,

»Hexen«, »Ketzer« und aufständische Bauern zeigen, aber seine Infragestellung der absoluten Wahrheits- und Geltungsansprüche des katholischen Klerus verlieh der Frage nach der Toleranz eine neue politische Dimension. Denn plötzlich gab es statt der *einen* Mutterkirche *zwei* große christliche Konfessionen: Katholiken und Protestanten. Wie du sicherlich weißt, führten die Spannungen zwischen den beiden Konfessionen sehr bald zu heftigen kriegerischen Auseinandersetzungen, die 1555 für kurze Zeit durch den »Augsburger Religionsfrieden« beendet wurden. Damals handelten die katholischen und protestantischen Fürsten eine berühmte Kompromissformel aus: »Cuius regio, eius religio«. Wer das Land regiert, soll auch über den Glauben bestimmen. Hierin zeigt sich eine erste, rudimentäre Fassung von Toleranz: Die Fürsten duldeten zwar noch nicht die Glaubensfreiheit ihrer Untertanen, aber immerhin versprachen sie untereinander, die unterschiedlichen Glaubensauffassungen zu tolerieren.

Wenn ich im Geschichtsunterricht nicht völlig gepennt habe, hat dieser Religionsfriede aber nicht sonderlich lange gehalten...

Nein, leider nicht. 1618 brach der Dreißigjährige Krieg aus, in dessen Folge etwa drei bis vier Millionen Menschen starben, etwa ein Fünftel der Gesamtbevölkerung! Im »Westfälischen Frieden« von 1648, der dieses grausige Abschlachten beendete, wurde neben der katholischen und der lutherisch-protestantischen Konfession auch noch die reformiert-protestantische (auf Ulrich Zwingli und Johannes Calvin zurückgehende) Konfession als gleichberechtigt anerkannt. Somit hatten die Fürsten noch mehr Gelegenheit, Toleranz zu üben. Das Gleiche galt auch für die Bevölkerung in den Reichsstädten, in denen verschiedene Konfessionen nebeneinander existierten. Auf diesem städtischen Nährboden einer zunehmenden kulturellen Vielfalt entwickelte sich später auch der Toleranzgedanke der Aufklärung, den der preußische König Friedrich der Große

1740 auf die schöne Formel brachte, jeder solle »nach seiner Façon selig werden«.

Konnte man das denn schon im Jahre 1740? Konnte jeder »*nach
seiner Façon selig werden*«?

Natürlich nicht! Dafür brauchte es noch mehr als zwei Jahrhunderte. Im Grunde haben wir in Europa erst Ende des
20. Jahrhunderts, etwa zum Zeitpunkt deiner Geburt, annähernd den Grad an gesellschaftlicher Toleranz erreicht,
der das ermöglicht. Erinnere dich daran, was ich über die
Schwulenverfolgung in der Bundesrepublik Deutschland
erzählt habe: Obwohl das Land im internationalen Vergleich durchaus liberal war, wurden bis in die späten
1960er-Jahre 100 000 Strafverfahren gegen Homosexuelle
angestrengt. Noch in den 1980er-Jahren hätte das wunder-
bare Statement des Berliner Bürgermeisters Klaus Wowereit
»Ich bin schwul – und das ist auch gut so!« das Toleranz-
vermögen der deutschen Bundesbürger völlig überfordert.

Verrückt! Das kann man sich gar nicht mehr vorstellen! Hmmm ...
Bislang hast du, wenn ich mich nicht irre, ein einziges Loblied
auf die Toleranz gesungen. Aber als ich dich eben fragte, ob wir
toleranter werden sollten, hast du mit »Ja und Nein« geantwortet.

Stimmt! Das hat zwei Gründe: Manchmal ist Toleranz nämlich nicht genug – und manchmal geht sie sogar zu weit.

Was meinst du denn damit?

Lass mich mit dem ersten Fall beginnen: Johann Wolfgang
von Goethe schrieb einmal: »Toleranz sollte nur eine vor-
übergehende Gesinnung sein: sie muss zur Anerkennung
führen. Dulden heißt beleidigen.«

Verstehe ich nicht! Warum sollte es denn eine Beleidigung sein,
wenn ich irgendetwas dulde?

Weil du dadurch, dass du etwas bloß *duldest*, zu erkennen
gibst, dass es für dich eine *Last* ist, dies zu tun. Worauf
Goethe hinauswollte, war, wie ich meine, der Unterschied
zwischen Toleranz und Akzeptanz. Ich will die beiden Be-

griffe kurz erläutern: Das Wort »Toleranz« leitet sich vom lateinischen *tolerare* ab, das man mit »ertragen«, »durchstehen«, »aushalten« oder »erdulden« übersetzen kann. Toleranz meint also die Fähigkeit, störende bzw. verstörende Formen des Andersseins oder Andershandelns ertragen zu können. *Akzeptanz* meint etwas völlig anderes: Das Verb »accipere« bedeutet »annehmen«, »übernehmen«, »gutheißen«. Wenn du etwas *akzeptierst*, dann *duldest* oder *tolerierst* du es nicht bloß, du bist mit ihm *einverstanden* – auch wenn du das, was du bei anderen akzeptierst, in deinem eigenen Leben vielleicht gar nicht anwenden möchtest.

Kannst du dafür ein Beispiel geben?

Klar! Als Vanillepudding liebender und Lakritzstangen hassender Heterosexueller würde ich es selbstverständlich nicht nur *tolerieren*, sondern bedenkenlos *akzeptieren*, wenn dir oder irgendjemandem anderen Lakritzstangen besser schmecken sollten als Vanillepudding oder wenn ihr die gleichgeschlechtliche Liebe der Heterosexualität vorziehen würdet. Hier wäre *Toleranz*, das heißt: die *Erduldung einer vermeintlichen Last*, fehl am Platze. Homosexuelle Menschen *bloß zu tolerieren*, sie aber nicht zu *akzeptieren*, ist Ausdruck einer reichlich unaufgeklärten Denkweise! Denn warum, um alles in der Welt, sollte es für mich eine *Last* sein, wenn sich andere Menschen auf andere Weise sexuell vergnügen als ich?

Einverstanden. Aber es gibt doch bestimmt Dinge, die du persönlich auch als Last empfindest, die du nur tolerieren, aber nicht akzeptieren kannst, oder?

Natürlich. Es gibt ja mitunter auch gute Gründe dafür, dass wir mit bestimmten Formen des Andersdenkens und Andershandelns gar nicht einverstanden sind, dass wie sie eben nicht *akzeptieren*, sondern nur *ertragen* können. So kann ich es als humanistisch-aufklärerisch denkender Mensch zwar *tolerieren*, dass manche Gläubige meinen, die Erde sei zu einem Zeitpunkt entstanden, an dem die Babylonier bereits das erste Bier brauten, doch *akzeptieren*, d. h. *gutheißen*, kann ich solche Wahnideen nicht.

Logisch. Aber heißt das nicht, dass du die Gläubigen beleidigst, indem du ihre Ansichten bloß tolerierst?

Selbstverständlich. Doch was soll man dagegen tun? Wahrscheinlich werden einige Gläubige unsere Gespräche in diesem Buch als eine einzigartige, große Beleidigung empfinden. Heißt das, dass wir deshalb besser schweigen sollten, dass wir religiöse Fragen nicht mehr erörtern dürften? Sicherlich nicht! Beleidigtsein ist schließlich kein Argument! Das Problem ist doch: Wenn man in einer aufklärerischen, d. h. in einer möglichst klaren, nicht vernebelnden Weise über religiöse Sachverhalte spricht, sind viele Menschen automatisch beleidigt, da sie es einfach nicht ertragen können, dass man das »Heilige«, das »Unantastbare«, antastet, indem man es kritisch infrage stellt.

Wie gehst du denn damit um, wenn man dir vorwirft, keinen Respekt vor den religiösen Gefühlen anderer zu haben?

Wie du weißt, ist das in der Vergangenheit häufiger geschehen. Man hat mich als »militanten Atheisten«, als »Religionshasser«, mitunter sogar als »Judensau« bezeichnet. Interessanterweise haben sich diejenigen, die diese (und manchmal noch weit unflätigere) Worte benutzten, bitterlich über meinen »fehlenden Respekt« gegenüber den Gläubigen beschwert. Wahrscheinlich haben sich diese Leute noch nie Gedanken darüber gemacht, was das Wort »Respekt« eigentlich bedeutet.

Was bedeutet es denn?

Respekt, aus dem lateinischen »respectus«, was Zurückschauen, Rücksicht bedeutet, meint eine *Form der Achtung und Ehrerbietung gegenüber einer anderen Person, ihren Handlungen oder Überzeugungen.* Als Humanist habe ich natürlich gar keine Schwierigkeiten, auch sehr religiöse Menschen *als Menschen* zu respektieren. Meiner Meinung nach haben aber viele *menschliche Handlungen und Überzeu-*

gungen keinen Respekt verdient! Dies gilt insbesondere für Überzeugungen, die sich per Gewalt (etwa durch Verhaftung oder Hinrichtung von Abtrünnigen und Andersdenkenden) einer kritischen Überprüfung entziehen. Auch meine ich, dass es falsch wäre, absurden Glaubensvorstellungen (wie der Idee, dass die Evolution von einem allmächtigen, allgütigen, allwissenden Schöpfer gesteuert wird) mit Achtung oder gar Ehrerbietung zu begegnen. Das verlangt nicht zuletzt der Respekt vor den Menschen, die in solchen Wahnideen gefangen sind. Würde ich ihre Vorstellungen aus der Angst heraus, dass sie beleidigt sein könnten, nicht kritisieren, so würde ich sie wie kleine Kinder behandeln, von denen man denkt, dass man ihnen die »volle Wahrheit« nicht zumuten könne. Respektvoll ist das ganz sicher nicht! Im Gegenteil: Ein *respektvoller Umgang mit Menschen* verlangt, dass man ihnen *reinen Wein einschenkt* und deutlich macht, womit man nicht einverstanden ist.

Du meinst also, dass es Ausdruck deines Respekts vor dem Gläubigen als Mitmenschen ist, dass du seine Glaubensüberzeugungen lächerlich machst?

Meine Religionskritik ist, auch wenn das seltsam klingen mag, tatsächlich ein Ausdruck meines Respekts für den Gläubigen als Mitmenschen. Allerdings *mache* ich den Glauben nicht lächerlich, ich verdeutliche nur, auf welche Absurditäten er in letzter Konsequenz hinausläuft. Dass das manchmal komisch wirkt, liegt nicht an mir, sondern an den Glaubensüberzeugungen selbst.

Na, das werden viele Gläubige sicher anders sehen! Was du als »komisch« erachtest, ist für sie »todernst« und »heilig«...

Das ist wahr. Bedauerlicherweise leiden gerade tiefgläubige Menschen häufig unter einer schweren Humorallergie. Deshalb reagieren sie auch so gereizt, wenn man die unfreiwillige Komik ihrer Glaubensvorstellungen aufdeckt. Welch dramatische Folgen das haben kann, zeigte vor wenigen Jahren die Veröffentlichung der sogenannten »Mohammed-

Karikaturen« in der dänischen Zeitung *Jyllands-Posten*, die dazu führte, dass fanatische Muslime weltweit Amok liefen. Im Zuge des »Karikaturenstreits« wurden allein im Februar 2006 139 Menschen getötet und 823 verletzt. Die religiösen Attentäter fühlten sich dabei sogar absolut im Recht und wurden in diesem blutigen Wahn von maßgeblichen Vertretern der westlichen Gesellschaften leider indirekt unterstützt: Zwar betonten die meisten westlichen Politiker und Kommentatoren den hohen Wert der Meinungs- und Pressefreiheit, drückten aber zugleich ihr Bedauern darüber aus, dass die Karikaturisten die »religiösen Gefühle« der Gläubigen in solch »geschmackloser Weise« verletzt hätten. Ich empfand das als einen echten Skandal, gegen den ich mich mit deutlichen Worten zur Wehr setzte.

Wie hätte der Westen denn sonst auf die wütenden Proteste reagieren sollen?

Man hätte sich mit den Karikaturisten unbedingt solidarisieren müssen, statt sich feige von ihnen abzugrenzen und sie dadurch noch mehr in Gefahr zu bringen. Man hätte klarmachen müssen, dass die gewalttätigen Proteste der Islamisten bewiesen haben, wie wahr und auch wie notwendig diese Karikaturen waren, die ja gerade den Zusammenhang von fundamentalistischem Islam und Gewalt zum Thema hatten. Und vor allem hätte man Tag für Tag neue Karikaturen veröffentlichen müssen – und zwar so lange, bis auch der allerletzte islamische Fundamentalist erkannt hätte, dass sich offene Gesellschaften nicht durch militante Aktionen erpressen lassen!

Ist das dein Ernst?

Ja, schließlich hätte das nicht nur einen politischen, sondern auch einen therapeutischen Effekt gehabt: Die religiöse Humorphobie lässt sich nämlich – wie jede andere Angststörung – nur durch die gezielte *Konfrontation mit dem aversiven Reiz* kurieren. Wer Angst hat, in den Keller zu gehen, weil dort eklige Spinnen auf ihn lauern, kann sich von dieser Phobie nur befreien, wenn er im Rahmen einer Konfrontationstherapie lernt, dass Spinnen in Wirklichkeit gar nicht so schlimm sind. Genauso müssen Menschen, die meinen, durch eine Karikatur tödlich verletzt zu werden, so lange mit Karikaturen konfrontiert werden, bis sie begreifen, dass es sehr wohl möglich ist, solche Zeichnungen zu ertragen, ohne verrückt zu werden. Selbstverständlich müssen Gläubige satirische Zeichnungen, in denen ihr Glaube karikiert wird, nicht *gutheißen*, nicht *akzeptieren*, aber sie sollten doch lernen, sie zu *tolerieren*, zu *erdulden*. Das ist eine wichtige Lektion in Sachen *Zivilisation*, die man religiösen Fundamentalisten – gerade wenn man sie als Mitmenschen respektiert – nicht vorenthalten sollte.

Aber hätte eine solche Haltung nicht zu einer weiteren Eskalation des Karikaturenstreits geführt?

Möglicherweise hätten sich am Anfang die aggressiven Symptome der Humorphobie verschärft, aber auf Dauer wären die Folgen weniger schädlich gewesen als die Konsequenzen, die das feige Einknicken des Westens letztlich nach sich zog. Denn dieses Einknicken wurde in der islamischen Welt als Indiz für das fehlende Rückgrat des »dekadenten Westens« interpretiert – und das ist ja noch nicht einmal so ganz falsch! Fakt ist doch: Der eklatante Mangel an Toleranz, den die Fundamentalisten zeigten, wurde durch unseren falschen Respekt gegenüber ihren »verletzten religiösen Gefühlen« verstärkt. Nach dieser wunderbaren Erfahrung werden sie sich künftig in ähnlichen Situationen wieder ähnlich verhalten. Aber dazu wird es wahrscheinlich gar nicht mehr kommen müssen, da sich von nun an jeder Zeichner, jeder Zeitungsredakteur, jeder Verleger zweimal überlegen wird, ob er islamkritische Karikaturen oder Satiren überhaupt noch veröffentlicht.

Wir haben also nach dem Karikaturenstreit einen »inneren Zensor« im Kopf, der uns davon abhält, die Freiheiten zu nutzen, die uns die Verfassung garantiert?

Genau! Wir haben aus falschem Respekt gegenüber Überzeugungen, die man als denkender Mensch gar nicht respektieren kann, ein Stück unserer eigenen Freiheit ge-
opfert – und dadurch nicht nur uns selbst verraten, sondern
auch die vielen Millionen Muslime und Nicht-Muslime, die
tagtäglich den Unterdrückungsapparat der islamischen Got-
tesdiktaturen zu spüren bekommen. Der sogenannte
»Kampf der Kulturen« verläuft ja nicht zwischen dem »islamischen Osten« und dem »christlichen Westen«, wie so oft
behauptet wird. Die eigentliche Auseinandersetzung findet
heute statt zwischen liberal denkenden Menschen, die es in
allen Religionen und Weltanschauungen gibt, und Fundamentalisten, die leider ebenfalls in *allen* Religionen und
Weltanschauungen zu finden sind.

Das heißt, dass wir durch unser Einknicken im Karikaturenstreit
auch den liberalen Muslimen in den Rücken gefallen sind?

So ist es. Ich weiß von gläubigen Muslimen im Iran, die
über die Mohammed-Karikaturen herzhaft gelacht, sie heimlich kopiert und – trotz der enormen Gefahr – unter Freunden verteilt haben. Statt diese liberal denkenden Menschen
zu unterstützen, haben wir die reaktionären Kräfte bestärkt.
Wir haben es sogar zugelassen, dass islamistische Politiker
auf der Welle des Karikaturenstreits eine »Resolution für
ein weltweites Verbot der öffentlichen Diffamierung von
Religionen« im UN-Menschenrechtsrat durchbringen konnten. Seither können religiös begründete Menschenrechtsverletzungen, etwa die Steinigung von Frauen nach dem
islamischen Gesetz der Schari'a, vor dem UN-Menschenrechtsrat (!) nicht mehr kritisiert werden, da solche Kritiken
mit dem Argument der »Diffamierung der Religion« ab-
gewehrt werden!

Kaum zu glauben ...

... und doch leider wahr! Hier zeigt sich, wo das *Prinzip der
Toleranz zu weit geht*, wo wir auf keinen Fall auch nur einen
Hauch von Duldsamkeit zeigen sollten: Es sollte absolut

klar sein, dass *Menschenrechtsverletzungen prinzipiell nicht zu tolerieren sind und dass es dabei gleichgültig ist, ob solche Verstöße gegen die Menschlichkeit religiös begründet werden oder nicht!* Wir dürfen es nicht hinnehmen, dass sich die Religionen in irgendeiner Weise über das Gesetz stellen. Auch die Vertreter »heiliger Werte« müssen sich dem Menschenrechtskanon unterwerfen. Tun sie es nicht, müssen wir sie stoppen!

Es gibt also Grenzen der Toleranz.

Selbstverständlich! »Grenzenlose Toleranz« wäre ja auch ein Widerspruch in sich! Das zeigt nicht zuletzt der Gebrauch des Begriffs »Toleranz« in der Ingenieurssprache: Techniker definieren »Toleranz« als »zulässige Abweichung vom Nennmaß«. Toleranz bezeichnet also den *Freiheitsspielraum*, innerhalb dessen eine Abweichung vom Normzustand unproblematisch ist. Nehmen wir an, der Normwert eines Rädchens in einem technischen System beträgt 10,5 cm, wobei über dem oberen Grenzwert von 10,7 cm ebenso Probleme entstehen wie unter dem unteren Grenzwert von 10,3 cm. Die Toleranz für das Rädchen in diesem System liegt also bei 4 mm. Im Grunde ist das bei sozialen Systemen gar nicht viel anders: Auch hier gibt es einen Rahmen, der definiert, was toleriert werden kann und was eben nicht.

Allerdings unterscheiden sich die verschiedenen Gesellschaften sehr stark darin, wie weit dieser Rahmen gesteckt ist, oder?

Natürlich! In faschistoiden Systemen wie der iranischen Gottesdiktatur ist der Rahmen des Erlaubten sehr viel enger bemessen als in freiheitlichen Demokratien wie der unsrigen. Deshalb gibt es bei uns auch so viele unterschiedliche Meinungen. Einige dieser Meinungen können wir als Individuen nicht *akzeptieren*, aber wir müssen sie *tolerieren* – und das ist auch gut so! Denn wer sagt uns, dass wir mit unserer Meinung im Recht sind – und nicht vielleicht doch die anderen? Nur durch den freundlich-feindlichen

Widerstreit der Meinungen kann sich eine Gesellschaft weiterentwickeln. Deshalb ist kulturelle Vielfalt auch eine so wichtige soziale Ressource. Wo sie fehlt, stagniert die Kultur. Allerdings darf man nicht übersehen, dass es Haltungen gibt, die die Weiterentwicklung einer offenen Gesellschaft gefährden. Solange sie bloß Meinungen bleiben, ist das kein Problem, denn *die Gedanken sind frei – auch frei zur Unvernunft!* Doch sobald aus solchen Meinungen Taten erwachsen, die im eklatanten Widerspruch zu den Menschenrechten, zur freiheitlichen Grundordnung und den auf ihr begründeten Gesetzen stehen, ist die Grenze des Tolerablen überschritten. In diesem Fall müssen wir einschreiten: *Wir dürfen die Intoleranz nicht tolerieren,* denn wenn wir den Feinden der Freiheit zu große Freiheiten einräumen würden, wäre es um unsere Freiheit bald geschehen.

Okay. Das heißt also: Wir sollten nicht um jeden Preis toleranter werden, sondern müssen genau hinschauen, was wir tolerieren können und was nicht.

Genau. Toleranz um jeden Preis wäre absurd. Um es salopp zu formulieren: *Wer für alles offen ist, ist nicht ganz dicht!* Leider meinen ja einige Leute, dass es Ausdruck einer besonders aufgeklärten Sichtweise sei, wenn man alles und jeden toleriert. Doch wer so denkt, unterliegt einem Trugschluss: Er verwechselt *Toleranz* mit *Ignoranz.*

Wieder so ein lateinisches Wort ...

Ja. Ignoranz geht auf das Substantiv »ignorantia« (»Unwissenheit, Dummheit«) zurück und bezeichnet die Unfähigkeit oder den Unwillen, bedeutsame Sachverhalte zur Kenntnis zu nehmen. Manch einer, der *tolerant* erscheint, ist in Wirklichkeit nur *ignorant,* denn er bemerkt gar nicht die Lasten, die er vielleicht zu erdulden hätte oder gegen die er sich möglicherweise wehren müsste. Echte Toleranz setzt dagegen Sachkenntnis voraus: Bevor man vernünftig entscheiden kann, ob etwas geduldet oder vielleicht sogar akzeptiert werden kann, muss man erst einmal wissen, worum es überhaupt geht. Ignoranten vermeiden die Anstrengung, sich mit den Dingen eingehender zu beschäftigen. Stattdessen verkaufen sie ihre Ignoranz als Toleranz – und das hat oft tödliche Folgen ...

Wieso?

Der ignorant-tolerante Leitspruch »leben und leben lassen« führt leider dazu, dass viele *ihr Leben lassen müssen*! Das gilt etwa im Hinblick auf die ignorante Ausblendung der schrecklichen Folgen religiöser Propaganda. So hat man beispielsweise komplett verdrängt, dass in Nigeria in den letzten zehn Jahren Tausende von Kindern als »Hexen« verfolgt, verstümmelt, verätzt, verbrannt wurden – von Christen wohlgemerkt, nicht von Muslimen, aufgehetzt durch evangelikale Prediger, deren »Missionswerke« hier in Deutschland als »gemeinnützig« anerkannt sind. Verheerend ist auch die weit verbreitete Ignoranz gegenüber den Folgen unseres Weltwirtschaftssystems, das täglich Tausende von Menschenleben vernichtet und Umweltschäden in katastrophalem Ausmaß erzeugt. Allein unsere Ignoranz macht es möglich, dass wir mitfühlenden Wesen solch fürchterliche Zustände tolerieren, statt mit aller Kraft daran zu arbeiten, sie zu beseitigen.

Also ist der Kampf gegen die Ignoranz eine wichtige Voraussetzung für die Verbesserung der Welt?

Ja. Wenn es uns nicht gelingt, die Mauer der Ignoranz zu durchbrechen, können wir den Traum von einer besseren Welt an den Nagel hängen.

Hmmm ... Wäre der »Traum von einer besseren Welt« nicht ein schönes Thema für unser abschließendes Gespräch morgen?

Eigentlich wäre es eher ein Thema für ein ganzes Buch! Aber du hast schon recht: Wir sollten das Thema zumindest anreißen. Ansonsten hätten wir bei unserem Streifzug durch die Gärten der Philosophie etwas sehr Wesentliches ausgelassen ...

»Das Gerede vom ›Respekt vor religiösen Gefühlen‹ hat nichts mit Toleranz zu tun; es ist entweder Teil der religiösen Propaganda oder schlicht Ausdruck einer Feigheit, die sprichwörtlich geworden ist: Der Klügere gibt nach. Das hat der Dummheit noch immer zum Sieg verholfen.« Mit diesen klaren Worten meldete sich der Satiriker **Wiglaf Droste** (*1961) auf dem Höhepunkt des sogenannten »Karikaturenstreits« (Februar 2006) zu Wort. Droste, der den Fanatikern aller Religionen ins Merkbuch schrieb, es gebe »keinen Kampf zwischen Gut und Böse«, sondern »nur den zwischen Klug und Blöde«, war eine rühmliche Ausnahme in der Medienlandschaft. Die meisten Kommentatoren gefielen sich in der schicken Rolle des »Fundamentalistenverstehers«, der zwar Gewalttätigkeiten prinzipiell ablehnt, aber doch »tiefstes Verständnis« für die »verletzten religiösen Gefühle« der Gläubigen aufbringt.

Diese duckmäuserische Haltung ging nicht nur Wiglaf Droste gegen den Strich, sondern auch dem Comiczeichner **Ralf König** (*1960), der mit seinen Büchern (u. a. »Der bewegte Mann« und »Kondom des Grauens«) wesentlich zur Enttabuisierung der Homosexualität beigetragen hat. König ärgerte sich, wie er in einem Interview bekannte, über »dieses Hüsteln, dieses Entschuldigen, dieses Wir-müssen-auch-mal-nachdenken-wie-weit-die-Pressefreiheit-bei-uns-gehen-kann« und forderte eine entschiedenere Verteidigung der demokratischen Werte. Spontan zeichnete er acht Karikaturen zum Karikaturenstreit: In einer dieser Zeichnungen präsentierte er die Modelle »Meinungsvielfalt, Pressefreiheit und Sinn für Satire« in einem »vorbildlich toleranten Burka-Outfit«. In einer anderen zeigte er die »Vertreter westlicher Werte und Toleranz«, wie sie sich auf Knien vor einem islamischen Geistlichen für ihre Meinungs- und Pressefreiheit entschuldigen, worauf dieser antwortet: »Und euer Sinn für Humor?! Wer entschuldigt sich für euren Sinn für Humor?!!«

Dass der »Sinn für Humor« religiösen und politischen Herrschern seit Menschengedenken besonders zu schaffen macht, liegt in der *subversiven Kraft des Komischen* begründet. Denn es gehört zu den Grundprinzipien des Humors, *Autoritäten zu untergraben*. Warum ist das so? Der englische Philosoph **Herbert Spencer** (1820–1903) fasste das Wesen des Komischen einmal mit dem Begriff der »absteigenden Inkongruenz«. Komisch ist es nach Spencer, wenn zwei inkongruente (nicht übereinstimmende) Informationen aufeinandertreffen und dabei die eine Information die andere »absichtsvoll herunterzieht«. Je krasser dabei die Differenz zwischen Info A und Info B ausfällt, desto größer ist der komische Effekt – und aus eben diesem Grund liefert die Religion seit jeher der Satire ihre besten Pointen. Denn nirgends ist das Auseinanderklaffen von Anspruch und Wirklichkeit, von verkündeter Wahrheit und praktiziertem Schwindel, von weltfremdem Ideal und gemeinem Alltag so offensichtlich wie im Falle der Religion. (Man denke etwa an einen Priester, der sonntags mit heiliger Inbrunst das blinde Gottvertrauen predigt, aber montags einen Blitzableiter am Kirchturm montieren lässt.)

Dass die Verteidiger religiöser oder politischer Herrschaft mit dem satirischen Humor auf Kriegsfuß stehen, ist nicht verwunderlich: Denn nichts holt die wolkigen Ideale konsequenter auf den Boden der Tatsachen zurück, nichts entzaubert erhabene Autoritäten nachhaltiger als die satirische Attacke. **Friedrich Nietzsche** (1844–1900) schrieb dazu: »Nicht durch Zorn, sondern durch Lachen tötet man.« Der »Philosoph mit dem Hammer« hatte recht: Wenn es irgendetwas gibt, das die emotionalen Grundpfeiler der Knechtschaft, nämlich Angst und Demut, abtötet, so ist es das befreiende Lachen. Daher ist es kein Zufall, wie der Philosoph **Peter Sloterdijk** (*1947) schreibt, »dass typische Eiferer im Humor den Feind erkennen, der jeder militanten Einseitigkeit das Geschäft verdirbt«.

Entsprechend scharf reagierten die Herrscher aller Zeiten auf die subversive Kraft des Humors, indem sie Paragrafen schufen, die »Majestätsbeleidigung« oder »Gotteslästerung« unter harte Strafen stellten. Bis heute lässt sich der Freiheitsgrad einer Gesellschaft am besten daran ermessen, welchen Spielraum Satiriker in ihr genießen. Dabei zeichnet sich eine wahrhaft »offene Gesellschaft« nicht allein dadurch aus, dass sie satirische Kritik duldet (Toleranz), sondern dadurch, dass sie einen kulturellen Nährboden schafft, in dem solche Kritik gut gedeihen kann (Akzeptanz). Der britische Komiker **Rowan Atkinson** (*1955), bekannt als »Mr. Bean«, brachte dies einmal schön auf den Punkt: »Das Recht zu beleidigen«, sagte er, sei »sehr viel wichtiger als das Recht, nicht beleidigt zu werden.«

Warum dies so ist, wird klar, wenn man sich vergegenwärtigt, dass die »Leitkultur« einer offenen Gesellschaft in erster Linie eine *Streitkultur* ist: Sie verlangt eben nicht, dass die einzelnen Gesellschaftsmitglieder das Gleiche denken, glauben, hoffen, sondern sie zieht ihre Kraft gerade daraus, dass sie ein soziales Spielfeld ermöglicht, auf dem die unterschiedlichen Standpunkte aufeinanderprallen können. Denn erst durch diesen freien, produktiven Widerstreit der Meinungen kann sich eine Gesellschaft weiterentwickeln. Voraussetzung dafür ist allerdings, dass die einzelnen Gesellschaftsmitglieder den zivilisierten Umgang mit »weltanschaulichen Verletzungen« erlernt haben, was für Vertreter »höherer, religiöser Wahrheiten« eine besonders schwere Übung zu sein scheint.

Dies zeigt sich nicht zuletzt in dem immer wieder unternommenen Versuch, »verletzbare religiöse Gefühle« unter »Denkmalschutz« zu stellen. Hinter dem Scheinargument des »religiösen Beleidigtseins« verbirgt sich eine Strategie, die der Philosoph **Hans Albert** (*1921) treffend als »Immunisierung gegen Kritik« beschrieben hat. Wie Albert zeigte, neigt gerade derjenige, der »Angst vor der Aufdeckung von Irrtümern« hat, dazu, sich der Kritik zu entziehen, indem er irrtumsbehaftete menschliche Aussagen als »heilig«, »unfehlbar«, »unantastbar« ausweist.

Diese dogmatische Strategie hat, wie wir wissen, in der Menschheitsgeschichte enormes Leid verursacht – und sie ist auch heute noch für viele schreckliche Verbrechen verantwortlich. Anstatt weiter nach der inquisitorischen Maxime »Du wirst dran glauben – oder du wirst dran glauben!« zu verfahren, sollten wir daher lernen, Kritik als Geschenk zu begreifen. Denn nur so werden wir in die Lage versetzt, *falsche Ideen sterben zu lassen*, bevor Menschen (wie im Karikaturenstreit) *für falsche Ideen sterben müssen* ...

Eine bessere Welt ist möglich ...

Wir wollen ja heute in unserem letzten Gespräch über den »Traum von einer besseren Welt« sprechen. Was denkst du denn: Handelt es sich dabei wirklich nur um einen »Traum« oder ist eine bessere, eine gerechtere Welt tatsächlich möglich?

Ich bin überzeugt, dass eine »bessere Welt« nicht nur *nötig*, sondern auch *möglich* ist. Würde ich nicht daran glauben, dass wir die Lebensverhältnisse nachhaltig verbessern können, wäre ich kein Humanist, sondern ein Zyniker.

Ein Zyniker ist also jemand, der meint, dass man die Welt entweder nicht verbessern muss oder dass man sie gar nicht verbessern kann?

Ja, im ersten Fall resultiert der Zynismus aus einem Mangel an Empathie, im zweiten Fall aus einem Mangel an Phantasie.

Weil man sich nicht vorstellen kann, wie eine bessere Welt aussehen könnte?

Genau. Viele Menschen starten zwar mit hohen Idealen in ihr Erwachsenenleben, doch schon bald resignieren sie und finden sich mit der »Schlechtigkeit der Welt« ab, zu der sie sich überhaupt keine tragfähigen Alternativen ausmalen können. Diese Denkhaltung ist ja auch ziemlich bequem: Denn wenn man meint, dass es sowieso keine Chancen gibt, irgendetwas an den globalen Missständen zu ändern, hat man die beste Entschuldigung dafür, dass man nichts unternimmt, um sie zu ändern! So kann man es sich recht behaglich in der eigenen Hilflosigkeit einrichten...

Vor Kurzem habe ich in deiner Bibliothek ein Buch mit dem Titel »Hurra, wir kapitulieren!« entdeckt. Ist das die Denkhaltung, die du kritisierst?

Ja. Henryk M. Broder hat in dem Buch, von dem du sprichst, die Kapitulation westlicher Gesellschaften vor freiheitsfeindlichen Versionen des Islam angegriffen. Ich stimme Broder zwar nicht in allen, aber doch in vielen Punkten zu. Fatalerweise zeigt sich die »Lust am Einknicken« nicht nur in unserem Umgang mit rückständigen religiösen Vorstellungen, sondern auch auf anderen Problemfeldern, etwa in Bezug auf den Welthunger oder die ökologischen Folgen der Weltwirtschaft. Wir sind zu »fröhlichen Bankrotteuren« geworden, die es vorziehen, vorschnell aufzugeben, bevor sie sich irgendeiner größeren Herausforderung ernsthaft stellen müssen. Friedrich Nietzsche hätte diesen »Willen zur Ohnmacht« als untrügliches Zeichen der Dekadenz beschrieben.

Das Wort »Dekadenz« wird ja heute von Politikern häufiger benutzt. Mir ist allerdings nicht ganz klar, was es bedeutet...

Der Begriff ist aus dem lateinischen Wort »decadentia« abgeleitet und bezeichnet den Verfall oder Niedergang einer Gesellschaft oder Kultur. Er wurde in der Geschichtsschreibung zunächst für den Untergang des römischen Imperiums verwendet. Den kulturellen Verfall, der damit einherging, kann man an der Geschichte deiner Geburtsstadt, Trier, gut demonstrieren: Im 4. Jahrhundert gab es in der Stadt große Paläste, Schulen, Bibliotheken, Theater, Schwimmbäder, Saunen, Skulpturen und Mosaike von höchstem künstlerischen Wert. Zweihundert Jahre später war davon nichts mehr zu sehen. Die Menschen lebten, als hätte man sie um tausend Jahre in die Vergangenheit zurückkatapultiert. Ihre Häuser waren Baracken, es gab keine sanitären Einrichtungen mehr, geschweige denn bedeutende Kunstwerke, kaum jemand war noch des Lesens und Schreibens mächtig...

Meinst du, dass ein solcher kultureller Zusammenbruch auch heute noch möglich wäre?

Das kann man nicht ausschließen! Die Aufklärer der Vergangenheit unterlagen leider einem Fehlschluss, als sie glaubten, dass nur »das Bessere Feind des Guten« sei und dass sich die Menschheit deshalb notwendigerweise in Richtung größerer Humanität und Aufgeklärtheit entwickeln werde. Spätestens seit der kulturellen Katastrophe des Nationalsozialismus sollten wir wissen, dass auch »das Schlechtere Feind des Guten« ist. Wir müssen uns damit abfinden, dass es keinen »Fortschrittsautomatismus«, kein vorprogrammiertes »Happy End« in der Geschichte gibt. Im Gegenteil: All die großen Errungenschaften, die in der Vergangenheit so blutig erkämpft werden mussten, etwa die Kunst-, Presse- und Meinungsfreiheit, können schnell wieder verloren gehen, wenn wir nicht den Mut aufbringen, sie mit aller Entschiedenheit zu verteidigen.

Demnach ist nicht nur eine bessere Welt möglich, sondern auch eine schlechtere ...

Selbstverständlich! Es liegt an uns, in welche Richtung sich die Dinge entwickeln. Deshalb ist es auch so fatal, dass wir vor den großen Problemen unserer Zeit kapitulieren – vor allem, weil manche dieser Probleme so drängend sind, dass sich jede weitere Verzögerung ihrer Lösung verbietet. Denk nur an die fürchterlichen Folgen der extremen Armut. Wie du vielleicht weißt, sterben täglich rund 30 000 Kinder vor ihrem fünften Lebensjahr. Das heißt: In der Zeit, in der wir zwei über den »Sinn und Unsinn des Lebens« philosophiert haben, mussten Hunderttausende von Kindern ihr Leben lassen, pro Jahr sind es etwa elf Millionen! Die Hälfte von ihnen stirbt an den Folgen von Unterernährung, die anderen fallen fehlender Hygiene, mangelhafter medizinischer Versorgung oder Bürgerkriegen zum Opfer.

Das ist schrecklich, aber was können wir dagegen tun?

Langfristig helfen nur eine nachhaltige Umgestaltung des

Weltwirtschaftssystems sowie strukturelle Veränderungen in den Entwicklungsländern selbst, die häufig von korrupten Eliten und skrupellosen Diktatoren beherrscht werden. Angesichts der akuten Bedrohung von Millionen Menschenleben können wir aber auf derartige, langfristige Wirkungen nicht warten. Wir brauchen dringend internationale Hilfsprogramme, die schon heute die schlimmste Not vor Ort lindern.

Es gibt doch bereits viele Hilfsprojekte, die in den ärmsten Regionen der Welt humanitäre Arbeit leisten, oder?

Natürlich, doch insgesamt müsste sich die Weltgemeinschaft stärker engagieren, um den Fluch der extremen Armut zu bannen. Möglich wäre das auf jeden Fall: Schätzungen zufolge hätten im Jahr 2001 Hilfen in Höhe von 124 Milliarden Dollar ausgereicht, um sicherzustellen, dass niemand an den Folgen von Unterernährung sterben muss. Zum Vergleich: Allein im Jahr 1999 gaben die US-Amerikaner 160 Milliarden Dollar für Alkoholika aus.

Du wirst doch jetzt nicht etwa zum Abstinenzler werden, der den Leuten empfiehlt, auf Drinks zu verzichten, um das Welthungerproblem zu lösen.

Nein, darum geht es nicht! Ich wollte nur andeuten, dass wir durchaus die ökonomischen Ressourcen besitzen, um die extreme Armut zu beseitigen. Auf dem Uno-Entwicklungsgipfel in New York im Jahr 2000 formulierten die *Vereinten Nationen* die sogenannten »Jahrtausend-Entwicklungsziele« (»Millenium Development Goals«). Hiernach sollen bis ins Jahr 2015 unter anderem folgende Ziele erreicht werden: Der Anteil der Menschen, die hungern (das sind derzeit etwa 700 Millionen), soll halbiert werden, weltweit sollen Mädchen wie Jungen zumindest eine Grundschulausbildung erhalten, die Sterblichkeit von Kindern unter fünf Jahren soll um zwei Drittel gesenkt, die Ausbreitung von Malaria und anderen schweren Krankheiten gestoppt und der Anteil der Menschen, die keinen Zugang zu sauberem Trinkwasser haben (das sind derzeit etwa eine Milliarde!) halbiert werden. Bislang sieht es jedoch nicht so aus, als könnten diese Entwicklungsziele erreicht werden...

Und woran liegt das deiner Meinung nach?

Zum Teil liegt das an der falschen Politik in den ärmsten Ländern selbst, zum Teil an den Rahmenbedingungen der Weltwirtschaft, die es den Entwicklungsländern erschweren, wirtschaftlich Fuß zu fassen. Nicht zuletzt liegt das aber auch am fehlenden Engagement der reichen Industrienationen. Um das Milleniumsprogramm zu finanzieren, müssten sie rund 180 Milliarden Dollar jährlich aufbringen, etwa 80 Milliarden Dollar mehr, als sie bislang in die Entwicklungshilfe investieren. Doch dazu fehlt offensichtlich der politische Wille.

Angesichts der leeren Staatskassen kann man das ja vielleicht sogar verstehen...

Ja, vielleicht. Deshalb ist auch der Vorschlag, den der Philosoph Peter Singer vor einiger Zeit machte, bedenkenswert: Denn Singer nahm nicht die Staaten in die Pflicht, sondern die wohlhabenden, reichen und superreichen Bürgerinnen und Bürger der Industrienationen. Nach seiner »Spendenformel« zur Bekämpfung der weltweiten Armut sollten Menschen mit einem Jahreseinkommen von 105 000 bis 148 000 Dollar 5 Prozent abgeben, in der Einkommensgruppe von 148 000 bis 383 000 Dollar wären 10 Prozent fällig. Der empfohlene Spendensatz steigt dann bis auf 33,33 Prozent für die Superreichen mit einem Spitzenverdienst von mehr als 10,7 Millionen Dollar an. Als Singer zusammenrechnete, wie hoch das Spendenaufkommen nach dieser Formel allein in den USA wäre, kam er auf die erstaunliche Summe von 471 Milliarden Dollar. Damit ließe sich das Problem der extremen Armut vollständig beseitigen, sofern die Mittel effektiv eingesetzt würden. Käme Singers Modell auch in den anderen Ländern zur Anwendung, stünden uns sogar 1,5 Billionen Dollar jährlich zur Verfügung, um die Lebensverhältnisse weltweit zu verbessern. Mit diesem Kapital könnte man – theoretisch – sicherstellen, dass kein Mensch mehr unter unwürdigen Umständen leben müsste. Wir könnten langfristig in eine bessere Bildung der Menschen investieren und mithilfe struktureller Reformen das Bevölkerungswachstum ausbremsen, die wirtschaftliche Entwicklung in den Krisenregionen stärken, ökologische Schädigungen reduzieren und auch die Ausbreitung sozialer Epidemien wie Nationalismus und Fundamentalismus verhindern.

Das ist ja alles schön und gut! Aber wie realistisch ist es denn, dass die Wohlhabenden, Reichen und Superreichen dieser Welt einen Teil ihres Vermögens abgeben?

Denk an Bill Gates: Der ehemalige Microsoft-Chef hat mit seiner Frau Melinda die mit Abstand größte Privatstiftung der Welt gegründet, die sehr erfolgreich auf dem Gebiet der Entwicklungshilfe tätig ist. Bis zu seinem Tod will Gates nicht nur (wie von Peter Singer gefordert) ein Drittel, sondern 95 Prozent seines Vermögens für wohltätige Zwecke spenden. Der Großinvestor Warren Buffet, der aktuell drittreichste Mensch der Welt, will schon in den nächsten Jahren 85 Prozent seines Besitzes an gemeinnützige Stiftungen verschenken, sein Erbe soll zu 99 Prozent wohltätigen Zwecken zukommen.

Das ist großartig! Aber Gates und Buffet sind doch bloß rühmliche Ausnahmen, oder?

Ja und nein. Vor Kurzem starteten die beiden die Kampagne »The Giving Pledge« (»Das Versprechen, etwas herzugeben«) und stießen dabei schon in den ersten acht Wochen auf erstaunlich große Resonanz: Im August 2010 versprachen 40 US-Milliardäre mindestens die Hälfte ihres Vermögens für wohltätige Zwecke zu spenden. Es ist also nicht so, dass reiche Menschen prinzipiell nicht bereit wären, einen Teil ihres Vermögens abzugeben.

Okay. Aber für diese Leute gelten doch ganz besondere Bedin-

gungen: Ich meine, wer sich Bill Gates anschließt und Millionen oder gar Milliarden spendet, der kann sich dadurch den Ruf als großer Wohltäter verdienen und wahrscheinlich sogar sehen, wie viel Gutes sein Geld bewirken kann, das er persönlich zum Leben ja gar nicht braucht. Aber was ist mit denjenigen, die »nur« 130 000 Dollar im Jahr verdienen und davon nach Singers Formel 6500 Dollar abgeben müssten? Sie werden dadurch ihren gesellschaftlichen Ruf nicht groß verbessern können, und wahrscheinlich hätten sie auch nicht das Gefühl, mit ihrer Spende irgendetwas Bedeutsames bewegt zu haben...

Na ja, mit 6500 Dollar kann man durchaus etwas bewegen: Mit dem Geld könnte man beispielsweise 13 000 Menschen, die aufgrund von Grauem Star oder Entzündungen erblindet sind, das Sehvermögen wiedergeben. Das ist für Menschen in Entwicklungsländern sehr wohl etwas höchst Bedeutsames! Dennoch ist dein Einwand natürlich berechtigt: Der normale Spender erwirbt längst nicht so viel soziales Prestige wie ein Großspender. Außerdem hast du recht mit deinem Hinweis, dass man eher etwas spendet, wenn man die positiven Folgen seiner Hilfe konkret beobachten kann. Der »Schleier der Abstraktion«, über den wir ja schon gesprochen haben, legt sich leider nicht nur über die Realität des Grauens in der Welt, sondern verhüllt auch die positiven Wirkungen, die von altruistischen Taten ausgehen. Dazu gibt es einige interessante Untersuchungen: So fand man beispielsweise heraus, dass Menschen mehr spenden, wenn sie nur von der Not eines *einzelnen Kindes* erfahren, als wenn man ihnen zusätzlich noch die Information gibt, dass neben diesem einen Kind *viele tausend andere Kinder* in ähnlicher Weise leiden müssen. Wir sind in der Regel sogar eher bereit, eine bestimmte Summe zu spenden, wenn dadurch *ein Kind* gerettet werden kann, als wenn man uns sagt, dass mit der gleichen Summe *zehn oder zwanzig Kinder* gerettet werden können.

Aber das ist doch völlig bescheuert!

Klar, aber so funktioniert die menschliche Psyche nun einmal! Abstrakte Zahlen rühren uns längst nicht so sehr an wie ein einzelnes, konkretes Schicksal. Was die Spendenbereitschaft aber noch stärker reduziert, ist die Abstraktion der »kollektiven Verantwortung«: Denn natürlich ist der Einzelne nicht verantwortlich für das Elend in der Welt – und er kann dieses Elend als Einzelner auch nicht beseitigen. Logischerweise können wir in dieser Hinsicht nur gemeinsam etwas erreichen. Das Problem jedoch ist: Solange jeder Einzelne meint, dass er nichts an den katastrophalen Missständen in der Welt ändern kann, werden wir auch als Gemeinschaft nichts an diesen Missständen ändern können. Wir verlassen uns nur zu gerne auf »die anderen«. Solange sie nichts tun, tun wir auch nichts. Und so bleibt alles beim Alten...

Der Einzelne wird sich also nur engagieren, wenn er sieht, dass sich viele andere ebenfalls engagieren?

Genau – und das macht Peter Singers Vorschlag so interessant, denn er schiebt die Verantwortung nicht an abstrakte Gremien ab, sondern nimmt jeden Einzelnen von uns in die Pflicht. Auf der Website *thelifeyoucansave.com* kann man das Versprechen abgeben, dass man sich an die vorgeschlagene Spendenformel halten will und den entsprechenden Anteil seines Einkommens an Projekte abgibt, die jenen helfen, die in extremer Armut leben.

Hast du dich da eingetragen?

Ja. Allerdings zähle ich als freischaffender Philosoph mit meinen mickrigen Einnahmen nicht zu den wirklich interessanten Leuten. Um ein finanzkräftiger Spender zu sein, hätte ich einen anderen Beruf wählen müssen.

Wie viele Leute haben denn außer dir versprochen, sich an die Spendenformel zu halten?

Leider nicht sonderlich viele! Wir können ja mal auf der Website nachschauen... Ja, es ist so, wie ich es mir dachte: Es sind noch immer unter 7000 Personen.

Damit kommt man nicht weit!

Nein. Auf diese Weise werden wir mit Sicherheit nicht das Kapital zusammenbekommen, das notwendig ist, um die globale Misere in den Griff zu bekommen. Ganz anders sähe die Sache natürlich aus, wenn man den Bedingungen der Spendenformel nicht erst aktiv *zustimmen müsste*, sondern ihr höchstens aktiv *widersprechen könnte*.

Wie meinst du das?

Lass es mich am Beispiel der Organspendepraxis verdeutlichen: In unserem Nachbarland Österreich gilt die sogenannte *Widerspruchsregelung*. Das heißt: In Österreich wird grundsätzlich davon ausgegangen, dass *jeder* Mensch, der dort stirbt, Organspender ist, sofern er sich nicht ausdrücklich dagegen ausgesprochen hat und in das entsprechende Nicht-Organspender-Register eingetragen ist. In Deutschland hingegen gilt die *Zustimmungsregel*: Organspender ist hier nur derjenige, der der Spende ausdrücklich zustimmt. Die Folge davon ist, dass in Deutschland viele Menschen vergeblich auf ein lebensrettendes Organ warten. Denn obwohl zwei Drittel der Deutschen für die Organspende eintreten, haben nur klägliche 17 Prozent einen Organspendeausweis. Die katastrophalen Folgen davon kannst du dir ausmalen ...

Du bist also dafür, in Deutschland ebenfalls die Widerspruchsregelung bei der Organspende einzuführen?

Selbstverständlich. Denn es ist absolut unethisch, die eigenen Organe im Grab verrotten zu lassen, wenn andere Menschen auf diese Organe angewiesen sind, um weiterleben zu können! Die *ethische Entscheidung* (also die Organspende) sollte der *Normalfall* sein, die *unethische Entscheidung* (nämlich die Verweigerung der Spende im Todesfall) hingegen die *Ausnahme von der Regel*.

Und das Gleiche sollte deiner Meinung nach auch für Spenden nach Singers Formel gelten?

Ja. Denn es ist ebenfalls unethisch, nichts gegen das katastrophale Leid in der Welt zu unternehmen, wenn man sich als wohlhabender Mensch eine solche »Weltentwicklungsabgabe« problemlos leisten könnte. Auch hier sollte die *ethische Entscheidung* (eine dem jeweiligen Einkommen angemessene Spende) der *Normalfall* sein, die *unethische Entscheidung* (die unterlassene Hilfeleistung) der *Sonderfall*. Singer fragt doch zu Recht: »Ist es wirklich zu viel verlangt, wenn wir erwarten, dass Menschen, die 383 000 Dollar verdienen, auch mit 351 000 Dollar auskommen können?«

Ich stimme zu: Das ist wirklich nicht zu viel verlangt! Aber wenn du schon solch radikale Forderungen aufstellst, dann wundert es mich, dass du die Spitzenverdienste an sich gar nicht angreifst. Wäre eine Gesellschaft, in der alle ungefähr das Gleiche verdienen, nicht sehr viel gerechter?

Nicht notwendigerweise. Denn du musst bedenken: Wenn wir alle Einkommensunterschiede nivellieren würden, so würden wir den Menschen wichtige Anreize nehmen, die sie dazu motivieren, besondere Leistungen zu erbringen.

Du willst doch nicht etwa behaupten, dass alle reichen und superreichen Leute in ihrem Leben besondere Leistungen erbracht haben, oder?

Nein. Manche lassen einfach nur »ihr Geld arbeiten« – was, bei Licht betrachtet, eine ziemlich absurde Vorstellung ist. Oder hast du schon mal einen Geldschein gesehen, der aufgrund der vielen anstrengenden Arbeit Schweißperlen entwickelt hätte?

Nee, ein solches Exemplar ist mir noch nicht unter die Augen gekommen ...

Kein Wunder, denn es sind immer Menschen, die arbeiten, also reale Leistungen erbringen! Geld an sich ist völlig unproduktiv. Leider hat sich in den letzten Jahrzehnten die Geldwirtschaft von der Realwirtschaft weitgehend entkoppelt. Heute erzeugt Reichtum Reichtum – nicht das, was im realen Leben produziert oder konsumiert wird. An dieser Stelle müssen wir dringend Kurskorrekturen vornehmen: Leistungen im realen Leben müssen sich mehr lohnen als kurzfristige Spekulationen an der Börse! Da läuft im Moment vieles schief. Ich habe unser Wirtschaftssystem einmal mit einem Monopolyspiel verglichen, bei dem die besten Straßen und Hotels von vornherein an einige Mitspieler vergeben sind. Dies ist nicht nur in höchstem Maße ungerecht, sondern reduziert auch die Lust, sich überhaupt noch an dem Spiel aktiv zu beteiligen. Denn die einen werden bei jeder Runde ohnehin reicher und die anderen ärmer. So kann eine Wirtschaft auf Dauer nicht funktionieren.

Wir sollten also darauf achten, dass die Karten am Anfang mehr oder weniger gleich verteilt sind ...

Richtig. Das ist es auch, was der schöne Begriff der »Chancengleichheit« umschreibt: *Jeder sollte die Chance haben, das Optimum aus seinem Leben herauszuholen.* Es geht also darum, möglichst faire Startbedingungen für alle herzustellen. In dieser Hinsicht ist, wie du dir denken kannst, nicht nur im globalen Maßstab, sondern selbst in unserer reichen Gesellschaft noch unglaublich viel zu tun! Die Herstellung von Chancengleichheit müsste, wie ich meine, das zentrale politische Ziel unserer Zeit sein. Allerdings sollte man Chancengleichheit nicht mit dem Trugbild der absoluten sozialen Gleichheit verwechseln. Denn eine absolute Gleichheit ließe sich nur mit diktatorischen Mitteln herstellen, also auf Kosten all der Freiheiten, die im Laufe der Geschichte erkämpft wurden.

Wieso das?

Weil *Menschen von Natur aus ungleich sind*! Um sie gleich zu machen, müsste man sie »über einen Kamm scheren«, also: ihnen *als Individuen Gewalt antun.* Menschen haben nun einmal unterschiedliche Talente und erbringen unterschiedliche Leistungen, die von anderen in unterschiedlicher Weise wertgeschätzt werden. Manche dieser Fähigkeiten sind in unserer Gesellschaft hoch begehrt (etwa die

Treffsicherheit eines Fußballspielers), andere weniger (etwa die Fähigkeit, philosophische Sachverhalte auf den Punkt zu bringen). Wenn man dies einkalkuliert, weiß man, dass sich selbst unter absolut gleichen Startbedingungen bald wieder soziale Ungleichheiten herausbilden werden, die sich letztlich auch in Einkommensunterschieden ausdrücken. Doch ist das wirklich ein Problem? Ist es ungerecht, dass Michael Ballack so viel mehr verdient als ich? Und ist es ungerecht, dass er mehr verdient als ein Regionalligaspieler?

Dass er mehr verdient, ist ja in Ordnung! Aber warum muss es denn gleich *so viel* mehr sein?

Schau mal: Wie jeder andere, nimmt Michael Ballack das, was der Markt für ihn hergibt. Es wäre doch seltsam, wenn er bei der nächsten Vertragsverlängerung sagen würde: »Vielen Dank für Ihr großzügiges Angebot, aber das ist wirklich zu viel! Herr Schmidt-Salomon verdient so viel weniger als ich. Deshalb möchte ich ab sofort nur noch 10 Prozent meines Gehalts bekommen.«

Das wäre nicht nur seltsam, sondern ziemlich bescheuert!

Eben. Wir müssen uns damit abfinden, dass unterschiedliche Leistungen unterschiedlich begehrt sind und deshalb auch unterschiedlich vergütet werden. Meines Erachtens widersprechen derartige Einkommensunterschiede nicht notwendigerweise den Prinzipien der Gerechtigkeit – zumindest nicht, solange eine ausreichende Grundversorgung aller gewährleistet ist und solange diejenigen, die mehr verdienen, sich mit ihren Ressourcen mehr in die Gemeinschaft einbringen. Wollte man unbedingt verhindern, dass diejenigen, die mehr leisten oder deren Fähigkeiten besonders gefragt sind, davon in irgendeiner Weise profitieren, so würde man nicht nur ihre Leistungsmotivation hemmen, sondern auch sehr viel mehr Ungerechtigkeiten erzeugen, als man mit solchen Maßnahmen verhindern könnte. Schließlich ist es nicht gerade gerecht, *ungleiche* Leistungen *gleich* zu honorieren. Wenn ein Sportler, der bei der Olym-

piade 8,90 m springt, sich die Goldmedaille teilen müsste
mit jedem, der es gerade mal über die 7-Meter-Marke geschafft hat, würde er zu Recht auf die Barrikaden gehen...
Logisch! Dennoch leuchtet mir dein Ansatz nicht wirklich ein:
Einerseits erklärst du doch, dass man nicht stolz auf seine eigenen Leistungen sein sollte, da sich niemand seine besonderen
Talente ausgesucht hat. Andererseits aber akzeptierst du, dass
diese Fähigkeiten ganz unterschiedlich honoriert werden. Wie
passt denn das zusammen? Es ist doch total ungerecht, dass der
eine Ruhm und Vermögen anhäuft und der andere weitgehend
leer ausgeht, obwohl letztlich beides auf Faktoren zurückgeht,
die der Einzelne überhaupt nicht kontrollieren kann!

Da hast du recht: Dies alles ist furchtbar unfair! Schließlich
suchen wir uns unsere Erbanlagen, unsere Talente, unsere
körperlichen und psychischen Anfälligkeiten ebenso wenig
aus wie die Zeit, die Kultur, die Familie, die Verhältnisse, in
die wir hineingeboren werden. Wie ich ja schon sagte: Einige
haben das Glück, ein echtes Traumlos in der »Lotterie des
Lebens« zu ziehen, viele andere haben dieses Glück nicht.
Bedauerlicherweise werden wir diese »Ungerechtigkeiten
des Lebens« niemals vollständig beseitigen können (es sei
denn, wir würden fortan auf natürliche Fortpflanzung verzichten, alle Menschen klonen und absolut identische Lebensverhältnisse herstellen, was aber aus vielerlei Gründen
kaum wünschenswert sein dürfte). Wir können nur versuchen, unverhältnismäßige Härten, die sich aus diesen
Ungleichheiten ergeben, so gut es eben geht, zu kompensieren.

Das verlangt aber, dass die erfolgreichen Mitglieder der Gesellschaft bereit sind, den weniger Erfolgreichen unter die Arme zu
greifen.

Das ist richtig. Und genau in diesem Zusammenhang
kommt die Frage des Stolzes wieder ins Spiel: Denn wer
sich einbildet, dass sein Erfolg letztlich auf sein »ach so
grandioses Selbst« zurückzuführen ist, der wird sich gegen-

über den »Verlierern« weit weniger solidarisch verhalten als derjenige, der sich im Klaren darüber ist, dass er seinen Erfolg unendlich vielen, glücklichen Zufällen zu verdanken hat. Die gängige Ideologie, dass »jeder seines eigenen Glückes Schmied« sei, rechtfertigt insofern die Armut der Armen und den Reichtum der Reichen. Nur wenn wir diese *stolze Selbstgerechtigkeit* überwinden, mit der die »Gewinner« über die »Verlierer« im gesellschaftlichen Spiel richten, werden wir hinreichend motiviert sein, faire Verhältnisse herzustellen, die es jedem Einzelnen ermöglichen, das für sich Optimale in seinem Leben zu erreichen.

Glaubst du, dass wir beiden eine solche Welt noch erleben werden?

Nein. Wir können allenfalls unseren Teil dazu beitragen, dass ein solches Szenario ein wenig wahrscheinlicher wird. Und das ist, wie ich meine, ein Ziel, für das es sich durchaus zu leben lohnt!

Womit wir wieder beim »Engagement für eine größere Sache« und dem »Sinn des Lebens« angelangt sind...

Gut erkannt! Ich bin überzeugt, dass es kein besseres Rezept für eine sinnerfüllte Existenz gibt, als sich der großen *Emanzipationsbewegung* der Menschheit anzuschließen, die seit Jahrtausenden schon daran arbeitet, aus dieser Welt einen *besseren, humaneren, lebenswerteren Ort* zu machen. Wenn du dich nämlich auf diese Weise engagierst, handelst du nicht bloß ethisch, du tust dir selbst den größten Gefallen: Denn du wirst intuitiv spüren, dass du nicht *umsonst lebst* und auch nicht *umsonst gelebt haben wirst.* Du wirst erkennen, dass du *mehr* hinterlassen wirst als den Müll, der sich im Laufe deines Lebens angesammelt hat. *Deine Existenz wird von Bedeutung gewesen sein* – zwar nicht für »Gott«, das Universum und »den ganzen Rest«, wohl aber für einige deiner Artgenossen, die wie du vor der großen Herausforderung stehen, eine kleine Insel des Sinns zu erschaffen in diesem weitgehend sinnleeren Kosmos...

Hey, das klingt ja fast schon wie ein Schlusswort!

Stimmt. Vielleicht sollten wir es dabei auch belassen, was meinst du? Man sollte die Geduld seiner Leser ja nicht überstrapazieren.

In Ordnung. Hmmm ... Das war's also?

Ja, ich denke, das war's.

Irgendwie schade. Hat Spaß gemacht!

Mir auch!

Vielleicht können wir das ja irgendwann mal fortsetzen?

Ja, vielleicht. Du kannst ja in der Zwischenzeit schon mal ein paar Bücher lesen und überprüfen, ob ich dir nicht totalen Unsinn über den Sinn des Lebens erzählt habe.

Hast du das?

Nicht, dass ich wüsste, aber ich bin schließlich nicht allwissend!

Logisch. Wie schreibst du so schön am Ende deines letzten Buchs? Du bist »bloß ein mäßig begabter Trockennasenaffe mit Haarausfall, Schweißfüßen und Tendenz zum Doppelkinn ...« Ich musste sehr lachen, als ich das gelesen habe! Wenn du magst, kann ich hier zum Schluss gerne noch die eine oder andere Peinlichkeit hinzufügen.

Wie nett von dir! Aber ich denke, das lassen wir doch lieber ...

Weitere Informationen zu den Autoren und Inhalten
dieses Buchs (inklusive Literaturempfehlungen und
hilfreichen Links) finden Sie auf der Website:

www.leibniz-war-kein-butterkeks.de